인권과 학교 교육

사회 정의를 위한 인권 교육

Human Rights and Schooling

Audrey Osler | 지음

이지혜 · 박선운 | 옮김

 북수힐

역자 서문

　지금은 우리 사회에 인권에 대한 이해를 기반으로 행동하는 실천력을 갖춘 시민이 필요한 시기입니다. 이를 위해 여러 가지 준비가 필요하지만 가장 절실히 요구되는 것 중 하나가 인권 교육입니다. 인권은 책 속에만 있는 것이 아니라 우리의 삶 속에 있습니다. 인권과 관련된 문제는 뉴스 속의 먼 나라 사람들, 내가 모르는 사람들만의 것이 아니라, 지금, 여기, 우리 모두의 문제입니다. 따라서 인권에 대해 배우고 가르치는 것은 학생들의 삶 속에서 이루어져야 합니다. 삶 속에서 이루어지는 인권 교육을 통해서 학생 자신들의 경험과 인권 이론을 연계할 수 있으며, 인권 문제의 해결에 참여할 수 있는 역량을 갖출 수 있습니다.

　저자인 Audrey Osler 교수는 인권 교육과 세계시민교육 분야에서 전 세계적으로 활발하게 활동해 온 학자입니다. 이 책은 인권 교육 분야에서 저자 자신의 개인적 경험, 인권을 교육한 여러 곳에서의 현장 경험, 그리고 인권 교육과 관련된 저자의 다년간의 연구를 바탕으로 사회 정의를 실현하기 위한 학교 인권 교육의 구체적인 제안들을 담고 있습니다. 특히 인권 교육을 통하여 학습자가 자신이 가진 인권의 개념을 명확하게 이해하고, 자기 주변과 세계 곳곳에서 벌어지고 있는 사건과 그 원인을 비판적으로 분석하는 과정, 이를 해결하기 위해 국경을 넘어 연대할 수 있는 실질적인 방안들을 탐색하는 교육적 실천을 여러 사례를 통해 제시하고 있습니다.

또한 이 책은 인권을 실천할 수 있는 시민의 행동을 위한 구체적인 방향을 제안한다는 점에서 중요한 의의를 가집니다. 저자는 교육에서 진정한 민주주의가 실현되기 위해서는 간과되고 있는 여러 다른 정체성들을 인정하고, 이들의 목소리를 들으며, 다양성을 포용하는 사회로의 전환이 필요하다고 주장합니다. 이는 오늘날 우리 사회에도 꼭 필요한 요소입니다. 이 책에서 제안한 인권 교육은 보다 넓은 시각, 국경을 넘어 연대할 수 있는 기회, 다양성을 인식하고 인정할 수 있는 틀을 제공하여 다양한 정체성들이 인정받을 수 있는 사회를 만드는 데 기여할 것입니다.

인권 교육의 범위를 우리의 삶의 지평까지로 넓히고, 다양한 정체성을 포괄하려는 노력을 반영한 저서를 한국어로 번역하는 의미 있는 작업에 동참하게 되어 매우 기쁘고 영광스럽습니다. 역자들의 노력이 학교에서의 인권 교육 확장에 도움이 되길 바라며 이 책이 나오기까지 수고해 주신 많은 분들께 감사드립니다.

2024. 10

역자 일동

한국 독자에게 드리는 글

　『인권과 학교 교육: 사회 정의를 위한 인권 교육』의 번역서가 여러분에게 많은 도움이 되길 바랍니다. 이 책의 영문판은 워싱턴 대학교 명예교수인 James A. Banks 교수가 편집한 다문화 교육 시리즈로 뉴욕의 Teachers College Press에서 출판되었습니다. Banks 교수가 처음 미국의 대학원생 및 교사들과 소통할 수 있는 기회를 주셨을 때 저는 영광스럽고 기뻤습니다. 이지혜 교수와 박선운 교수가 이 책의 한국어판을 발간하고 싶다고 했을 때 역시 같은 기분이었습니다.

　이전 저서들을 일본어, 중국어, 페르시아어로 번역하면서 느낀 점은 번역이 전 세계의 학자 및 교사들과 대화하고 소통할 수 있는 새로운 기회를 열어준다는 것입니다. 이러한 대화를 통해 저는 교육의 과정, 인권, 인권 교육에 대해 보다 풍부하게 이해할 수 있게 되었습니다. 이것이 가능한 것은 인권이 우리에게 보편적인 언어이자 도덕적이고 법적인 체계를 제공하기 때문입니다. 2007년 처음 한국을 방문하여 국가인권위원회 관계자들을 비롯하여 서울, 부산, 광주 등의 학교 교장 및 학생들과 함께 일한 이후 여러 차례 한국을 방문하였기 때문에 한국의 동료들과 이런 대화를 나누게 된 것에 특히 기대가 큽니다. 이후 여러 번의 한국 방문에서 따뜻한

환대를 받았을 뿐만 아니라 교육, 민주주의 및 인권에 관한 활발한 논의를 볼 수 있었습니다.

이 책의 영문판이 출간되었을 때 교사들에게 인권을 가르칠 수 있는 권한의 필요성을 절박하게 느꼈습니다. 처음 이 책이 출간된 이후 인권과 민주주의는 모두 약화되고 있습니다. 국제 사회 여러 지역에서 권위주의, 포퓰리즘, 외국인 혐오증이 증가하고 있습니다. 권리가 위협받고 민주적 제도에 대한 대중의 불신이 팽배한 이러한 분위기에서 인권 교육은 시급한 우선 과제입니다.

또한 전 세계 각국 정부가 다른 국가를 비판하기 위해 인권의 미사여구를 사용하거나 오용하면서, 정작 자국 내 인권 침해에 대해서는 눈을 감는 경우도 종종 볼 수 있습니다. 일부 정부는 우리 모두를 보호하는 인권 기구와 제도 창설에 참여했음에도 이를 '다른 나라의 것'으로 분류하여 국제 인권 체계에 도전하기도 합니다. 인권 교육은 국제기구의 한계나 국가의 실패를 개선할 수는 없지만, 시민들이 관련 정보와 지식을 바탕으로 그 책임을 물을 수 있게 해줍니다. 우리의 국제 조직, 기구 및 메커니즘은 우리가 가진 최상의 것입니다. 그렇기 때문에 우리는 이것을 지원하고 이것이 제공할 수 있는 최선의 것을 이끌어 내야 합니다.

이 책은 세 가지 중요한 목표를 가지고 있습니다. 첫째, 교사들이 인권 체계를 학교 현장과 학생의 삶에 적용 가능하다는 것을 인식할 수 있도록 도움을 주는 것입니다. 둘째, 취학 전과 유아기부터 전문 교육 및 고등교육에 이르기까지 모든 단계에서 교사들이 정의와 평화를 위한 교육이라는 긍정적인 목적을 위해 국제 인권 체계를 활용할 수 있는 권한을 부여하는 것입니다. 셋째, 가까운 곳에서든 먼 곳에서든 교사와 학생들이 불의에 맞설 수 있도록 지원하는 것입니다.

교사들이 학생들에게 권리 교육이라는 중요한 업무를 지원하는 데 이 책이 도움이 되기를 바랍니다. 대한민국은 1991년 유엔 아동권리협약을 비준하면서 제29조에 따라 국내의 모든 아동에게 인권 교육을 보장해야 하는 의무를 가지고 있습니다. 따라서 인권 교육은 선택이 아닌 의무입니다. 이는 모든 아동과 청소년, 특히 여성, 소수자, 장애 학생에게 모든 차원에서의 부정의에 도전할 수 있는 기술을 제공하는 것을 포함합니다. 이는 학교와 지역사회에서 시작될 수 있습니다. 궁극적으로 이 책은 학생들이 다른 사람들과 협력하여 국가와 더 넓은 세상을 보다 정의로운 곳으로 재구성하여 변화를 위해 노력할 수 있도록 돕습니다.

인권 교육은 보편적인 도덕적 관점과 법적 관점을 전달할 수 있는 강력한 도구입니다. 이를 통해 시민들은 파괴적이고 분열적인 정책을 인식하고 세계의 자유, 정의, 평화의 미래에 대한 비전을 세울 수 있습니다. 민족주의 선전에 맞서기 위해서는 자신감과 희망을 가진 교사가 필요합니다. 이것은 인권 교육에 대해 자주 받는 두 가지 질문으로 이어집니다.

첫 번째 질문은 인권이 너무 이상적이지 않느냐는 것입니다. 일부 교사들은 학생들의 일상에서 권리가 거부당하는 것을 우려하기도 합니다. 학생들이 인권 문서에 표현된 이상과 자신의 일상 경험 사이의 간극을 인식하고 낙심할 것을 염려합니다. 물론 인권은 윤리적 원칙 이상의 것이며, 종종 법으로 보장됩니다. 국제 인권 조약을 비준한 국가들은 이러한 권리를 옹호할 책임이 있으며 일반적으로 국내법에 이를 반영하도록 요구됩니다. 인권은 우리가 추구하는 규준이며, 우리 사회의 변화에 대한 성공을 측정할 수 있는 기준이 되는 이상주의적 가치입니다. 인권 교육이 학생들에게 자신의 권리를 실현할 수 있는 지식, 기술 및 기회를 제공하여 자신의 권리를 주장할 수 있도록 지원하고 이상과 현실 사이의 간극을 줍힌다면 이 프로젝트는 실현 가능합니다.

두 번째 질문은 과연 교사들이 경쟁과 명문대 진학에 중점을 두는 신자유주의 학교 제도에서 인권 교육을 할 수 있을까입니다. 이러한 제도에서 우리가 아동에게 가하는 압력은 문제가 있습니다. 명문 학교 입학에 성공하는 아동도 있지만, 그렇지 못하는 다수의 아동들도 있습니다. 이렇게 많은 학생들이 자신을 실패자로 느끼게 하는 학교 제도는 특히 아동의 정신 건강에 여러 문제를 야기합니다. 코로나-19 팬데믹의 여파로 전 세계 많은 아동이 등교를 거부하거나, 지나치게 억압적인 학교 환경으로 다시 돌아가기를 거부하고 있습니다. 교사와 학교 관리자들은 아동이 학습에 적극적으로 참여해야 하며, 아동은 자신의 의견이 진지하게 받아들여질 권리가 있음을 알아야 합니다.

인권 친화적인 수업은 학습 분위기가 우호적이고, 교사와 학생이 협력하며, 아동을 위협하거나 강압적으로 대하지 않습니다. 인권 교육은 공식적인 환경과 비공식적인 환경 모두에서 가능합니다. 교사와 학습자 사이의 좋은 관계는 중요합니다. 압박감이 높은 교육 시스템에서 교사들은 교육과정 이수나 학생들의 시험 대비를 위해 고군분투합니다. 인권을 위한 학습은 암기식 학습이 아니라 학생과 교사가 서로에게 배우는 참여형 학습이어야 합니다.

저의 연구를 바탕으로 학생들과 함께 인권 교육을 발전시키는 교사들의 모습에서 저 또한 많은 영감을 받았습니다. 이 책을 번역한 박선운 교수는 워싱턴 대학교에서 박사 학위를 공부하던 중 이 책을 접하게 되었습니다. 이지혜 교수와 박선운 교수가 이 책을 번역한 것에 깊은 감사 인사를 드리며, 두 분의 작업을 통해 한국의 많은 교사들이 더 큰 정의와 평화를 위해 인내하며 일할 수 있는 용기를 갖길 바랍니다. 한국 교육자들과 대화와 소통을 시작할 수 있게 해준 두 분의 노고에 진심으로 감사드립니다.

Audrey Osler

2024년 2월

Letter to Korean readers

Dear Reader

I hope you will enjoy this translation of Human Rights and Schooling: An ethical framework for teaching for social justice, the English version of which was published by Teachers College Press in New York, as part of the celebrated Multicultural Education Series edited by Dr James A. Banks, Professor Emeritus at the University of Washington, Seattle. I was honoured and excited when Dr James Banks first gave me thisopportunity to communicate with graduate students and teachers in the United States. I was equally honoured and delighted when Dr Jihye Lee and Dr Sunun Park told me of their wish to translate this work into Korean.

Any translation opens new opportunities for conversations and dialogue with scholars and teachers across the globe, as I have found following translations of my earlier books into Japanese, Chinese and, most recently, Persian. These conversations enrich my own understanding of the processes of education, and of human rights and human rights education. They are possible because human rights provide us with a universal language as well as a moral and legal framework.I am particularly excited to develop these conversations with colleagues in Korea because I have been privileged to visit your country several times since my first visit, back in 2007, when I worked with colleagues from the National Human Rights Commission of Korea, school principals and school studentsin Busan, Gwangju and Seoul. Then, and on subsequent visits,I have not only experienced a warm welcome but have witnessed lively debates about education, democracy and human rights.

When the English language edition of this book was published, I observed a growing urgency to empower teachers to teach for human rights. Since its original publication, both rights and democracy have been undermined. The global community has witnessed the rise of authoritarianism, populism and xenophobia in different regions. In such a climate, where rights are threatened and public distrust of democratic institutions flourishes, human rights education is an urgent priority.

Across the world, we also observe how governments use and misuse human rights rhetoric to criticise other nation-states, whilst frequently turning a blind eye to human rights abuses at home. Some governments go so far as to challenge the international rights framework, labelling as 'foreign' human rights institutions and instruments that they have played a part in creating, and which protect us all. Human rights education cannot make good the limitations of international organisations or the failure of nationalgovernments, but it can enable an informed citizenry to hold them to account. Our international organisations, instruments and mechanisms are imperfect, but they are the best we have. For this reason, we need to support them and draw from them the bestthey can offer.

This book is written with three overarching aims: first,to support teachers in recognisingthe everyday applicability of the human rights framework to their professional work and to the lives of their students; secondly, to empower teachersat all levels, from pre-school and early years, through to professional and higher education,to use the international human rights framework for positive ends, namely to teach for justice and peace; and thirdly, to support teachers and their students in standing up against injustices, whether these occur close to home or in distant places.

My wish is that you will use this book to support teachers in the important task of educating their students about rights. This task is not an option, but a duty, forwhen in 1991 the Republic of Korea ratified the UN Convention on the Rights of the Child, placing a duty on the state under Article 29 to guarantee human rights education for all children in the country. This includes providing all childrenand young people, and especially girls, minorities, and students with disabilities, with the skills they need to challenge injustice at all scales. This may start at school and in their local communities. Ultimately, Human Rights and Schoolinginvitesstudents, working with others, to re-imagine their nation and the wider world as more just places, so that they can work for their transformation.

Human rights education remains a powerful tool that conveys a universal moral and legal perspective. This enables citizens to recognise destructive and divisive policies and build visions of a future of freedom, justice, and peace in the world. In the face of ethnonationalist propaganda, it requires teachers who are both confident and hopeful. This brings me to two questions I am often asked about human rights education.

The first question frequently asked is: are human rights too idealistic? Some teachers may be concerned that the reality of their students' lives means that are denied their rights on an everyday basis. They are worried that students will identify the gaps between the ideals expressed in human rights instruments and their everyday experiences and become disillusioned. Human rights are, of course, much more than ethical principles, they are also often guaranteed in law, and nation-states that have ratified international human rights treaties are accountable for upholding these rights and are normally expected to incorporate them into domestic laws and practices. Human rights are necessarily idealistic: they are standards to which we aspire, and against which we can measure success in transforming our societies. If human rights education supports students in claiming their rights by providing them with the knowledge, skills and opportunities to realise these rights, closing the gap between ideals and realities, then the project is realisable.

Secondly, teachers may question the viability of teaching for human rights in neoliberal school systems where the primary emphasis is on competition and on securing a place at a top university. Yet we know that the pressure we place on children within such se systems is problematic. For each child that succeeds in securing a place in a top school, many will fail. School systems that operate to make so many students feel they have failed create multiple problems,particularly with regard to children's mental health. The aftermath of the Covid-19 pandemic has shown how many children internationally are refusing to return to school, or re-engage in these overly pressurisedschool environments. It is a reminder to teachers and school administrators that children need to be active participants in their learning, and that they have the right for their views to be taken seriously.

A human rights-friendly class is one where the atmosphere is friendly, and the teacher and student are cooperating: the child is not threatened or coerced. Human rights education can take place anywhere, in formal and informal settings. Good relationships between teachers and learners are essential. For teachers in pressurised education systems, struggling to cover a curriculum or prepare their students for examinations, this is a reminder that learning for human rights cannot be about rote learning, but is necessarily participative, with students and teachers learning from each other.

I have been inspired by the ways in which teachers have built on my work to develop human rights education with their students. One of my translators, Sunun Park, came across Human Rights and Schoolingwhile she was studying for her PhD at the University of Washington. I am immensely grateful that Dr Sunan Park and Dr Jihye Lee have chosen to undertake this translation and hope that their work may encourage many teachers acrossKorea to persevere in their work for greater justice and peace. I warmly thank Dr Jihye Lee and Dr Sunan Park for their painstaking work and for enabling me to initiate dialogues and conversations with Korean educators.

Audrey Osler
February 2024

시리즈 서문

　시리아 난민 사태로 비롯된 유럽의 혼란스러운 상황(Barnard, 2016; Cohen, 2016), ISIS가 주도하는 전 세계적인 테러(Hisham, 2016), 인종 차별, 외국인 혐오증, 구조적 불평등을 드러내는 세계 각국의 사건(Banks, 2009)은 사회 정의, 시민권, 인권에 대한 논쟁과 분석을 촉발했습니다. 국가 내 이주뿐만 아니라 국제 이주의 증가로 인해 인권과 관련된 이슈와 의견에 대한 논쟁도 심화되었습니다(Castles, 2014). 2013년 전 세계 국제 이주민은 약 2억 3,200만 명에 달합니다(United Nations Department of Economic and Social Affairs, Population Division, 2013). 이들 중 상당수는 모호한 시민권의 지위를 가지고 있으며 구조적 배제, 인종 차별, 문화적 말살, 탈문화화(Spring, 2010)의 희생자이며 때로는 폭력의 피해자이기도 합니다.

　이 책은 이러한 사건들의 원인을 살펴보는 데 있어 시의적절하고, 필요하며, 미래를 위한 비전을 제시합니다. 인권을 개념화하고, 이론화한 Osler의 광범위하고 포괄적인 방식은 이 책의 가장 중요하고 독창적이며 창의적인 공헌 중 하나입니다. 저자가 지적한 바와 같이, 미국뿐만 아니라 다른 북반구 국가들에서도 학교 실무자 및 여러 교육자들은 인권 침해를 주로 남반구 국가, 특히 독재 지도자가 자국민이나 북반구 국가 언론 종사자나 시민을 희생시키는 경우에 발생하는 문제로 생각하는 경우가 많습니다. 즉 북반구 교육자들은 종종 '인권' 침해를 '우리'가 아닌 '그들'의 문제로 간주합니다.

Osler는 설득력 있는 분석과 강력한 사례를 활용하여 인권을 모든 공동체, 기관, 사회, 국가의 문제로 개념화합니다. 그녀는 가정, 지역사회, 교실, 학교에서 학생과 교사에게 인권 문제가 존재한다고 주장합니다. 따라서 인권은 먼 나라에 있는 다른 이들의 문제가 아니라 우리 모두의 문제이며 학생과 교사의 일상적인 삶이라는 것이 이 책에서 강조하는 핵심 내용 중 하나입니다. 또한 교사와 학생들에게 교실 토론에서 인권 문제를 분석하는 데 사용할 수 있는 강력한 법적, 도덕적 체계를 제공합니다. 통찰력 있는 이 책은 학생과 교사에게 일상의 경험, 투쟁, 가능성에 초점을 맞춘 새로운 인권 개념을 제공합니다. 이 책은 북반구 국가 사람들의 경험이 아프리카, 아시아, 라틴 아메리카, 중동 등 남반구 국가 사람들의 삶과 동떨어진 것이 아니라 어떻게 연결되어 있는지를 강조합니다.

Osler는 인권에 대한 비전과 혁신적인 개념을 제시할 뿐만 아니라 교사와 학생의 삶에서 '현장'의 인권이 어떤 모습인지 설명합니다. 저자가 인권을 구체화하는 방식은 특히 정치적 담론에서 인권이라는 개념이 종종 모호하게 사용되는 방식에 대한 해결책이 됩니다. 이 책에서는 인권이 어떻게 실현되고 침해되는지 설명하기 위해 실제적이고 생생한 일화가 제시됩니다. 한국의 고등학생들이 국가 시험에 반대하는 시위를 설명하며 고도로 발전하고 서구화된 국가의 학생들이 인권을 위해 어떻게 행동할 수 있는지 설명합니다. 또한 Osler는 미국 유타주의 대학원 수업에서 교사들에게 인권의 원칙을 살펴보고 '각자의 학교와 지역사회에 적용'해보라고 권유했습니다. 동성 결혼과 종교에 초점을 맞춘 독창적인 수업에서는 '세계 인권선언의 체계 안에서 동성 결혼에 대한 권리와 종교의 자유에 대한 권리'에 대해 열띤 토론을 진행했습니다. 한국 고등학생들의 시위와 대학원 세미나 사례는 저자가 교사와 학생들에게 인권을 실질적이고 실현 가능한 것으로 만드는 방법을 보여줍니다. 또한 이 책에는 어떻게 하면 교사가 인권 교육을 흥미롭고 실용적이며 효과적으로 진행할 수 있는지에 대한 많은 사례가 담겨 있습니다. 예를 들어 2장에서 제시된 표는 학생들이 학교, 예배 장소 (예: 교회, 모스크, 유대교 회당, 사찰), 병원, 영화관, 주민센터, 기타 지역사회 기관 등 자신이 속한 지역사회에서 인권 문제를 조사하는 데 사용할 수 있습니다.

이 책은 컬럼비아 대학교 Teachers College Press의 다문화 교육 시리즈입니다. 다문화 교육 시리즈의 주요 목적은 예비 교육자, 현직 교육자, 대학원생, 학자 및 정책 입안자에게 미국 및 기타 국가의 민족, 인종, 문화, 노선 및 종교 집단의 교육과 주류 학생의 다양성 교육에 관한 중요한 연구, 이론 및 실제를 요약하고 분석하는 상호 연관되고 종합적인 도서를 제공하는 것입니다.

『다문화 교육 연구 핸드북(Handbook of Research on Multicultural Education)』(Banks, 2004)을 기반으로 하고『교육에서의 다양성 백과사전 (Encyclopedia of Diversity in Education)』(Banks, 2012)에서 기술하고 있는 Banks의 다문화 교육에 대한 정의는 이 시리즈 간행물 개발에 개념적 틀을 제공합니다. 다문화 교육의 다섯 가지 차원은 내용 통합, 지식 구성 과정, 편견 감소, 형평성 교육학, 제도적 문화와 사회 구조의 역량 강화입니다. 다문화 교육 시리즈는 유색 인종 학생, 소수 언어를 쓰는 학생, 저소득층 학생 및 성 소수자 청소년과 같은 기타 소수 집단의 행동과 학습 특성에 대한 연구, 이론 및 실용적인 지식을 제공합니다(Mayo, 2014). 오늘날 다문화 교육, 다양성, 인권과 관련된 가장 첨예한 이슈는 국제적이며, 전 세계적인 해결책을 필요로 하기 때문에 이 책을 다문화 교육 시리즈에 추가하는 것이 매우 적절합니다.

세계화로 인해 국경이 현저히 약화되고 경계가 점점 더 허물어지면서 국가주의적이고 애국적인 시민권 개념이 폐기되고 있다는 점에서 이 책은 시의적절하고 주목할 만합니다. Appadurai(1996)는 '디아스포라적 공공 영역(diasporic public spheres)'이라는 용어를 사용하여 서로 다른 국가에 사는 사람들이 사회 정의와 인권을 확대하기 위해 연결하고, 교류하고, 일하는 방식을 설명합니다. 따라서 세계화와 대량 이주 시대의 시민 교육은 국경을 넘어 학생들이 전 세계 국가에서의 인권을 개선하기 위해 정체성을 계발하며 인권에 헌신할 수 있는 방법을 포함해야 합니다. 이 책과 다른 저서에서 Osler(Osler & Starkey, 2003)를 포함하여 Nussbaum (2002), Appiah(2006)와 같은 학자들은 이러한 개인을 '세계시민주의적 시민 (cosmopolitan citizens)'이라고 부릅니다. 세계시민주의적 시민은 자신이 속한 지역사회와 국가뿐만 아니라 전 세계 다른 지역 사람들의 인권을 개선하기 위해 행동하는 유능한 개인입니다. 결과적으로 이들은 기존의 법과 관습을 위반할지라도 인권을 증진하는 행동을 기꺼이 취하기 때문에 변혁적인 시민(Banks, 2008)입니다. Osler는 학생들이 변화의 주체가 되어 평등과 정의를 증진하기 위한 변혁적 시민 행동을 취할 수 있도록 권한을 부여하는 것이 인권 교육의 중요한 목표라고 생각합니다.

Osler는 수십 년 동안 인권 교육에 대해 강력하고 영향력 있는 목소리를 제시해온 선구적인 학자입니다. 2004년 영국 리즈 대학교(University of Leeds)에 시민권 및 인권교육센터(Centre for Citizenship and Human Rights Education, CCHRE)를 설립하고 활발한 강연과 저술 활동을 통해 전 세계 인권 교육에 영향을 미치고 있습니다. 이 책을 통해 그녀가 인권 교육을 대변하는 세계에서 가장 설득력 있고 권위 있으며 공감적인 사람임을 알 수 있습니다. 그녀의 저서가 다문화 교육 시리즈의 일원이 된 것을 기쁘게 생각하며, 이 책이 폭넓은 독자층을 확보하고 영향력을 발휘할 수 있기를 바랍니다.

James A. Banks

참고 문헌

Appadurai, A. (1996). *Modernity at large: Cultural dimensions of globalization.* Minneapolis, MN: University of Minnesota Press.

Appiah, K. A. (2006). *Cosmopolitanism: Ethics in a world of strangers.* New York, NY: Norton.

Banks, J. A. (2004). Multicultural education: Historical development, dimensions, and practice. In J. A. Banks & C. A. M. Banks (Eds.), *Handbook of research on multicultural education* (2nd ed., pp.3–29). San Francisco, CA: Jossey-Bass.

Banks, J. A. (2008). Diversity, group identity, and citizenship education in a global age. *Educational Researcher, 37*(3), 129–139.

Banks, J. A. (2009). *The Routledge international companion to multicultural education.* New York, NY: Routledge.

Banks, J. A. (2012). Multicultural education: Dimensions of. In J. A. Banks (Ed)., *Encyclopedia of diversity in education* (vol. 3, pp.1538–1547). Thousand Oaks, CA: Sage Publications.

Barnard, A. (2016, February 8). Syrians desperate to escape what U. N. calls "extermination" by government. *The New York Times.* Retrieved from http://www.nytimes.com/2016/02/09/world/middleeast/syria -united-nations-report.html

Castles, S. (2014). International migration at a crossroads. *Citizenship Studies, 18*(2), 190–207.

Cohen, R. (2016, February 4). Europe's huddled masses. *The New York Times.* Retrieved from http://www.nytimes.com/2016/02/05/opinion /europes-huddled-masses.html

Hisham, M. (2016, January 14). Living under the sword of ISIS in Syria. *The New York Times.* Retrieved from http://www.nytimes.com /2016/01/15/opinion/living-under-the-sword-of-isis-in-syria.html

Mayo, C. (2014). *LGBTQ youth and education: Policies and practices.* New York, NY: Teachers College Press.

Nussbaum, M. (2002). Patriotism and cosmopolitanism. In J. Cohen (Ed.), *For love of country* (pp.2–17). Boston, MA: Beacon Press.

Osler, A., & Starkey, H. (2003). Learning for cosmopolitan citizenship: Theoretical debates and young people's experiences. *Educational Review, 25*(3), 243–254.

Spring, J. (2010). *Deculturalization and the struggle for equality: A brief history of the education of dominated cultures in the United States* (7th ed.). New York, NY: Mc-Graw-Hill.

United Nations Department of Economic and Social Affairs, Population Division (2013, October 3–4). Retrieved from http://www.oecd.org /els/mig/dioc.htm

감사의 글

함께 작업한 내용을 이 책에서 사용할 수 있도록 흔쾌히 허락해준 나의 제자이자 동료인 Chalank Yahya와 Juanjuan Zhu에게 진심으로 감사의 인사를 전합니다.

"인권 교육의 도전과 복잡성: 쿠르디스탄-이라크 간 분쟁 후 민주적 참여와 성 평등에 대한 교사의 이해 Challenges and Complexity in Human Rights Education: Teachers' Understandings of Democratic Participation and Gender Equity in Post-conflict Kurdistan-Iraq", by A. Osler and C. Yahya, 2013, *Education Inquiry*, *4*(1), pp.189-210 (www.education-inquiry.net/index.php/edui/article/view/22068).

"정의와 인권을 위한 교수와 연구에서의 내러티브 Narratives in Teaching and Research for Justice and Human Rights," by A. Osler and J. Zhu, 2011, *Education, Citizenship, and Social Justice*, *6*(3), pp.223-235(esj.sagepub.com/content/6/3/223).

4장에서는 Zhu와의 작업을, 6장에서는 Yahya와 함께한 작업을 다루고 있습니다.

다른 장들은 이전에 출간한 작업을 기반으로 하고 있습니다.

"인권을 되찾다: '슈퍼맨'으로부터 배우고 학교에서 정치적 이슈를 언급하기 Bringing Human Rights Back Home: Learning from 'Superman' and Addressing Political Issues at School," by A. Osler, 2013, *The Social Studies*, *104*(2), pp.67–76(dx.doi.org/10.1080/00377996. 2012.687408).

"인권, 학문, 변화를 위한 행동 Human Rights, Scholarship, and Action for Change," by A. Osler, 2014, in *Intersectionality and Urban Education: Identities, Policies, Spaces, and Power*(pp.249–265), by C. Grant and E. Zwier (Eds.), Charlotte, NC: Information Age.

"인권 교육, 탈식민 학문, 사회 정의를 위한 행동 Human Rights Education, Postcolonial Scholarship, and Action for Social Justice," by A. Osler, 2015, *Theory & Research in Social Education*, *43*(2), pp.244–274 (dx.doi.org/10.1080/00933104.2015.1034393).

모든 책 프로젝트는 저의 결단뿐만 아니라 동료들과 지지자들의 네트워크에 기반하여 이루어졌습니다. 먼저 이 책을 제안해준 James Banks와 이 책에 참여할 수 있는 행운을 누리도록 여러 가지 프로젝트를 제안해준 그의 상상력에 감사를 표합니다. University College of Southeast Norway의 학생들과 동료들, 특히 Hein Lindquist, Lena Lybæk, Ådne Valen-Senstad, and Bjørn Flatås 등 글을 쓰는 동안 저에게 도전과 지지를 보내준 모든 이들에게 감사드립니다. 노르웨이에서 일하면서 새로운 시각에 눈을 뜨게 되었습니다. Utah State University, 코스타리카의 U.N. University for Peace, Hong Kong Institute of Education의 객원 교수로 저를 초대해준 Steven Camicia, Virginia Cawagas, Yan Wing Leung과 저에게 새로운 통찰력을 준 여러 학생들과 동료들에게 감사드립니다. 중국의 Beijing Normal University와 Shangdong Normal University를 짧게 방문한 것도 저의 작업을 새로운 시각으로 살펴보는 계기가 되었습니다. Wanda Cassidy의 지원에 감사드리며, Simon Fraser University와 University of Leicester의 도서관을 이용할 수 있었던 것은 매우 좋았습니다. 평화롭고 영감을 주는 환경에서 글을 쓰고 사색할 수 있었던 시간에 특히 감사드립니다. 미국 콜로라도주 네더랜드에 있는 멋진 나무 위의 집을 사용할 수 있게 해준 Ellen Moore와 Scott Harrison에게 감사하며, 그들의 통찰력과 대화에도 감사 인사를 드립니다. 그리고 저를 초대해주신 University of Washington의 Friday Harbor Laboratories 연구소의 Helen R. Whiteley Center에도 특별한 감사 인사를 드립니다. 그곳에 있을 때만큼 창의적이고 생산적이었던 적은 없었습니다. 마지막으로, 초고를 읽어준 Hugh Starkey와 이 프로젝트를 진행하면서 인내심을 보여준 Teachers College Press 출판사의 Brian Ellerbeck에게 감사의 인사를 전합니다.

저자 소개

Audrey Osler는 University College of Southeast Norway 대학의 교육학과 명예교수입니다. 영국 University of Leeds 대학의 시민권 및 인권교육센터 (Centre for Citizenship and Human Rights Education)의 창립 이사를 역임했습니다. 그녀의 연구는 교육의 사회 정치적 측면을 다루며, 특히 청소년의 인권, 참여, 시민권에 중점을 두고 있습니다. 또한 민주 시민의식과 인권을 위한 교육에 대해 전 세계적으로 강연을 합니다. 저서로는 『학교교육에 대한 학생의 관점 *Students' Perspectives on Schooling*』(Open University Press, 2010), Hugh Starkey와 공저한 『교사와 인권 교육 *Teachers and Human Rights Education*』(Trentham, 2010), 『변화하는 시민성: 교육에서의 민주주의와 포용 *Changing Citizenship: Democracy and Inclusion in Education*』(Open University Press, 2005), Kerry Vincent와 공저한 『소녀와 배제: 아젠다 재검토 *Girls and Exclusion: Rethinking the Agenda*』(Routledge, 2003), 『교육과 흑인 교사의 경력 *The Education and Careers of Black Teachers*』(Open University Press, 1997) 등이 있습니다. 100편이 넘는 학술서에 저자로 참여하거나 학술 논문을 발표했으며, 학술 논문은 *Journal of Curriculum Studies, Theory and Research in Social Education,*

Oxford Review of Education, Gender and Education, and Educational Review 등에 실렸습니다. 그녀의 연구는 일본어, 중국어 및 다양한 유럽 언어로 번역되었습니다. 유네스코(UNESCO), 유럽평의회(the Council of Europe), 유럽연합 집행위원회(the European Commission) 등 여러 국제기구에서 전문가로 활동하고 있으며 2015년에는 일본 과학진흥회(JSPS) 초청 펠로십을 수상했습니다. 영국 University of Birmingham 대학교에서 교육사회학 박사 학위를 받았습니다.

차 례

역자 서문   iii

한국 독자에게 드리는 글   v

Letter to Korean readers   x

시리즈 서문   xvi

감사의 글   xxii

저자 소개   xxv

01. 인권 교육, 정치, 그리고 권력   1

02. 인권 교육의 권리   22

03. 교차성, 인권, 정체성   50

04. 정의와 인권 교육에서의 내러티브   72

05. 인권, 교육, 국가   96

06. 인권, 평화, 그리고 갈등   128

07. 아동 권리: 프로젝트의 핵심   163

08. 세계시민주의적인 미래를 다시 상상하기   186

부록 A. 세계인권선언   204

부록 B. 유엔 아동권리협약 요약   213

부록 C. 학교 환경은 모든 사람이 자신의 권리를 누릴 수 있는
기회를 제공합니까?   224

약어 목록   227

참고 문헌   229

찾아보기   269

01

인권 교육, 정치, 그리고 권력

『인권과 학교 교육: 사회 정의를 위한 인권 교육』은 지역사회, 직장, 가정과 학교에서 인권 프로젝트 본래의 목적인 세계에서의 자유, 정의, 평화를 실현하고 지원하기 위해 교육, 특히 학교와 교육 당국이 발전시킬 수 있는 방법을 검토하는 것을 목표로 한다. 세계인권선언(Universal Declaration of Human Rights)의 초안 작성 위원회의 의장인 Eleanor Roosevelt는 다음과 같이 말했다.

결국 보편적 인권은 어디에서 시작되는가? 작은 장소, 집에서 가까운 곳 —세계 어느 지도에도 표시되지 않을 정도로 아주 가깝고 작은 곳에서 시작된다. 그곳은 개인이 살고 있는 동네, 그가 다니는 학교나 대학, 일하는 공장, 농장이나 사무실과 같은 개개인의 세계이다. 그곳은 남녀노소 누구나 차별 없이 평등한 정의, 평등한 기회, 평등한 존엄성을 추구하는 장소이다. 만약 이러한 장소에서조차 인권이 무의미하다면, 인권은 어느 곳에서도 의미가 없을 것이다. 가정과 같이 가까운 곳에서 인권을 지지하는 시민들의 일치된 행동이 없다면, 더 큰 세계에서의 진보를 의미 있게 바라보기는 어려울 것이다 (Roosevelt, 1958).

이 비전에 따르면, 세계에서의 정의와 평화의 실현은 첫째, 가족, 이웃, 지역사회, 국가 공동체에서 정의와 평화를 실현하는 데 달려 있다. 이러한 인권의 비전은 국제 정책에 관한 것이 아니라, 일상에서의 사랑에 대한 것이다. 이것은 미묘한 차별에 도전하고, 일상에서의 인종 차별과 성 차별을 극복하는 것에 대한 것이다. 학교는 이 과정을 실현하는 데 있어 핵심적인 역할을 한다.

둘째, 『인권과 학교 교육: 사회 정의를 위한 인권 교육』을 상호 연관 짓는 목적은 학생들을 위해 더 큰 정의와 공평한 학교 교육을 실현한다는 널리 합의된 목표를 달성하기 위해서 교사가 어떻게 인권을 활용하는지를 생각해보는 것이다. Eleanor Roosevelt는 이를 모든 학생들이 "차별 없이 평등한 정의, 평등한 기회, 평등한 존엄성"을 가진다고 주장할 수 있도록 학교 시스템을 지원하고 활성화하는 것으로 보았다. 세 번째 목표는 인권을 활용하여 학생들이 인권을 위한 변화의 주체가 될 수 있도록 하는 방법, 즉 학생들이 지역사회, 국가 공동체, 그리고 지구 어느 곳에서든 세계 시민이 되며, 다른 사람들의 어려움을 지원하기 위해 행동할 준비가 될 수 있도록 방안을 탐색하는 것이다. 이러한 연대는 인권 비전의 성공을 위한 핵심이 된다.

이 책은 인권 교육의 다양한 측면뿐 아니라 다문화 국가와 지역사회에서 함께 살아가기 위한 원칙이자 공평하고 정의로운 학습 공동체를 실현하기 위한 틀로서 인권의 잠재력을 탐구하는 것이다. 모든 교육은 특정한 사회·문화·정치적 맥락에서 이루어지기 때문에, 여기서 중요한 관심사는 *다양한* 맥락 내에서 *보편적인* 인권의 의미를 탐구하는 데 중점을 둔다.

1948년과 세계인권선언 이후, 인권의 수사법은 대성공을 거두었다. 정부의 행동을 정당화하기 위해, 혜택받지 못하거나 억압받는 집단이 자신들의 대의에 대한 지지를 얻기 위해 수많은 맥락과 상황에서 인권을 빈번하게 거론하였다. 인권은 또한 정부가 특정 행동을 취하거나 단념하게 하도록 국제기구가 압력을 행사하기 위한 방편으로 언급되기도 한다. 인권은 일상 생활의 원칙이라기보다는 정부의 정치적 입장과 우선적으로 관련되며, 때로는 국가 간 경쟁과 관련된 것으로 인식된다. 인권의 수사법은 특정 정치적 의제를 보다 발전시키기 원하는 정부의 통용어가 되었다.

하지만 인권에 대한 정치적 수사법은 여러 측면에서 인권의 평판을 떨어뜨렸다. Hopgood(2013)은 정부와 강력한 영향력을 지닌 일부 비정부 기구(NGOs)가 인권의 언어를 사용하고 남용하는 것에서 시작되어 널리 퍼진 회의론 때문에 우리가 "인권의 종말"에 도달했다고 주장하였다. 아래 에서 논의하겠지만, 그는 더 큰 정의를 위한 투쟁에서 전 세계 지역 공동체 가 수용하는 인권(human rights, 소문자로 표시)과 유엔 조직 및 기구에 내재된 담론인 인권(Human Rights, 대문자로 표시)을 구분한다.

『인권과 학교 교육: 사회 정의를 위한 인권 교육』이라는 책 제목에서 알 수 있듯이, 이 책은 현장에서의 인권에 대한 것이며, 교사와 학생들의 일상에서의 직업적 삶, 교육과정, 그리고 매일의 학교생활의 과정과 연관된 정책 및 실천과의 관련성에 대한 것이다. 이 책은 인권이 전 세계의 다양한 사회 및 문화적 맥락, 특히 다문화 학교와 지역사회 공동체에서 더 큰 사회 정의와 더 평등한 결과를 가능하게 하는 강력한 도덕적·법적 체계를 제공한다고 주장한다. 이를 위해 교사들이 사용할 수 있는 국제 인권 문서들, 특히 1948년 유엔 세계인권선언(United Nation's 1948 Universal Declaration of Human Rights, UDHR)과 1989년 아동 권리에 관한 협약 (1989 Convention on the Rights of the Child, CRC)을 핵심 문서로 활용한 다.

Hopgood의 주장이 옳다면, 유엔 세계인권선언의 전문에서 분명히 제시된 바와 같이 인권, 즉 인간의 존엄성과 모든 사람들의 평등한 권리, 그리고 궁극적으로 '세계의 자유, 정의와 평화'는 현재 그 어느 때보다도 지역사회에 뿌리내린 인권 문화에 더 의존한다. 학교와 교사는 인권 문화를 만들고 학생들이 동료 인류에 대한 공감과 연대를 발전시키도록 격려하는 데 중요한 역할을 담당한다.

가까운 곳에서의 인권

불평등과 부정의는 모든 사회에 존재하며 어떤 나라도 이로부터 자유로울 수 없다. 인권에 대한 담론은 부정의, 가난, 폭력에 맞서 싸우는 지역사회 공동체에서 종종 효과적으로 활용된다. 예를 들어 미국의 켄싱턴 복지권리조합(Kensington Welfare Rights Union)과 빈민경제 인권캠페인(Poor People's Economic Human Rights Campaign)은 빈곤층과 노숙자들이 빈곤 문제를 "유엔 세계인권선언의 제23조(정당한 보수를 위해 일할 권리와 노동조합을 결성할 권리), 제25조(건강과 집, 사회 안전의 권리), 제26조(교육받을 권리)에 반하는 인권 침해"로서 제기하도록 하였다. 유엔 세계인권선언에서 시작된 이 권리들은 사실상 필라델피아 켄싱턴 지역에서 투쟁의 외침이 되었다. 운동가들은 인권이 행동을 위한 개념적이면서도 실천적인 도구인 "일련의 국제 권리의 원칙, 법률, 방법이자 전략"을 제공한다는 것을 알게 되었다(Cox & Thomas, 2004, p.53).

켄싱턴 복지권리조합의 캠페인은 1990년대 후반 Cheri Honkala 외 다섯 명의 여성이 아동들이 동네에서 놀 수 있는 기본적인 시설이 부족해지자 지역의 방치된 복지센터를 인수하여 주민센터를 설립하면서부터 시작되었다. 이 여성들은 캠페인으로 인해 체포되어 6일간 수감되었다. 모든 혐의에 대해 무죄 판결을 받은 후, 이들은 복지센터를 인수한 것의 대의를 호소하여 대중들의 지지를 이끌어 냈다. 이후 결국 이들은 다른 사람들과 함께 켄싱턴 복지권리조합을 설립하였는데, 이 복지권리조합은 그들이 빈곤의 나락으로 떨어질 수 없다는 신념을 바탕에 두었다. 이들의 노력은 자녀의 인권을 보장하기 위한 행동으로부터 시작하여 여러 측면에서 여성의 권리를 인권으로 인정받기 위한 투쟁이었다.

켄싱턴 복지권리조합은 복지 개혁의 부정적인 영향에 대해서 이의를 제기하였다. 복지 개혁은 이들을 불안정한 경제적 위치에 놓이게 했을 뿐만 아니라 빈곤을 개인화하는 담론을 생산하여 개인의 자아 정체감을 약화시켰다. 이러한 담론은 인간의 존엄성을 훼손하고 부식시켜 인류의 번영을 가로막으며(Baptist & Bricker-Jenkins, 2002; Lister, 2013), 빈곤층에게 수치심을 유발한다. 인권의 언어는 빈곤층을 묘사하는 데 사용되는 비인간적이고 때로는 악마적인 언어를 강력하게 견제하며, 이 문제를 개인적 책임의 수사법에서 인간 존엄성과 권리의 문제로 이동시키고, 인권이라는 것을 통해 더 넓은 공동체 내에서 가난한 이들과 연대할 수 있음을 보여준다.

빈곤 퇴치 운동가들과 여성권, 장애인의 권리, 동성애자의 권리, 인종적 정의, 환경 정의 등을 위해 일하는 사람들은 그들의 대의와 관련하여 인권 체계가 갖는 힘을 인정한다. 그들은 공통의 관심사를 해결하기 위해 연대를 형성하는 인권의 힘을 이용할 수 있고 인권 담론과 일상생활의 가혹한 현실 사이의 거대한 격차에 도전할 수 있다. Cox와 Thomas(2004)는 인권을 활용하여 미국에서 일방주의와 결부된 애국심의 개념에 도전할 수 있다고 이야기한다. 이들은 지역적 투쟁과 세계 정의를 위한 투쟁을 구체적으로 연결하고 유엔과 유엔 세계인권선언의 창설에 기여한 이상을 되찾을 필요가 있다고 주장한다. 이러한 이상은 시인 Langston Hughes의 "미국이 다시금 미국이 되게 하라(Let America be America again)."라는 강력한 표현을 상기시킨다. 미국과 그 밖의 다른 곳에서 나타나는 인권과 사회 정의를 위한 투쟁은 노력과 헌신이 요구되는 장기간의 힘든 일이지만, 분명 더 나은 미래에 대한 비전이기도 하다.

> 미국에서 인권 운동을 구축하려는 투쟁은 실의에 빠져 있는 사람들만을 위한 것이 아니다. 이는 미국 사회의 변화를 모색하는 것이다… 인권 운동은 미국 정부의 일방주의와 미국 내 인권 적용에 대해서는 예외를 취한 오랜 역사 등 상당한 장애물에 직면해 있다… 21세기에 이르러 마침내 미국에서 Martin Luther King, Jr. 목사의 거의 40여 년 전의 주장에 온전히 관심을 기울였다고 후세대가 말할 수 있도록 하자. "나는 우리가 민권(civil rights) 시대에서 인권(human rights) 시대로 옮겨갔다는 것을 깨달을 필요가 있다고 생각한다 (Cox & Thomas, 2004, p.18)."

인권 교육에 대한 미국의 요구

2011년에 유엔은 유엔 인권 교육과 훈련 선언(United Nations Declaration on Human Rights Education and Training)을 채택하면서 전 세계적으로 인권 교육을 강력히 요구하였다(DHRET; U.N., 2011). 비록 구속력이 없는 조약이지만, 이 선언은 유엔 세계인권선언처럼 도덕적인 힘을 가지며 전 세계적으로 인권 교육을 가능하게 하는 핵심적인 계기가 되었다. 이 선언은 회원국, 교사, 학부모, 학생을 포함하여 비정부기구 및 여러 교육 이해관계자들이 진전 사항을 평가하고 변화를 요구할 수 있는 *인권 교육의*

실제적인 정의를 제공한다. 중요한 것은, 이 선언에서 인권 교육을 인권에 *대한(about)*, 인권을 *통한(through)*, 인권을 *위한(for)* 교육을 포괄하는 것으로 정의한다는 점이다. 인권에 *대한* 교육은 인권의 규범과 원칙, 이를 뒷받침하는 가치, 인권 보호를 위한 메커니즘에 대한 지식과 이해를 제공하는 것이다. 인권을 *통한* 교육은 교육자와 학습자 모두의 권리를 존중하는 방식으로 배우고 가르치는 것을 말한다. 마지막으로, 인권을 *위한* 교육은 학습자가 자신의 권리를 누리고 행사할 수 있도록 하며, 타인의 권리를 존중하고 지킬 수 있도록 하는 것이다(U.N., 2011, 제2.2조).

일반적으로 교사들에게 교육권은 알려져 있지만, 인권 교육에 대한 권리는 덜 알려져 있다. 인권 교육에 대한 권리는 1948년 유엔 세계인권선언에서 처음 명시되었다. 이 전문에서는 "회원국들은 유엔과 협력하여 인권과 기본적 자유에 대한 보편적인 존중과 준수를 증진시키기로 서약하였다."라고 언급하면서 "*이 권리와 자유에 대한 공통된 이해는 이 서약을 온전히 실현하는 데 가장 중요하다.*"라고 제시한다(U.N., 1948). 제26조에서는 "교육은… 인권 존중과 기본적인 자유를 강화하는 방향이 되어야 한다."라고 언급하면서 교육을 통해 '공통된 이해'가 실현될 수 있음을 알려준다.

O'Cuanachain(2010)은 교육 연구 문헌에서 *권리로서(as a right)*의 인권 교육의 초기 형태는 Osler와 Starkey(1996)의 연구(Starkey, 1991 참조)로 거슬러 올라갈 수 있다고 이야기한다. 이 책의 2장에서는 다른 인권을 가능하게 하는 권리로서의 인권 교육에 대해 살펴볼 것이다. 여기서는 2011년 유엔이 인권 교육을 요구했다는 점을 강조할 것인데 이는 인권 교육에 대한 요구가 바로 인권을 위한 투쟁에 있어서 강력한 정치적 지렛대 역할을 하기 때문이다. 인권을 지키기 위한 "공동의 시민적 행동"(Roosevelt, 1958)의 핵심적 요소 중 하나는 바로 교육이다. 인권 분야에서

효과적인 시민의 행동이 가능하도록 하는 것 역시 교육이다. 물론 인권 교육이 학교 교육에 국한된 것만은 아니지만, 학교는 거의 보편적이라고 말할 수 있는 기관이며 따라서 잠재적으로 강력한 인권 교육의 현장이 된다.

하지만 교육으로 눈을 돌리기 전에, 이 장에서는 인권과 관련된 더 넓은 범위의 국제 정치를 살펴볼 것이다. 국제 정치 및 그와 관련된 담론들은 인권과 우리 일상생활과의 관련성, 그리고 그에 따른 인권 교육과의 관련성을 이해하는 데 상당한 영향을 주기 때문이다. 이는 민족 국가마다 다르며 국가, 시민권, 소속, 그리고 공동체와 개인이 주류 집단에 속하는지 아니면 소외된 집단에 속하는지에 대한 지역과 국가의 지배적인 담론과 같은 요인들의 영향을 받는다. 다시 말해 국가 간 권력 관계, 한 국가에서 개인 간 및 공동체 간 권력 관계에 의해 영향을 받는다.

인권과 국제 정치

많은 국가 정부와 유럽평의회(Council of Europe)[1]와 같은 국제기구에 의해 인권 담론이 촉발된 서유럽에서는 인권 담론이 상대적으로 강력하며, 국가들은 일반적으로 국제 인권 조약에 기꺼이 동의한다. 결과적으로 인권 교육은 원칙적으로는 실행되지 않더라도 일반적으로 집권당이 좌파인지 우파인지에 관계없이 적절하며 논란의 여지가 없는 것으로 간주된다(최근 일부 예외는 아래에서 설명함).

---

[1] 유럽평의회는 제2차 세계대전 이후 유럽 지역에서 인권을 증진시키려는 목적으로 1949년에 설립되었다. 설립 당시 47개국이 소속되어 있던 유럽평의회는 2024년 2월 현재 러시아가 축출되어 46개국이 소속되어 있다.(역자 주)
(https://www.coe.int/en/web/portal/the-council-of-europe-key-facts)

반면 미국에서는 국제 앰네스티(Amnesty International)와 같은 단체에 의해 인권 교육이 활발하게 추진되고 있지만 학계에는 인권 교육이 잘 알려져 있지 않거나 자주 언급되지 않는다. 2010년 가을, 박사 과정 학생들에게 인권 교육 강좌를 가르치기 위해 유타 주립대학교(Utah State University)에 방문했을 때, 학교의 유학 담당 사무관이 나에게 무엇을 가르칠 예정인지 물었다. 인권이라고 대답했을 때, 그녀는 인권 강좌가 아마도 대부분의 미국인들과는 관련이 없을 것이라고 설명하면서, 심각한 인권 침해에 직면하고 있는 세계 다른 지역에서 더 좋은 강좌가 될 수 있을 것이라고 말하였다. 그녀의 반응은 인권 교육이 주로 권리 거부(rights denials)에 대한 학문이라고 생각하는 (비단 미국에만 국한되지 않는) 일반적인 오해를 보여준다. 또한 헌법과 국내법에 의해 적절하게 보장되는 시민권으로서 인권을 정의하고, 국제적 인권 기준과는 연계하지 않는 국가의 지배적인 정치 문화를 반영한다.

일부 유럽 국가에서 인권 교육이 위협받고 있다는 징후가 있다. 2006년 스페인 의회는 민주 시민성과 교육헌장 장관위원회의 권고사항 CM/Rec (2010)7에 따라 '시민과 인권을 위한 교육'이라는 새로운 과정을 도입하는 교육법 2/2006을 승인했다(Council of Europe, 2010). 이 법의 내용은 초등, 중등, 바칼로레아 프로그램에서 인권 주제를 다루고, 각 단계에서 교육과정과 교차할 수 있는 요소들을 포함하는 것이다. 이 법에서는 학생들이 시민으로서 참여할 수 있도록 하기 위해 의무 교육이 끝날 때까지 모든 학생들이 습득해야 할 기초 역량으로 사회 및 시민적 역량을 통합하였다. 곧바로 교육과정 철폐를 요구하는 천주교, 민중 정당, 우익 언론, 학부모 캠페인, 인권 교육 프로그램 출석 면제 주장 등 각계각층의 공격이 나타났다. 이후 스페인 대법원은 인권 교육 프로그램이 합법적이고 정당하다고 판결하였다. 그러나 인권 교육에 대한 학생들의 권리를 보호하기 위한 유럽 지역에서의 광범위한 운동의 합헌성과 합법성, 정당성에도 불구하고 2011년 선거에서 집권한 민중 정당은 교육개혁법을 통과시키면서 이 프로그램의 제안을 억압하였다(Fundación Cives, 2013; Muñoz Ramirez, 2014).

서구 여러 나라에서는 혐오스러운 인권 침해가 서구가 아닌 세계 다른 지역에서 나타난다는 인식이 공통적으로 퍼져 있다. 많은 인권학자들은 '천국의' 서구 국가와 '지옥 같은' 남반구 저개발 국가라는 이분법에 대해 도전한다(Mutua, 2001; Okafor & Agbakwa, 2001). 1992년에 미국이 1966 시민권과 정치적 권리에 관한 국제 규약(1966 International Covenant on Civil and Political Rights) (ICCPR; U.N., 1966a)을 비준한 맥락을 통해 이 이분법을 설명할 수 있다. 비록 미국은 이 국제 규약의 초안 작성에 많은 부분 관여했지만, 미국 국내법이 미국 시민을 충분히 보호하기 때문에 그 규약을 비준할 필요가 없다는 것이 그동안의 주장이었다. 여기서 추론할 수 있는 것은 다른 '지옥 같은' 인권 상황을 지닌 국가들이야말로 그 규약과 국제적인 메커니즘에 더 큰 구속을 받을 필요가 있다고 생각하고 있다는 점이다. 하지만 미국이 이 입장을 고수하는 데에는 어느 정도의 모순과 불편함이 있었다. 이는 비준 당시 국제 표준에 부합하는 국내법을 만드는 것을 피하기 위해 ICCPR에 수많은 유보적인 입장을 취해야 했기 때문이다(Baxi, 1996). 언론의 자유와 관련된 제한의 보류(제20조), 다른 국가들에 비해 소수 민족 집단이 혐오 발언으로부터 잘 보호받지 못하는 것, 18세 미만의 청소년이 저지른 범죄에 대한 처벌을 포함하여 사형 집행을 부과할 국가의 권리(제6조)가 이에 포함된다. 유럽 9개국(벨기에, 덴마크, 프랑스, 핀란드, 독일, 노르웨이, 포르투갈, 스페인, 스웨덴)은 미국의 유보 조항에 대해서 이의를 제기하였다(Okafor & Agbakwa, 2001).

미국은 경제적·사회적 및 문화적 권리에 관한 국제 규약(the International Covenant on Economic, Social and Cultural Rights)의 당사국이 아니다 (CESCR; U.N., 1966b). 노동권과 사회보장권과 같은 경제적·사회적 권리는 비용이 수반되기 때문에 보호가 잘 이루어지지 않는다.2) 예를 들어 미국은 1979년 여성 차별 철폐 협약(Convention on the Elimination of Discrimination Against Women, CEDAW), 1965년 인종 차별 철폐 협약 (1965 International Convention on the Elimination of All Forms of Racial Discrimination, CERD), 1989년 아동권리협약(1989 Convention on the Rights of the Child, CRC)을 비준하지 않았다. 세계인권선언과 달리 이 조약들은 도덕적 무게 이상의 의미를 지닌다. 비준을 한 당사국들은 국제기구에 책임을 지게 되는데, 미국이 일반적으로 이를 꺼려한다. 미국이 이러한 조약의 비준을 꺼려하는 것은 국제 인권 체계를 실질적으로 약화시키며, 이러한 상황에서 다른 유엔 회원국들과 비정부기구들의 입장에서 볼 때 미국이 인권 문제에 대해 발언하는 것은 도덕적 권위와 신뢰를 얻을 수 없다.

21세기에는 인권의 수사학이 강대국에 의해서 선별적으로 사용되는 방식과 선별된 인권 규범을 이행하기 위한 조건으로 인도주의 및 군사 원조를 결합하는 방식에 대해 회의적인 시각이 증가하고 있다(Hopgood, 2013). 또한 인권 제도와 법률, 법원, 규범의 국제적 구조, 인류 전체를

---

2) 경제적·사회적·문화적 권리는 종종 높은 수준의 투자가 필요하지만, 시민적·정치적 권리에도 비용이 든다. 시민적·정치적 권리는 단순히 국가가 개인의 자유에 대한 간섭을 자제하라고 요구하는 것이 아니다. 시민적·정치적 권리가 온전히 실현되기 위해서는 투자도 필요하다. 예를 들어 제 기능을 하는 법원 시스템, 수감자에 대한 최소한의 생활 조건 보장, 자유롭고 공정한 선거 등 적절한 인프라가 온전히 실현되기 위해서는 투자가 필요하다. 마찬가지로 경제적·사회적 권리는 국가의 간섭을 자제할 것을 요구한다. 예를 들어 노동조합에 가입할 권리는 국가가 개인의 자유를 간섭하지 않을 것을 요구한다.

대표하여 발언한다고 주장하는 단체들에 대한 회의론도 커지고 있다. 대규모 회원이 있거나 혹은 그렇지 않은 많은 국제 비정부기구들도 자신들의 권력과 영향력을 증진시키기 위해 인권의 언어를 사용한다. 이들은 종종 소셜 미디어를 사용하여 캠페인을 전개하면서 기금을 모금하고 보고서를 작성하거나 정부에 로비를 하며, 이 모두는 보편적이며 세속적인 도덕적 권위, 즉 인권이라는 이름하에 이루어진다(Hopgood, 2013).

어떤 사람들은 21세기에 인권이라는 이름으로 모든 사회가 세계적 규범을 채택하는 것과 19세기 유럽 중산층의 가치가 지배한 기독교 교회들이 노동자 계급, 도시 인구 및 해외 식민지를 문명화하려고 한 임무 사이의 직접적인 유사점을 감지할 수 있을 것이다. 분명 인권은 편안한 중산층 지지자들에게 매력적으로 느껴질 수 있다. 이들은 반드시 직접 참여하지는 않으면서도 자신이 지지하는 것에 의미 있는 방식으로 대의명분을 위해 기부를 할 수 있다. 필연적으로 단기적일 수밖에 없는 이러한 캠페인과 활동들은 수십 년 동안 지속적인 억압을 받아온 사람들이 사회 정의를 구현하기 위해 노력한 아래로부터의 투쟁과는 천양지차이다.

한편 유엔 안전보장이사회 및 다른 기구들을 통해 알 수 있듯이, 유엔은 인도주의적 위기 상황에 더디게 개입하거나 무력한 것처럼 보인다. 이 책을 집필하고 있는 동안 지속되었던 시리아 전쟁과 2014년 서아프리카 지역에서 나타난 에볼라 유행에 대한 세계보건기구(World Health Organization, WHO)의 처참한 대응이 이를 뒷받침한다. 이전부터 이미 보건 체계가 취약했던 이 지역은 분쟁 후 에볼라 전염병으로 인해 오랜 기간 동안 더 취약한 상태로 방치되었다. 이는 WHO의 긴급 개혁 요구로 이어졌는데, 요구는 전염병 유행의 위협으로부터 안전을 제공하는 것뿐 아니라, 건강에 대한 권리를 실현하기 위해 일상에서의 건강과 관련된 요구를 충족하는 것까지 포함하였다(Gostin & Friedman, 2015). 이처럼 유엔 기구가 취약 집단 공동체의 인권을 보장하지 못함에 따라 유엔 기구는 물론 인권 메커니즘에 대한 회의론이 보다 확산되었다.

이러한 맥락에서 본다면, 국제기구의 개혁도 중요하지만(일반적으로 느리고 힘든 과정에서는 높은 수준의 국제적인 협력을 필요로 한다), 이와 마찬가지로 중요한 것은 지역사회 공동체가 행동에 나설 수 있도록 역량을 강화하는 것이다. 국제 연대에 대한 헌신과 정의를 위해 투쟁하는 지역사회 공동체의 역량 강화는 국가 전반의 인권 의식을 필요로 한다. 인권 교육은 지역 수준, 국가 수준, 그리고 국제 수준에서 사람들이 권리를 위해 투쟁할 수 있도록 하고 이를 준비시키는 데 중요한 역할을 한다. 학교는 이러한 교육을 할 수 있는 핵심적인 장소이지만, 학교의 여건은 때때로 불리하게 생각될 수도 있다. 다음 절에서는 이 문제에 대해서 살펴보고자 한다.

평가, 성취 기준, 그리고 인권 교육

나는 2007년 한국을 방문하였다. 한국 교육부는 국가인권위원회와 협력하여 인권 교육을 학교에 도입하기 위한 계획을 수립하고 있었고 서울, 부산, 광주 세 도시에서 학교장, 교육자, 청소년 단체 구성원 및 그 밖의 관계자들이 참석하는 학술대회가 개최되고 있었다. 광주 회의장에 도착하자마자 한 무리의 젊은이들이 현수막을 들고 시위하는 모습을 보고 놀라지 않을 수 없었다. 이 시위들 중 일부는 미군과 영국군의 이라크 군사 침공에 반대하는 시위일 수 있다고 들었다. 광주는 정의와 민주적 참여에 대한 헌신으로 유명한 곳이다. 이 지역은 1980년 대통령 계엄령에 대한 반대 시위에서 약 150명이 목숨을 잃고 수천 명이 부상을 당했던 5·18 광주

민주화 운동이 일어난 곳이다.

　방문 당시 시위대와 고등학교 학생들, 한국 청소년 인권 운동 단체의 회원들이 한국 학교에서의 고부담 시험 체제에 대해서 항의하고 있었다. 한국어와 영어로 표기된 현수막의 내용은 다음과 같았다.

　한국 청소년들은 시험 지옥에 살고 있다.
　한국 교육이 십대를 죽이는 교육이라는 사실을 알아야 한다.

　우리는 학생들에게 시위에 대한 설명을 부탁했다. 이들의 주장은 고등학생들이 학교 안팎에서 기본권을 부정당하는 극심한 입시 압박 속에서 인권에 관한 내용을 도입하는 교육과정 개정은 별 의미가 없다는 것이었다.
　한국 학생들은 시험에 대한 압박으로 잠도 제대로 자지 못한 채 학교와 입시 학원에서 많은 시간 동안 공부하고, 이 중 많은 학생들이 스스로 목숨을 끊기도 하였다.3) 청소년의 높은 자살률은 과도한 시험 기반의 학교 시스템의 결과로 발생하는 문제를 포함하여 청소년들 사이의 광범위한 문제를 반영한다. 이는 다수 청소년들이 기본적인 행복을 누리지 못하는 것과 같이 학교 안팎에서 권리를 실현하는 데 어려움이 있다는 것을 나타내고 있다.
　인권 교육은 새로운 계획이었기 때문에 인권 교육 회의장 밖에서 시위를 하던 한국 학생들은 학교 교육과정의 일부분으로서 권리에 *대해(about)*

---

3) 세계보건기구(World Health Organization)에 따르면 2001년 당시 대한민국의 15-19세 청소년 10만 명당 자살률은 남학생 5.9명, 여학생 4.9명, 전체 평균 5.4명이었다. 이 수치는 다른 나라들에 비해 특히 여학생의 자살률이 높은 것을 보여주었으며, 일본과 비교했을 때 일본의 여학생 자살률은 3.8명, 전체 평균은 6.4명이었다(Wessermann, Cheng, Jiang, 2005). 한편, 2024년 우리나라 청소년 통계(여성가족부, 2024)에 따르면 2022년 청소년 (9-24세)의 자살에 따른 사망자 수는 10만 명당 10.8명이었다. 2011년 이후 자살이 청소년의 사망 원인 1위를 계속적으로 차지하고 있다.(역자 주)

배우지 못했다고 말할 수 있을 것이다. 이러한 지식은 학교 외부에서 얻은 것이었다. 학생들은 시험 지향적인 학교 교육의 특성 때문에 교육을 *통한 (through)* 권리가 그들 자신과 친구들에게 부정되고 있다고 강하게 느꼈다. 그들이 받은 교육의 결점에도 불구하고, 학생들은 권리가 투쟁을 통해 성취되어야 할 것이라는 점을 잘 알고 있었다. 시위대는 회의에 초대되어 연단에서 연설하고, 회의 대표자들에게 자신들의 주장을 표명하였다. 한국 고등학생들의 시위는 균형 잡힌 교육과정의 일환으로서 권리에 *대한* 교육과 권리를 *통한* 교육을 모두 다루는 것의 중요성을 보여준다. 그러나 사실 계속해서 진행되고 있는 고부담 시험은 한국 학교에서의 인권 교육 계획을 방해하고 있다.

Keet(2006, 2012)는 모든 인권과 관련된 진실이 국제기구로부터 기인한다고 가정하는, 소위 "선언주의자(declarationist)" 접근법이 지니는 위험성을 강조한다. 그는 남아프리카에서의 인권과 인권 교육에 대한 자신의 경험을 기반으로 하여, 유엔 10년 인권교육(U.N. Decade for Human Rights Education, 1995-2004)과 이어지는 세계 인권교육 프로그램(World Programme for Human Rights Education, 2005- 계속 진행 중)의 맥락에서 자신의 분석을 체계화하였다. 그의 관찰 내용은 교육에 직접적인 시사점을 주며 시험 지향적인 학습 맥락에 특별한 반향을 준다. 그는 다음과 같이 서술하였다. "인권 교육은 *선언주의적이고, 보수적이며, 실증적이며, 무비판적이며, 순응 중심적*인 틀로 발전해왔으며(2006, p.218)", 모든 진실이 국제기구로부터 나온다고 가정한다. 그는 국제기구에 의문을 제기하지 않고 마치 반드시 받아들여야 하는 신앙과 같이 준-성스러운 문서로 인권 교육에 접근하는 것이 아니라 학습자들의 생활 경험을 중심으로 시작하며, 국제 문서의 초안이 작성된 역사적·정치적인 맥락을 인식하면서 국제 문서를 비판적으로 검토하는 인권 교육이 필요하다고 주장하였다. 또한 보다 중요한 것은, 학습자의 사회, 정치적 맥락 속에서 인권에 대한 교수 학습이 이루어져서 학습자들이 사회 정의를 가능하게 만드는 도구로서 권리를 검토할 수 있도록 해야 한다는 점이다. 이들이 인권 문서를 검토할 때, 인권 문서가 자신과 다른 사람들의 삶에 갖는 가능한 의미와 가치가 무엇인지를 지속적으로 질문해야 한다.

한국 청소년 인권 운동의 투쟁과 더 넓은 범위의 한국 학교 교육 경험은 이러한 사례를 뒷받침한다. 학생 시위대는 민주주의와 인권을 위한 투쟁이 이루어졌던 지역 및 국가 역사를 활용할 수 있는 좋은 위치에 있었다. 이들의 투쟁은 자신의 학교생활과 충격적일 만큼 높은 수치의 10대 청소년 자살과 직결되었다. 이들의 지식과 경험, 그리고 더 넓은 광주 지역사회 공동체는 함께 정의를 위한 옹호자가 되었으며, 또한 도입 중인 국가 인권 교육 계획을 건설적으로 비판하며 자신들의 우려를 효과적으로 전달하였다. 단언컨대 인권 교육은 이러한 학생들과 공동으로 협력하며 도입되어야 한다.

Christine Sleeter(2005)는 『표준화하지 않는 교육과정(Un-standardizing Curriculum)』에서 교사들이 성취 기준과 다문화 교육을 동시에 수행할 수 있을지에 대해 의문을 제기한다. 그녀는 미국의 많은 학교와 교육구가 문화 및 언어적으로 다양한 학생들을 가르치는 것에서 공통 핵심 기준 (Common Core Standards)과 시험으로 관심을 돌리게 되었다는 점을 우려한다. 이 책에서는 학생들의 시험 준비를 도와야 하기 때문에 다문화 교육을 할 시간이 없다는 교사들의 공통적인 주장을 다룬다. 인권 교육과 같이 다문화 교육은 평등한 학교 교육과 관련되며 학생들의 정체성과 관심, 언어, 더 큰 평등을 가능하게 하는 공동체를 다룬다. 이러한 주장은 인권 교육에도 시사점을 준다. 우리에게 남겨진 과제는 학생들이 평등한 정의와 평등한 존엄성에 대한 권리를 주장하고, 이 목표들을 실현하기 위한 수단으로서 권리를 탐구하면서 학생과 교사 모두가 변화의 주체가 될 수 있도록 역량을 강화하는 것이다. 이 과정의 핵심은 우리 현실의 일부가 된 표준화된 시험에서 학생들이 성공하게 하면서도 앞서 언급한 목표들을 조화롭게 달성하는 교사의 능력이다. 이는 한국 고등학생들이 예상하는 위험 요소를 피하고자 한다면 특히나 중요하다. 학교 환경에서 학생들의 인권이 확보될 수 있는 방법을 검토하지 않은 채 인간의 권리에 관한 교육으로서 인권 교육을 도입하려는 학교 당국의 시도는 효과가 없을 가능성이 높다.

Sleeter는 교사들이 시험을 위한 교육을 멈추고 문화적으로 다양한 사회에서의 학생들의 요구에 집중한다면 학생들의 학업 성취가 높아질 것이라고 강조한다. 그녀는 학생들에게 의미 있는 다문화적이고, 학문적으로도 엄격한 교육과정을 개발하기 위해 교사들이 교육과정 성취 기준을 '근간'으로 사용할 것을 요구한다. 그녀는 "백워드 설계(backward design)"의 개념을 활용하여(Wiggins & McTighe, 2005), 교사들이 가르칠 수 있는 만큼 충분히 집중되어 있고, 다룰 수 있는 만큼 충분한 범위를 지니며, 잠재적으로 학생들에게 의미 있는 수업 내용을 계획해야 한다고 주장한다. 또한 Sleeter는 "변혁적 지적 지식(transformative intellectual knowledge)"(Banks, 2014)의 개념을 사용하여 교사들이 소외된 집단의 관점에서 그들의 교수 계획과 관련된 질문을 해야 한다고 본다. 이를 통해 우리가 충분한 성찰 없이 '타인'에 대해 가르칠 때 쉽게 나타날 수 있는 고정관념을 피하고자 한다. 또한 교사들이 가능하다면 학생들이 있는 지역사회의 "문화적 풍요(cultural wealth)"(Yosso, 2005) 혹은 "문화 자본(funds of knowledge)"(Gonzalez, Moll, & Amanti, 2005)을 배워야 한다고 생각한다. 이러한 방식을 통해 교사는 자신들의 일을 지원해줄 수 있는 지역사회의 자원과 단체를 발견할 수 있다. Sleeter는 교사들이 학생을 대표하여 높은 목표를 세우고, 함께 일하는 학생 및 지역사회에 대해서 교사가 지니고 있는 신념과 판단을 점검하며, 교실 기반의 평가와 피드백을 제공하도록 장려함으로써 소외된 학생들에 대한 교사의 낮은 기대치를 극복할 수 있기를 희망한다. 우리는 인권 교육에 이 모든 단계를 적용할 수 있으며, 교사가 시험을 위해 학생들을 가르치는 것이 아니라 학생들에게 유익하도록 성취 기준을 활용하도록 도울 수 있다.

이 장에서는 학교가 인권 교육의 핵심 현장이지만 모든 인권 교육이 반드시 학교에서만 이루어지는 것은 아니라는 점을 강조하였다. 박물관은 인권 교육의 또 다른 핵심 장소로, 교사와 지역사회를 위한 자원으로서의 역할을 할 수 있다. 큐레이터와 박물관 교육자들은 인권 교육과 관련하여 자신들의 관행을 검토할 필요가 있다. Golding(2014)은 박물관이 어떻게 인권 교육에 기여할 수 있을지에 대한 논의에서 코끼리를 발견한 다섯 명의 장님에 대한 인도 전통 이야기를 인용하였다. 각 장님은 꼬리, 몸통, 옆구리, 다리, 귀를 만지며 촉각을 통해 코끼리를 제각기 다른 물체로 묘사하였다. Golding은 이 이야기를 활용하여 서양 관점을 옹호하는 박물관 연구에 문제를 제기한다. 이 이야기는 다중적 관점에 대한 은유이며, 인권 교육에 있어서도 매우 중요하다. 그녀는 박물관이 전 세계의 인권 유린에 맞서 목소리를 높이고, 보편적인 원칙을 지지하며, 불의에 단호히 대응해야 한다고 주장한다. Tai(2010)는 일본의 부라쿠족(Buraku, 이전에는 버림받은 집단으로 생각되었음)의 해방에 참여한 사람들에 의해서 만들어진 오사카 인권박물관(Osaka Human Rights Museum)의 사례에 대해 논의한다. 그는 박물관에서의 교육이 어떻게 인권에 대한 세계와 지역적 관점의 흥미로운 상호 작용의 산물이 되는지를 설명하고, 큐레이터들이 오사카시에서 나타나는 인권 교육 운동의 전략을 변화시키기 위하여 어떻게 인권의 보편적인 개념을 채택하고 활용했는지를 검토하였다. 큐레이터들은 재일한인 동포, 여성, 장애인, 성 소수자 등을 포함하여 박물관 관람자들이 다양한 권익 투쟁을 연계할 수 있도록 박물관 본래의 범위를 점차 넓혀가고 있다. 이를 통해 일본 사회에서 차별을 경험한 사람들과 그렇지 않은 관람자들을 구분하는 이분법을 타파하고, 모든 관람객들이 자신의 차별적인 태도를 성찰하고 인식하도록 유도하는 것을 목적으로 한다.

인권 교육이 이루어지는 또 다른 중요한 장소는 대학이다. 전 세계 많은 지역에서 학생들은 점점 더 시민 학습에 참여하도록 격려되고, 때로는 참여가 기대되기도 한다. 시민 학습과 민주적 참여에 대한 국가 태스크 포스(National Task Force on Civic Learning and Democratic Engagement, 2012)에서 출간된 보고서에서는 학생들이 지식을 갖추고 *행동*을 취할 수 있도록 준비하는 것이 중요하다고 강조하였다. 인권에 대해서 명시적으로 언급하지는 않았지만, 고등 교육기관이 인권 교육과 관련된 목표를 달성할 수 있도록 하는 여지가 남아 있다. 이 문제는 인권과 관련된 체계가 프로그램을 어떻게 강화할 수 있을지를 다루는 8장에서 더 자세히 살펴볼 것이다.

지역 인권 문화 조성하기

2003년 3월 17일, 유엔 인권 고등판무관 Sergio Vieira de Mello는 제네바에서 열린 제59차 유엔 인권위원회 회의에서 다음과 같이 말하였다.

인권의 문화가 필연적으로 다가올 타격을 견딜 수 있는 힘을 가지려면 대중적인 문화가 되어야 한다. 국가 및 국가의 하위 차원에서 혁신적이며 진정으로 소유되려면 인권의 문화는 대중적인 문화가 되어야 한다(Vieira de Mello, 2003).

Vieira de Mello가 인권이 대중적인 문화로 자리 잡아야 한다는 필요성을 강조했을 때, 그는 세계적 차원에서 활용된 인권의 거대 수사학과 일상에서의 정의를 위한 투쟁 간의 괴리를 암묵적으로 인식하고 있었다. 그는 지역적 맥락과 지역 문화 내의 인권의 힘을 인식하였다. 특히 인권에 내재되어 있는 잠재력을 인식하고 교육을 통한 인권의 대중적 문화 실현을 다음과 같이 기대하였다.

'교육'은 우리가 이 과정을 설명할 때 사용하는 단어이며, 더 많은 관심을 받을 만한 가치가 있다. 우리는 단지 전자 매체를 통해서가 아니라 모든 가능한 수단을 통해 인권의 이야기를 전달하는 데 더 열심히 노력해야 한다 (Vieira de Mello, 2003).

그의 말은 특히나 가슴을 저미게 한다. 그로부터 5개월이 지난 후 2003년 8월 19일, 바그다드의 유엔사 건물에서 발생한 자살 트럭 폭탄 테러로 Vieira de Mello를 포함한 22명의 인도주의자들이 사망했기 때문이다. 인권 교육의 미래와 소외된 사람들에게 힘을 실어줄 수 있는 잠재력에 대한 그의 비전은 우리가 지금 인권의 종말에 있다는 Hopgood(2013)의 주장을 언급하지 않더라도 앞으로 인권 교육에 더 많은 관심이 필요하다는 것을 의미한다. 서구는 인권의 천국이며, 반면 다른 곳들은 인권 침해가 나타나는 지옥과 같은 곳으로 가정하는 잘못된 모델이 서구 국가들로부터 다른 지역으로 계속해서 이동하고 있다. 이러한 보수적이고 순응적인 의제를 피하기 위해 인권 교육은 신중하고 비판적으로 이론화될 필요가 있다. 이러한 암묵적인 견해는 잘못되었을 뿐만 아니라 권리를 합법화하는 데에도 효과적이지 않다. 모든 인권 교육은 힘 있는 자들의 교육을 다루든 박탈당한 사람들의 교육을 다루든지에 상관없이 일상의 투쟁이나 일상의 부정의함과 더 밀접하게 연계될 필요가 있다.

물론 국제 인권법에는 교육의 역할이 남아 있다. 그러나 더 많은 대중들, 특히 다음 세대에 대한 교육은 국제 인권법에 나타난 교육의 완화된 버전이 될 수 없으며 유엔이 강조하는 권리 중심의 문화에만 초점을 맞출 수는 없다. 학생들은 세계인권선언의 초안을 작성한 사람들이 상상하는 유토피아에 의해 격려와 영감을 받을 수도 있을 것이다(Osler & Starkey, 2010). 하지만 학생들은 또한 자신만의 유토피아를 상상하고, 정의로운 공동체를 위해 투쟁하고 실현하기 위한 능력을 계발할 필요가 있다. 인권 교육의 과정은 학습자들이 권리를 위한 지속적인 투쟁에서 보다 효과적일 수 있도록 권한을 강화하는 방향으로 이루어져야 한다. 학생들이 기존의 권력 구조를 비판할 수 있도록 하고, 변혁과 변화를 위한 능력을 갖출 수 있도록 해야 한다. 그래야만 *인권을 위한 교육*이 효과적일 수 있다.

02

인권 교육의 권리

Davis Guggenheim의 2010년 다큐멘터리 영화 <슈퍼맨 기다리기>
(Waiting for "Superman", Chilcott & Guggenheim, 2010)는 미국 공립학교
시스템이 복권처럼 운영되어 다수의 아동들, 특히 저소득층 소수 집단
아동의 교육권을 잠재적으로 침해하고 있다는 점을 강조한다. Bianca는
뉴욕 할렘 지역에 사는 유치원생이다. 그녀의 어머니 Nakia는 Bianca를
지역 공립학교에 보내는 것에 대해 걱정한다. Nakia는 가톨릭계 학교에
다니는 Bianca의 학비를 매달 500달러씩 내고 있지만 안정적인 직장을
구하지 못해 학비를 연체하고 있다. 영화 <슈퍼맨 기다리기>에 나오는
뉴욕, 워싱턴 D.C., 로스앤젤레스, 쾌적한 환경의 실리콘 밸리 인근 빈곤
지역에 살고 있는 네 명의 아동과 마찬가지로 Bianca는 그녀의 가족이
선택한 학교인 무료로 운영되는 차터 스쿨에 당첨되기 위해 지원한다.
모든 사례에서, 차터 스쿨에 당첨될 확률은 매우 낮다(Weber, 2010).

이 영화와 차터 스쿨 운동은 둘 다 논쟁적인 주제였다. 미네소타는
정부의 관료주의를 최소화하면서도 학교 선택권을 제공하고 교육적 혁신
가능성을 제시한다는 목적으로 1991년에 차터 스쿨을 허가한 첫 번째

주이다. 캘리포니아주와 콜로라도주가 빠르게 이를 뒤따랐고, 2011년까지 5,453개의 차터 스쿨이 미국 전역에 설립되었다(Weiler & Vogel, 2015). 그러나 차터 스쿨이 더 공평하고 공정한 공립학교 시스템을 실현하는 데 도움이 될 수 있다는 주장은 다수의 연구자들에 의해 비판을 받고 있다(Frankenberg & Lee, 2003; Minow, 1999).

Swalwell과 Apple(2011)은 <슈퍼맨 기다리기>가 권리를 거부당한 사람들의 언어를 권력자들이 도용하고 있음을 보여주는 사례라고 설명한다. 이들은 이 영화를 다양한 사회 및 교육적 재화에 접근이 거부된 사람들의 사회 세계를 재해석하려는 시도라고 생각한다. 또한 이 영화가 특히 권력, 인종, 계급과 관련된 중요한 질문들을 간과하며, 영화의 주장 중 많은 것과 모순되며, 토론의 장을 열기보다는 단절하는 역할을 한다고 주장한다.

학교에서 나타나는 인종 분리 수준과 "자체 분리 및 분류를 전제로" 궁극적으로 부유하고 박식한 사람들을 선호하는 체제에서 나타날 수 있는 잠재적인 차별 가능성에 대한 우려가 표명되었다(Minow, 1999, p.282). Frankenberg와 Lee(2003)는 1,855개의 차터 스쿨을 대상으로 한 전국적 연구에서 차터 스쿨의 95%가 16개 주에 위치해 있으며, 이 지역의 공립학교보다 더 인종적으로 분리되어 있다는 것을 발견하였다. Martin(2004)에 따르면, 차터 스쿨 운동은 "부유하고 풍부한 정보를 지닌 가정에게는 기회를 더 주는 반면 가난하고 많이 배우지 못한, 특히 저소득 도시 지역에 거주하는 소수 민족 집단 가정을 위한 기회는 감소시키는"(p.331) 원인이 된다. Weiler와 Vogel(2015)은 콜로라도주 차터 스쿨에 대한 실증적 연구에서 형평성을 위협하는 학교의 몇 가지 관행을 발견하였다. 유치원 종일반 등록, 도서, 체육 및 특별 활동, 학교 교복에 대한 비용 청구, 학교 입학 등록 과정의 일부로서 학생들에게 시험을 보도록 하는 것, 학부모들이 학교에서 특정 시간 동안 자원 봉사에 참여하도록 요구하는 것, 그리고 학부모의 기부를 제안하는 것이 그러한 관행이었다.

교육에 대한 평등한 접근을 논의하는 것도 중요하지만, 영화 <슈퍼맨 기다리기>를 교육권과 관련된 문제를 검토하는 도구로 사용할 수 있다. 영화는 대부분의 학생이 인식할 수 있는 교육에서의 일상적인 권리들과 부정의를 강조하고, 고등학생이나 전문 교육을 받고 있는 학생들이 영화를 비판적으로 분석하고 해체할 수 있는 풍부한 자료를 제공한다. 이 영화가 국제 인권의 언어를 사용하지 않는다는 점을 주목할 필요가 있다. 학생들은 영화에 인권 담론과 체계를 적용하는 과정을 통하여 시청자들이 다섯 아동의 사례를 이해하는 데 어떤 영향을 미칠지를 생각해볼 수 있을 것이다.

이 장에서는 인권 원칙이 학교 교육과 더불어 사는 법을 배우는 일상의 과정에 어떻게 영향을 미칠 수 있는지를 설명한다. 교육 *에의*(to) 권리, 교육 *에서의*(in) 권리, 교육을 *통한*(through) 권리를 고려할 것이다. 이는 인권이 시민 교육의 토대가 되어야 한다는 Banks 외(2005)의 주장을 사회과 교사들이 적용할 수 있는 방법을 탐구하는 것을 포함한다. 1장에서는 인권 교육이 권리에 *관한*, 권리를 *통한*, 그리고 권리를 *위한* 교육을 포괄하는 것으로 언급하고 있는 유엔 인권 교육과 훈련 선언(U.N. Declaration on Human Rights Education and Training; U.N., 2011)을 제시했는데, 이는 인권 교육의 지식, 경험적 과정(기능), 결과(태도와 행동적 지향)와 일치한다. 이 장에서는 먼저 인권 교육에 대한 권리를 포함하는 교육권을 먼저 살펴보고, 인권 교육에 포함될 수 있는 지식, 기능, 태도를 살펴볼 것이다. 교육 *에서의*(in) 권리는 학생들의 태도와 그로 인한 학습 공동체의 분위기뿐만 아니라 법적 및 정책 체계를 다룬다. 교육을 *통한*(through) 권리는 교육적 과정의 결과에 대한 것이다. 이는 권리를 존중하는 공동체를 만들고, 교육이 다른 권리에 접근할 수 있게 하는 권리로 작동하는 방식을 의미한다(McCowan, 2012).

이 장에서는 인권 체계가 어떻게 가까운 곳에서 정치 및 사회적으로 민감한 문제들에 대한 비판적 검토를 허용하게 하며, 또한 어떻게 세계 차원의 기회를 열어주는지를 설명한다. 교실 수업에서 권리와 사회적 정의를 중심으로 다루되 다양한 환경에서 분석하여 공통점과 차이점을 어떻게 이해할 수 있는지를 설명한다. 교사들은 영화 <슈퍼맨 기다리기>를 출발점으로 시작하여, 학생들과 함께 교육과정과 교육의 정치학을 성찰할 수 있다. 그리고 모든 사람들이 *"이용할 수 있고, 접근할 수 있으며, 수용할 수 있고, 적응할 수 있는"* 학교 교육 방식을 검토하고(Tomaševski, 2001, p.13), 학교 교육 방식을 검토하고 이를 가능하게 하는 방법을 국제적으로 합의된 기준에 맞추어 제안한다. 다음에서는 방금 언급한, 이용, 접근, 수용, 적응의 네 가지 개념을 제시한다.

'슈퍼맨' 기다리기와
'더불어 살아가기 위해 배우기' 대학원생 세미나

영화 <슈퍼맨 기다리기>는 양질의 교육과 학교 시스템에 기여하는 많은 요소들이 있다는 것을 가정한다. 여기에는 높은 수준의 읽기와 수학 능력, 소수자 학생들을 위한 공평한 접근, 특수 학생들의 성공을 가능하게 하는 적절한 지원, 대학 진학 기회, 그리고 무엇보다 능력 있는 교사 등이 포함된다. 이 영화는 경각심을 일깨우는 역할을 하면서 부모와 보호자, 교사, 관심 있는 시민들이 학교를 개선하기 위해 함께 일하도록 영감을 주는 것을 목표로 한다. 결국 교육은 기본적인 인권이고, 이것은 모든 아동을 위한 학교 공간 그 이상을 의미한다. 교육권이 모든 아동이 양질의 교육 및 학습에 접근할 수 있는 여건을 보장하기 위한 정부의 노력을 의미한다는 인식이 전 세계적으로 확산되고 있음을 1990년 좀티엔 선언(Jomtien Declaration)⁴⁾을 통해 알 수 있다(World Conference on Education for All, 1990).

물론 102분 안에 무엇이 양질의 교육을 구성하는지를 완전히 탐구할 수 있는 영화는 없으며, 인권으로서의 교육이 갖는 모든 측면을 검토할 수도 없다. 2010년 가을, 유타 주립대학교(USU)에서 열린 대학원 세미나에서 공립학교 교사들과 관리자들은 학교, 학교 시스템, 지역사회, 그리고 가장 중요한 학생들에게 적용되는 인권에 대한 개념과 근본적인 원칙들에 대해 논의하였다. 우리 중 누구도 미국 학교가 직면한 모든 도전에 대한 해답을 가지고 있다고 주장하지는 않았지만, 그럼에도 불구하고 이 세미나에서는 교사, 특히 사회과 교사들의 공동의 직업적 책임을 심도 있게 검토하는 기회를 제공하였다. 구체적으로는 민주적 참여를 위한 학교 교육에 대한 인권의 역할과 교육에 *대한* 권리, 교육 *내에서의* 권리, 교육을 *통한* 권리에 대해 검토하였다.

이 장에서는 유타 주립대학교에 방문 교수로 있었을 때의 나의 경험을 제시한다. 당시 나는 대학원생 선택 과목으로 10개의 세션으로 구성된 세미나를 진행하였다. 수강생들은 다양한 학문 배경을 가지고 있었는데, 사회학 전공, 언어교육 전공, 수학 및 과학 전공자들이 있었다. 대부분은

---

4) 태국 좀티엔(Jomtien)에서 이루어진 선언으로 '모두를 위한 교육(Education for All, EFA)'을 목표로 하여 전 세계 학습자들의 교육받을 권리를 보장하기 위해 국제 사회가 향후 10년간 노력을 기울여야 할 6대 교육 목표(영유아 보육과 교육, 초등교육 보편화, 청소년 및 성인 학습 요구 충족, 성인 문해, 교육의 성 평등, 교육의 질 향상)를 설정하였다.(역자 주)

공립학교에서 전일제 혹은 시간제로 일하면서 학업을 병행하고 있었다. 이 중 두 명은 대학에서 강의를 하고 예비 교사 학생들을 지도하고 있었다. 중국에서 온 유학생 한 명을 제외하고는 모두 미국 시민이거나 미국에 오래 거주한 사람들이었다.

대학원 세미나 강좌명은 '함께 살기 위한 배움'이었다. "우리는 인권을 함께 살기 위한 원칙으로 생각하고 정의와 평화의 세계시민주의적 이상을 위해 일할 수 있는 수단으로서의 인권 교육에 집중할 것이다"라는 설명이 덧붙여졌다. 또한 다음과 같은 안내가 추가되었다. "강의자는 영국 출신이다. 상호 학습뿐만 아니라 참여자와 강의자 간 진정한 문화 교류가 이루어질 것을 기대한다. 수업 준비의 일환으로 다양한 인권 및 정의와 관련된 자신의 입장을 성찰하게 될 것이다." 총 8명의 학생이 등록했고, 세미나 동안 교육에서의 아동 인권과 여러 다양한 국가적 맥락에서 교육과정 교과로서 인권 교육을 다룬 많은 학술 논문을 읽었다. 학생들은 또한 토론과 논의를 위해 학술서인 『교사와 인권 교육(Teachers and Human Rights Education)』 (Osler & Starkey, 2010)을 읽었다.

세미나 동안 영화 <슈퍼맨 기다리기>가 개봉 중이었지만 당시 유타주의 로건 지역에서는 상영하지 않아, 나와 일부 세미나 수강생들은 콜로라도주 덴버에서 열린 학술대회에 참석했을 때 이 영화를 처음 보았다. 영화의 주제인 양질의 학교 교육의 가능성과 접근성은 수업에서 활발하게 토론한 주제였다. 수업에서는 Tomaševski(2001)가 제시한 다른 인권 기준과 연관된 학교 교육의 수용 가능성 및 적응성을 7장에서 소개할 아동 권리 관련 다른 자료들과 함께 활용하여 탐구하였다. 일부 세미나 수강생들은 자신의 교사 교육과 중·고등 수업에 이러한 자료들을 사용하기도 하였다.

수업 시간에 제기된 일상적인 인권 주제 중 상당수는 지역 또는 국제적으로 민감한 주제였다. 일반적으로 이러한 주제들은 뉴스, 자신의 교실, 캠퍼스에서 일어나는 토론을 통해 도출한 것이었다. 우리는 이러한 관심사와 교육을 연계하고자 하였다. 모든 인권 문제를 다루는 것은 이 장의 범위를 넘어서지만 종교적 자유, 성 소수자(LGBT)의 권리, 이민 제한, 다문화주의, 여성과 소녀에 대한 폭력, 그리고 금서 주간5) 동안 학교와 어린이 도서관에서의 검열 등을 포함했다.

이 주제들 중 다수가 사회적·정치적으로 민감하고 감정적 반응을 불러일으킬 수 있었지만, 수업 시간 중에 세 가지 기본적인 규칙을 지키려고 노력하였다. 이는 1) 서로의 존엄성과 정체성을 존중하고, 2) 서로의 개인적·직업적 경험으로부터 배우는 것에 대해 열린 자세를 유지하며, 3) 자신의 주장이 증거에 근거해야 한다는 것이었다.

교육받을 권리

영화 <슈퍼맨 기다리기>는 인권으로서의 교육에 대한 논의를 여는 데 있어 훌륭한 자극제가 된다. 이 영화의 첫 장면은 이 영화가 어떻게 제목을 만들게 되었는지를 보여준다. 사우스 브롱크스에서 자란 사회 운동가

---

5) 금서 주간(Banned Books Week)은 미국 도서관협회(American Library Association, ALA)가 주관하는 연례행사로, 독서의 자유를 기념하는 행사이다. 금서 주간은 정보에 대한 자유롭고 개방적인 접근의 가치를 강조하고 사서, 서점, 출판사, 언론인, 교사, 모든 유형의 독자들이 함께 모여 일부에서 비정통적이거나 인기 없는 것으로 간주되는 아이디어를 살펴보고 표현할 자유를 지지하는 것을 목표로 한다. ALA는 지난 수십 년 동안 금서와 검열된 도서를 선정해 소개한다. 이때 검열이라는 것은 단순히 어떤 특정 관점을 표현하는 데 그치지 않고, 자료를 삭제하여 다른 사람의 접근을 제한하려는 시도이다. 주로 아동의 도서 접근과 관련하여 검열이 이루어지는데, 일반적으로 학교나 공공 도서관 또는 교육과정에서 해당 항목을 삭제하려고 시도한다. 검열된 도서나 금서에 대한 정보를 비롯한 자세한 내용은 ALA 웹사이트(www.ala.org/bbooks/about) 참고.

Geoffrey Canada는 이렇게 설명한다.

> 내 인생에서 가장 슬펐던 날 중 하나는 어머니가 '슈퍼맨'은 존재하지 않는다고
> 말씀하셨을 때였습니다. 빈민가의 깊숙한 곳에서도 그가 나타날 것이라고
> 생각했으니까요… 어머니는 산타클로스가 진짜가 아니기 때문에 내가 울고
> 있다고 생각했어요. 나는 우리를 구할 충분한 힘이 있는 사람이 아무도 오지
> 않아서 울고 있었어요.

Canada는 지역사회에서 "슈퍼맨"이나 다른 영웅이 나타나서 빈곤, 범죄,
다른 사회 문제로 파괴된 지역의 학교를 구해줄 것을 기다릴 여유가 없다는
것을 잘 알고 있었다. 그는 1990년에 할렘 어린이 보호구역(Harlem
Children's Zone, HCZ)을 설립한 교육 개혁 지지자이다. 중요한 것은
그가 권력 문제를 제기했다는 점인데, 이것이 영화에서 명시적으로 전개된
주제는 아니지만, 교사로서 우리는 권력의 불균등한 분배와 우리 자신의
직업적 관행을 의미 있게 성찰할 수 있다. Sensoy와 DiAngelo(2012)가
주장한 바와 같이, "사회는 인종, 계급, 성별, 능력을 포함하는 사회집단을
따라 계층화되며 이는 중요하고 멀리까지 그 영향력을 미친다(p.xviii)."
이는 모든 교사들이 행동을 통해 정의를 위한 투쟁을 지지하거나 훼손하는
과정에 관여한다는 것을 의미한다.

> 우리 각자는 이 시스템을 막기 위해 일할 것인지 아니면 무시함으로써 그들의
> 존재를 지지하기 위해 일할 것인지에 대한 선택권이 있다. 중립은 없다. 불의에
> 맞서 행동하지 않기로 선택한 것은 불의를 허용하는 것이다(p.xxii).

많은 아동들의 교육받을 권리를 효과적으로 주장하기 위해서는 그들의
삶에 더 광범위한 변화가 필요하다. 할렘 어린이 보호구역 프로젝트는

아이들이 대학을 거쳐 취업 시장으로 나아갈 수 있도록 공동체를 재건하는 총체적인 접근법을 채택한다. 이 프로젝트의 목표는 다음과 같다.

> 아동들이 여성 혐오와 반사회적 행동을 미화하는 유해한 대중문화에 대항하는 균형추가 될 수 있도록 한다. 대학 진학을 목표로 하는 또래와 자신들을 지원하는 성인들로 둘러싸여 성장할 수 있는 지역사회의 '거점'을 만든다 (HCZ, n.d.).

이 지역사회는 성취 수준이 높은 청년들이 떠나가기보다는 머물고 싶은 지역으로 발전해야 할 필요가 있다. 할렘 어린이 보호구역은 20년 이상 할렘 중심 지역의 거의 100개 블록을 아우르는 포괄적인 프로그램 시스템이 되었다. 프로그램은 부모 지원, 학교, 방과 후, 사회 서비스, 보건 및 지역사회 구축 운동을 포함한다. 아동이 성공하기 위한 전제는 가정도 역할을 잘 해야 하며 자신들이 역량이 있다는 것을 느껴야 한다는 것이다. 여기서 흥미로운 것은 변화를 위해 함께 일하는 사람들의 능력이다. 개개인은 무력할 수 있지만, 조직을 이룬다면 주체성을 발휘할 수 있다.

할렘 어린이 보호구역 프로젝트는 교육권을 실현하기 위해 작동한다. Katarina Tomaševski 전 유엔 교육권 특별보고관은 단순히 학교를 제공하는 것만으로는 불충분하다고 지적하였다. 그녀는 교육에 대한 권리를 '4 As'(표 2.1)로 요약하였다. 학교는 모든 사람이 *이용할* 수 있도록 (availability) 보장하는 기준을 충족해야 하며, 또한 모든 아동에게 *접근 가능하고*(accessible), *수용 가능하며*(acceptable), *적응 가능해야*(adaptable) 한다.

Tomaševski는 국가가 1차적 의무자로서 4 As를 보장하는 조치를 취해야 하지만 아동, 부모, 보호자, 교사 등 다른 이해 관계자들도 핵심 역할을 수행한다는 점을 인식하였다. 교사는 표 2.1을 중·고등학생과 함께 체크리스트로 활용하여 자신이 사는 지역과 타 지역사회에서 제공하는 교육을 조사하고 평가할 수 있다. 연구 문헌에 대한 지식을 바탕으로 예비 교사 학생들은 표 2.1을 검토하고 이를 바탕으로 Tomaševski의 분석에서 누락된 요소가 있는지에 대해 토론할 수 있다. 그 출발점 중 하나는 <슈퍼맨 기다리기>에서 교육을 복권 시스템으로 묘사한 것으로, 이 영화에서는 미국에서 양질의 교육은 모두에게 제공되거나 접근될 수 없다는 것을 시사한다. 학습자들은 다음을 조사할 수 있을 것이다. 이 영화에 등장하는 부모와 아이들의 특별한 관심사는 무엇인가? 이들의 주장을 지지하거나 반박하기 위해 어떤 증거가 제시되는가? 학생들이 반증을 발견할 수 있는가? 자원이 한정된 곳에서, 추첨이 공정한 학교 배정 방식인가? 특정 집단의 학습자를 차별하는 것은 아닌가? 학교 이용 가능성과 접근성 문제를 해결할 수 있는 대안은 무엇인가? 공교육은 어떻게 자금을 조달하는가? 아동의 교육권을 보호하기 위한 법률에는 무엇이 있는가? 이러한 법률은 효과적인가? 학생들은 또 다른 지역에서 아동의 보편적인 교육권을 주장할 때 직면하는 도전을 검토하기 위해 표 2.1을 사용하여 국제적인 비교를 할 수 있다.

영화 <슈퍼맨 기다리기>는 Tomaševski(2001)가 정의한 미국 학교의 *수용성*(교육과정과 교육)과 *적응성*(지역사회와 소수자의 요구에 대처하는 것)에 대해서는 거의 언급하지 않는다. 이 영화는 양질의 학교가 불균등하게 제공되는 간접적인 차별을 다루고 있지만, 교육과정에 어떤 내용이 있는지, 아동들이 학교생활을 어떻게 경험하는지에 대해서는 깊이 있게 다루지 않는다. 이에 관해서는 7장에서 자세하게 살펴볼 것이다.

표 2.1 교육권의 4 As

가용성(Availability)

- 교육은 보편적이고, 무료이며, 의무적이다.
- 인프라를 갖추어 적절한 도서와 자료를 제공하는 것을 보장한다.
- 건물은 안전 및 위생 기준을 충족해야 한다.
- 충분한 자격을 갖춘 교사를 채용하고 교육하며, 적절한 수로 유지할 수 있도록 해야 한다.

접근성(Accessibility)

- 모든 아동은 성별, 인종, 종교, 민족, 사회 경제적 지위 및 기타 신분과 관계없이 동등하게 학교 서비스를 이용할 수 있어야 한다.
- 난민 아동, 노숙자, 장애인 등 소외된 집단을 포용하기 위해 노력해야 한다.
- 학생에 대한 어떤 형태의 분리나 접근 거부를 금지한다.
- 아동 노동 또는 착취를 금지하는 법률이 마련되어야 한다.
- 학교는 적절한 거리 내에 있거나 교통편이 제공되어야 한다.
- 교육은 누구에게나 저렴해야 한다.

수용 가능성(Acceptability)

- 양질의 학교 교육을 차별 없이, 모든 사람들에게 적절하고 문화적으로 적합하게 제공해야 한다.
- 학생들에게 특정 종교 또는 이념적 견해를 따를 것을 요구해서는 안 된다.
- 교육 방법과 자료는 다양한 생각과 신념을 반영한다.
- 건강과 안전이 강조되며, 성인 작업장에 적용되는 최소 기준을 준수해야 한다.
- 훈육 절차는 아동의 존엄성을 존중한다.

적응성(Adaptability)

- 교육 프로그램은 유연하며 공동체의 요구에 맞게 조정될 수 있다.
- 학생의 종교적 또는 문화적 공휴일 준수가 존중되어야 한다.
- 장애 학생에게 적절한 주의를 기울이고, 장애 학생의 필요에 맞는 건물과

시설을 제공한다.

출처: 인권 의무: 교육을 이용 가능하고, 접근 가능하며, 수용 가능하고, 적응 가능한 것으로 만들기(K. Tomaševski, 2001, Lund, Sweden: Raoul Wallenberg Institute)를 수정.

인권 교육에 대한 권리

1장에서 언급한 바와 같이, 인권 교육의 권리는 세계인권선언(UDHR; U.N., 1948)에서 처음으로 명시되었다. 인권에 대한 교육은 인권 프로젝트의 핵심적인 부분으로 예견되었다. 세계인권선언의 초안을 작성한 사람들은 모든 교실에 사본이 비치될 것을 기대했으며(Osler & Starkey, 1996), 유엔은 인권에 대한 지식과 권리 이행 간의 관계를 인식하면서, 학교가 인권 보장과 보호, 증진에 중심적인 역할을 해야 한다고 생각하였다. Osler(2012b)는 "세계인권선언의 선언과 함께 교육과 인권은 불가분의 관계가 되었다"고 언급하였다. McCowan(2012)은 교육 내의 인권에 대해 다음과 같이 제안한다.

> 권리 수호의 본질적인 중요성, 또는 도구적 이익만으로 교육 내 인권이 정당화되는 것은 아니다. 인권에 대한 학습과 인권 표현이 융합된 공간으로 들어서면서 둘 사이의 경계가 허물어지기 시작한다(p.79).

그럼에도 불구하고, 세계인권선언은 법적 강제력이 아닌 도덕적 강제력으로 작용한다. 따라서 인권 교육에 대한 권리가 확고하게 확립된 것은 이후 나타난 여러 구속력 있는 수단들에 의한 것이다. 경제적·사회적·문화적 권리에 관한 국제 규약(CESCR; U.N., 1966b)과 아동권리협약(CRC;

U.N., 1989)은 국제적으로 교육받을 권리를 확인하는 구속력 있는 두 가지 수단이지만 후자가 국제적으로 학교에서 더 잘 알려져 있다. 이는 교사와 직접적인 직업 관련성이 있으며, 거의 많은 국가에서 보편적으로 비준되었기 때문이다. 경제적·사회적·문화적 권리에 관한 국제 규약 제13조는 다음과 같이 명시한다.

> 규약 당사자들은 교육이 인간 인격의 온전한 발달과 존엄성 의식을 지향해야 하며, *인권과 기본적 자유에 대한 존중을 강화해야 한다*는 데 동의한다. 또한 교육은 모든 사람들이 자유 사회에 효과적으로 참여할 수 있도록 하고, 모든 국가와 인종, 민족 또는 종교 집단 간의 이해, 관용, 우정을 증진하며, 나아가 평화 유지를 위한 유엔의 활동을 촉진할 수 있도록 해야 한다는 데 동의한다 (U.N., 1966b).

이 공식 선언에서 국가, 인종, 민족, 종교를 넘어 인권, 인간의 존엄성, 차이를 인정하는 것 사이에 구체적인 연결 고리가 만들어진다. 교육의 목표 중 하나는 인권을 증진하고, 다양성의 맥락에서 존중과 관용을 장려하는 것이다. 따라서 집단 간 존중과 관용은 인권을 위한 전제 조건이며, 이러한 존중을 가능하게 하는 교육 운동은 광범위한 인권 교육 프로젝트의 기본이다. 교육의 목표는 아동권리협약에서 더욱 발전한다. 아동권리협약 제29조는 경제적·사회적·문화적 권리에 관한 국제 규약에 명시된 교육 목표를 포함하고 이를 달성하기 위해 교육의 목적을 확장하고 있다.

제29조 (교육의 목적)
당사국은 아동 교육이 다음 각 호의 목표를 지향해야 한다는 것에 동의한다.
1. 아동의 인격, 재능, 그리고 정신적 신체적 능력의 잠재력을 최대한 계발
2. 인권과 기본적 자유, 유엔 헌장에 규정된 원칙에 대한 존중 의식 계발

3. 아동의 부모와 아동 자신의 문화적 정체성, 언어 및 가치, 현 거주국과
   출신국의 국가적 가치 및 서로 다른 문명의 차이에 대한 존중 의식 계발
4. 아동이 인종, 민족, 종교적 집단 및 선주민 등 모든 사람과의 관계에
   있어서 이해, 평화, 관용, 성 평등 및 우정의 정신에 입각해 자유 사회에서
   책임 있는 삶을 영위하도록 하는 준비
5. 자연 환경에 대한 존중 의식 계발

여기에는 평화와 성 평등에 대한 새로운 강조, 국가적 가치뿐만 아니라
아동 자신의 문화와 다른 전통과 문명을 존중하기 위한 학교 시스템을
만들어야 한다는 의무가 있다. 문화적 정체성이라는 명분으로 아동권리협
약에서 보장하는 다른 아동 권리가 훼손될 수 없기 때문에 이것은 문화적
상대주의 접근을 의미하는 것은 아니다. 모든 인권 문서와 마찬가지로
아동권리협약도 총체적으로 이해되어야 한다. 교육이나 타 영역에서 부모
의 선택이나 문화적 선호는 아동권리협약이 보장하는 권리를 대체할 수
없다. 협약의 어떤 개별 조항도 다른 모든 조항보다 우선할 수 없다.

Grover(2007)와 Osler(2010b)가 강조하듯, 아동권리협약은 다문화 또는
다문화 교육의 한 형태가 아동들이 자신의 문화와 타인의 문화를 이해하고
존중하게 되는 모든 아동의 권리라고 단언한다. 아동은 세계 여러 곳에서
언어, 민족, 또는 기타 특성에 따라 서로 다른 학교에서 분리되어 교육받지
않는다. 직계 가족과 지역 공동체에서 쉽게 이용할 수 있는 문화 및 경험을
넘어 교육과정을 통해 다양한 문화와 경험에 접근할 수 있을 때 아동은
'모든 민족, 국가, 종교 집단과 토착민들 사이의 이해, 평화, 관용, 성 평등,
우정의 정신'에 대해 교육받을 수 있게 된다. 아동권리협약에서 '토착민'을
언급하는 것은 1960년대 이후 전 세계 토착 원주민들의 투쟁에 대응하여
인권 프로젝트가 어떻게 발전해왔는지를 보여준다. 정부와 토착 원주민

단체 간의 20년이 넘는 기간 동안의 협상 끝에 2007년 유엔총회에서 마침내 원주민의 권리 향상을 위한 유엔 선언문(the Declaration on the Rights of Indigenous Peoples)이 채택되었다(U.N., 2007).6) 이 선언은 개인권과 집단권, 교육권 및 문화적 권리와 정체성을 포함하여 교육과 직접 관련된 기타 권리, 언어권 모두를 다루고 있다. 아동권리협약 내 "자연 환경에 대한 존중"이라는 추가적인 목표는 인간의 생명은 더 넓은 생태계의 일부이며 인간의 번영은 모든 생명체와의 상호 관계에 달려 있다는 것을 인정하는 것으로 볼 수 있다.

유럽에서 인권 교육은 1980년대부터 유럽평의회의 의제로 확고히 자리 잡았다. *학교에서의 인권에 대한 교육 및 학습에 관한* 권고안 R(85) 7호(유럽평의회, 1985)는 표준을 설정하는 중요한 단계였을 뿐만 아니라 부록 형태의 실무 지침을 포함하고 있다(Starkey, 1991). 인권 교육은 권리일 뿐만 아니라 교육 자체가 권리 실현을 가능하게 한다(McCowan, 2013). 교육은 건강과 웰빙, 적절한 생활수준, 정치 참여 등 다양한 참여 요소를 포함하여 다른 권리에 대한 접근성을 확보한다.

냉전이 종식되고 모든 권리(시민적, 정치적, 경제적, 사회적, 문화적)가 실제로 서로 연관되어 있고 상호 의존적이라는 인식이 확산되면서 인권 교육을 정부의 의제로 삼는 다양한 운동이 국제적으로 추진되었다. 이러한 운동에는 유엔 인권 교육 10년(1995-2004)과 후속 세계 인권 교육 프로그램(2005-진행 중)이 포함된다. 유엔이 새롭게 추진한 *평화, 인권, 민주주의를 위한 교육에 대한 선언 및 통합 행동 체계*(UNESCO, 1995)에 따라 인권 교육의 우선순위가 상향 조정된 것도 이에 포함된다. UNESCO

---

6) 유엔 선언문(The U.N. Declaration)은 과반수인 143개국의 찬성, 반대 4표(호주, 캐나다, 뉴질랜드, 미국), 기권 11표로 채택되었다.

(2014)의 프로그램(2014-2017)을 통해 수행된 '세계시민교육'에 대한 작업은 유네스코(1974)의 *국제적 이해, 협력 및 평화 교육에 관한 권고*와 *인권과 기본적 자유에 관한 교육*과 같은 이전의 표준 설정에 기반한 것이다.

또한 유럽평의회(2010) 권고안 *CM/Rec(2010) 7··· 민주 시민 교육과 인권 교육에 관한 헌장*은 유럽평의회가 추진하는 광범위한 운동에서 인권의 역할을 거듭 강조하는 중요한 단계이다. 중요한 것은 유럽평의회가 회원국의 지원과 이 운동의 실행을 위한 일련의 조치를 마련했다는 것이며, 2012년에 진행 상황을 평가하기 위한 첫 번째 유럽 차원의 회의(Osler 2013b, 2014b)가 개최되었고 다음 회의는 2015년에 개최되었다.

유엔 인권 교육과 훈련 선언(U.N., 2011)은 구속력이 없지만 인권 교육자들의 업무에 상당한 영향을 미친다. 앞서 살펴본 바와 같이, 인권 교육은 인권에 *관한*, 인권을 *통한*, 인권을 *위한* 교육을 포괄하는 것으로 정의된다. 이는 주로 인권을 가능하게 하는 교육과정과 관련된다. 이번 장에서는 교육권(인권 교육의 권리 포함)과 교육에서의 권리(학습자의 권리), 교육을 통한 권리(교육이 인권 프로젝트를 어떻게 지원하는지)를 고려하여 교육을 통해 권리들이 어떻게 실현될 수 있는지에 대해서도 중점적으로 살펴보았다. 정리하자면 인권 프로젝트와 교육 간 보다 넓은 관계를 살펴보았다.

유엔 인권 교육과 훈련 선언은 인권 교육이 권리에 *대한* 교육을 넘어 확장되고 있음을 다시 한번 상기시켜준다. 인권을 *통한* 교육은 학교가 조직되는 방식뿐만 아니라 배움과 가르침의 과정을 포함하는 학교에서의 권리를 다룬다. 모든 것은 학생과 교사 모두의 권리를 존중하는 방식으로 운영되어야 한다. 인권 교육은 학습자가 자신의 권리를 향유하고 행사하며 타인의 권리를 존중하고 유지할 수 있도록 하는 것이다(U.N., 2011, 제2.2조). 분명한 것은, 권리 교육은 교육을 *통한* 권리 실현을 가능하게 한다는 것이다. 하지만 이것이 전부는 아니다.

유엔의 정의를 살펴보면, 이 세 가지 요소는 연관되어 있다. 권리에 *대한* 교육은 인권 교육이 인권법에 근거를 두고 있다는 것을 의미한다. 유엔 아동권리협약을 살펴봄으로써 이를 확장하는 것이 유용하다. 유아를 포함한 아동의 경우, 권리에 *대한* 교육은 아동에게 인권이 있으며, 이러한 권리가 아동권리협약에 명시되어 있다는 것을 아는 것을 포함한다. 그러나 이러한 지식은 또한 권리의 적용과 청소년들의 학교생활 경험을 반영한다. 이는 유엔(2011)의 정의에서는 권리를 *통한* 교육으로 지칭되는데, 교사와 관리자가 청소년의 관점(Osler, 2010a), 수업 방법 및 이러한 권리를 지지하거나 훼손할 수 있는 교육 구조를 고려한다는 것을 의미한다(Lundy, 2007; Osler, 2010a, 2010b). 다시 말해, 아동권리협약은 아동들의 학교 교육을 책임지는 교사들을 포함하여 성인 행위자들에게 의무를 부여한다. 권리를 *위한* 교육은 변혁적 교육과 인권 기준에 부합하는 교육 결과를 의미한다. 권리를 위한 교육과 변화를 위한 교육은 8장에서 보다 자세히 논의한다.

권리에 대한 교육(지식)

고등학생들이 세계 인권 문제에 대해 공부할 기회를 갖고, 이들을 가르치는 교사가 인권을 다룰 수 있는 자신감을 갖는 것은 매우 중요하다. 이는 세계화 시대에는 사람들의 행동과 선택이 먼 곳의 낯선 타인들의 삶에 직·간접적으로 영향을 미칠 수 있기 때문이다. 이와 유사하게, 우리가 선출한 정부가 내리는 결정은 세계 다른 지역 사람들의 인권에 직접적으로 영향을 미칠 수 있다.

인권 침해에만 집중하기보다는 학생들이 인권의 긍정적인 측면과 일상

생활에 미치는 인권의 영향을 탐구하는 것이 중요하다. 인권과 국제 규범이 정의를 위한 투쟁에서 사용되어왔다는 사실과 이것이 사용되는 방식에 대해 배우는 것은 학습자들에게 권한을 부여하는 경험이 될 수 있다. 또한 이것은 자신의 삶에 변화를 가져올 수 있는 인권과 국제 규범의 잠재적인 힘을 인식하도록 장려한다.

예를 들어, 남아프리카공화국 사람들은 보편적 권리와 인간 존엄성의 보편적 기준의 틀 안에서 아파르트헤이트에 반대하는 그들의 투쟁에 대한 사람들의 인식을 제고하여 국제 사회 전반에 걸쳐 지지와 연대를 확보할 수 있었다. 그들은 공동의 인류애에 호소하였다. 마찬가지로 민권 운동가 Malcolm X는 말년에 운동가들이 이 사례를 전 세계에 알려야만 성공할 것이라고 말하였다. 국내 시민권이 아닌 글로벌 연대의 관점에서 볼 때, "지구상 어느 곳에서도 누구나 당신의 동맹이 될 수 있다(X, 1964/1992, p.175)." 인도의 달리트(불가촉천민)와 성 소수자(LGBT) 활동가들을 포함한 전 세계 다양한 단체들은 권리, 인정, 존엄성의 평등을 위해 투쟁할 때 보편적인 인권 기준에 호소한다.

나는 유타주 교사들이 국제 인권 원칙을 새롭게 들여다보고 이를 자신의 학교와 지역사회에 적용하기를 원했다. 나는 그들이 학교 학생들과 함께 교육을 통해 아동과 청소년 권리를 고려하는 데 동참하도록 촉구하였다. 우리가 직면한 도전과 모든 교사들이 직면한 도전은 다음과 같은 질문에서 비롯된다. 인권을 어떻게 다루어야 하는가? Eleanor Roosevelt와 세계인권선언을 성문화한 사람들은 이 선언이 모든 교실에서 사용 가능할 것이라고 생각하였다. Roosevelt(1958)가 "보편적 권리는 어디에서 시작되는가?"라는 질문을 던지고 "작은 장소에서, 가정과 가까운 곳에서"라고 대답했을 때, 그녀는 인권을 수호해야 하는 개인의 일상적인 책임과 공동체의 일상적 삶의 틀로서 인권의 힘에 대해 언급했다. 동시에 그녀는 지역사회와 국가 차원에서 동일한 기준을 달성하기 위해 투쟁하지 않고, 먼 곳에서 적용되는 인권 기준을 지역사회에도 요구하는 모순을 암묵적으로 인정하고 있었다. 이러한 비전 안에서는 교육권이 확보될 뿐만 아니라 학교 교육의 기본적 측면으로 인권 교육권이 보장된다. 이러한 권리는 세계인권선언과 후속 인권 지침에 명시되어 있다. 학습자가 자신의 권리를 주장하고 타인의 권리를 옹호하기 위해서는 인권을 공부하고 이해할 수 있는 기회가 필요하다.

표 2.2 지역 공동체에서의 인권은 세계인권선언(U.N., 1948)이 단순히 역사적 문서가 아니라 우리의 일상과 우리가 살고 있는 공동체에 연관성을 유지할 수 있는 힘을 가진 것이라는 점을 검토하는 데 유용한 도구이다. 학교의 학생과 교사는 모두 효과적으로 이를 활용할 수 있다. 학교, 상점, 공원, 예배 장소, 기차역, 버스정류장 등 여러 장소의 사진이나 그림을 추가하여 학생들에 맞게 내용을 조정할 수 있다. 일부 학습자는 더 평이한 언어로 작성된 세계인권선언 버전을 사용하는 것이 더 쉬울 수 있다 (http://www.ohchr.org/Documents/Publications/ABCannexesen.pdf).

표 2.2   지역 공동체에서의 인권

이 도구는 세계인권선언에 익숙해지고, 인권이 우리의 삶과 구조에 어느 정도 내재하고 있는지를 보여주기 위해 고안되었다.

준비물: 이 종이와 세계인권선언 사본이 필요합니다.

당신이 살고 있는 지역사회의 다음 장소에 대해 생각해보세요.

각 장소 옆에 해당 장소와 연관될 수 있는 인권에 대해 각각 적습니다.

이 작업은 두 단계로 진행할 수 있습니다. 먼저, 자신의 지식만을 사용하여 세계인권선언의 조항을 확인합니다. 또는 세계인권선언을 참조하여 전체 작업을 수행할 수도 있습니다.

- 학교
- 관공서/시청
- 지역센터, 공공기관 건물
- 기차역/버스정류장
- 도서관
- 교회/모스크/사찰/기타 예배 장소
- 공원
- 스포츠센터
- 경찰서
- 감옥
- 법원
- 은행/상점가
- 공장/산업
- 개인 주택
- 병원
- 바/공공 주택/카페/식당/댄스클럽
- 영화관/극장
- 신문 가판대/신문사/라디오 방송국/ TV 서비스
- 다른 장소(지정해주세요)

이 작업을 완료했다면 30개 조항 중 몇 개가 포함되었는지 확인하세요.

아직 포함되지 않은 조항이 있는지 확인합니다. 이것들을 지역사회의 한 장소와 연결시킬 수 있나요?

인권 증진을 위해 특별한 역할을 하고 있다고 생각되는 곳은 어디인가요? 간단한 설명을 적어주세요. 지역 공동체에서 어떤 식으로든 인권이 침해될 수 있다고 생각되는 장소가 있나요? 간단한 설명과 함께 적어주세요.

학생들은 일상적인 장소와 권리를 연결하게 되는데, 연습은 세 단계로 진행된다. 첫째, 선지식을 사용하여 각 장소와 관련된 권리를 확인한 다음, 두 번째, 세계인권선언 조항을 검토하여 실제 권리를 각 장소와 연결한다. 세 번째 단계에서 학생들은 어떤 권리가 제시된 장소와 연결되어 있지 않은지를 살펴볼 수 있고 나머지 권리가 연결될 수 있는 다른 장소를 확인할 수 있다. 검토를 완료한 후 학생들은 세계인권선언이 일상생활과 관련이 있는지를 알 수 있을 뿐만 아니라 문서를 읽고, 공부하고, 세계인권선언에 친숙해질 수 있다. 인권 문제가 여기서 끝나야 한다는 것은 아니지만, 이 연습은 가정과 가까운 곳에서의 인권에 대한 인식을 높인다.

사회 정의와 인권 의식은 개인의 비판적인 자기 성찰과 더 넓은 사회, 그리고 북반구 사람들이 관광객이나 소비자로서 행동하는 방식이 지역적이고도 세계적인 영향을 미친다는 것을 인식하기를 요구한다. 1장에서 논의한 바와 같이 많은 서구 국가들과 마찬가지로, 미국에서도 인권은 외교 정책이나 먼 곳에서 이방인이 겪는 곤경과 가장 일반적으로 연관되어 있다. 유타주 로건의 학생들은 처음에는 인권을 먼 곳에서 일어나는 사례로 생각하였다. 수업 초반에 인권 관련 뉴스 기사를 찾는 과제에서 학생들은 2010년 간통 혐의로 돌팔매질을 당해 사형에 처해진 이란 여성인 Sakineh Mohammad Ashtiani, 빈곤한 케냐 사회에서 육체노동에 종사하는 아동들, 방콕의 빈민가에서 성 노동자로 종사하는 아동과 같은 사례를 조사했다.

하지만 모든 학생들이 남반구의 인권 침해에 초점을 맞추며 시작한 것은 아니다. 2010년 9월 영국 맨체스터의 한 나이트클럽에서 출입을 거부당한 농구 스타 John Amaechi와 관련된 뉴스를 조사한 한 학생은 이 사건을 인종 차별의 하나로 제시하며 학우들에게 영국의 인종 정의 문제에 대해 토론 문제를 제기하고 문제의 술집이 게이 바였다는 사실을 공개하였다. 이를 계기로 당시 캠퍼스에서 특히 뜨거운 주제였던 인권으로서의 성 소수자 권리에 대한 논의가 시작되었다.

다른 학생은 예수 그리스도 후기 성도 교회(모르몬 교회) 지도부가 결혼의 개념을 한 남자와 한 여자 사이의 결합으로 정의한 캘리포니아의 발의안 8(Proposition 8)을 지지한 후 2008년 캘리포니아에서 특정 모르몬 교회가 파괴된 사례를 가져왔다.[7] 동성 결혼에 대한 수업에서는 세계인권선언의 체계 안에서 동성 결혼 권리와 종교적 자유권을 모두 살펴보고, 다양한 조항의 관점을 통해 사건을 바라보며 평등한 존엄과 평등한 권리의 원칙, 믿음의 자유, 두려움으로부터의 자유 등을 적용하였다.

나는 학생과 교사가 차이를 넘어 대화를 할 수 있고 다른 관점과 관심사에 귀를 기울일 수 있다고 가정하였다. 당시 모두에게 익숙했던 세계인권선언에서 토론 주제를 선정하여 학생들이 관련 문제를 숙고하며, (아마도 처음으로) 다양한 관점과 관심사에 대해 깊이 있게 경청할 수 있는 기회를 제공하였다. 신앙의 자유는 두려움 없이 예배할 자유를 포함하지만, 타인에게 특정 견해를 강요하는 것은 포함하지 않는다는 것에 모두가 동의하였다. 학생들은 정부가 동성 결혼을 지원해야 하는지에 대해서는 동의하지 않았지만, 부모가 자녀의 성 정체성에 대해 인정하거나 거부하는 문제, 동성애자이자 모르몬교도인 개인의 삶에 대한 긴장과 스트레스를 다루는 민감하

---

7) 2015년 6월 26일, 미국 대법원은 Obergefell vs Hodges 사건에서 수정 헌법 제14조와 '법의 관점에서 평등한 존엄성'의 원칙을 인용하여 주에서 동성 결혼을 금지할 수 없다고 판결하였다. 미국 대법원, Obergefell vs Hodges 외. 사건 번호 No.14-556. 2015년 4월 28일 주장. 2015년 6월 26일 결정. http://www.supremecourt.gov/opinions/14pdf /14-556 _3204.pdf Liptak, A. (2015) Supreme Court Ruling Makes Same-Sex Marriage a Right Nationwide. June 26. New York Times http://www.nytimes.com/2015/06/27/us /supreme-court-same-sex-marriage.html?_r=0

고 역동적인 토론에 참여하였다.

여성의 삶 및 여성의 권리와 관련된 주제를 논의하기 위하여 학생들에게 두 가지 질문을 던졌다. 첫 번째는 남성 종교지도자가 여성의 삶과 권리와 관련된 질문에 대해 발언할 때 그 정도에 대한 것이며, 두 번째는 종교의 가르침이 시간이 지남에 따라 어떻게 수정될 수 있는가에 대한 것이었다. 그 후, 일부 학생들은 타 지역에서 동성 결혼이 어떻게 다루어지는지를 조사하여 다른 서구 사회에서는 이 문제에 논쟁의 여지가 없다는 것을 발견하였다. 이러한 활동의 결과로, 대학원생들은 논쟁에서 이기기 위해서가 아니라 고등학생들이 시민 교육의 일환으로 논쟁 문제에 대해 토론하는 것처럼 공공의 관심사를 다루기 시작했다(Avery, Levy, & Simmons, 2013). 또한 일부는 이후에 자신의 견해를 수정하고 문제의 복잡성을 이해하게 되었다고 보고하였다.

인권을 해석할 때 사회적·문화적·역사적 맥락의 중요성을 이해하는 것은 이 특별한 학습 공동체에서 얻은 또 다른 중요한 결과였다. 학생들이 새로운 관점에서 문제를 바라볼 수 있게 되었으며, 세계인권선언을 비판적인 질문이나 검토가 허용되지 않는 세속적인 성서로 받아들이기보다는 그것을 비판적으로 검토할 수 있게 되었다는 점이 중요하다. 학생들은 열띤 토론 주제에 대한 감정적인 반응을 내세우기보다는 내용에 초점을 맞춤으로써, 종교의 자유와 법 앞에 평등하고 동등한 대우를 받을 권리 사이의 긴장감을 인식하고 사례에 대해 숙고할 수 있었다. 또한 세속적이면서도 다종교적인 사회에서, 인권 자체가 사람들이 함께 살아가는 법을 배우기 위한 체계를 얼마나 제공하는지에 대해서도 성찰할 수 있었다.

권리를 통한 교육(경험, 기술, 태도)

학교에서 인권에 대해 배우는 아동은 교실과 교육과정에서 자신의 권리가 지켜지고 있다는 사실을 알 필요가 있다. 이들이 속한 더 큰 세계뿐만 아니라 자신이 속해 있는 세계에서도 인권을 검토하고 실천할 기회가 필요하다. 학교에서 자신의 권리가 무시된다면 학습자들은 권리에 대해 배울 때 어떤 모순이 있는지 금방 알게 될 것이다.

학습자들이 학교생활을 성찰하고 Tomaševski의 학교 수용성과 적응성 개념을 살펴볼 수 있는 기회가 주어져야 한다. 표 2.1을 체크리스트로 사용하여, 학생들은 모두의 필요를 충족시키는 학교 모델을 설계할 수 있다. 그 후 동료 학생에게 설문지를 활용하여 학교가 여러 집단 학생들의 요구를 충족하기 위해 적절하고 문화적으로 포용적인 방법과 자료를 사용한다고 생각하는지를 조사할 수 있다.

James A. Banks와 국제 연구진은 청소년에게 인권을 인식하게 하는 교사의 책임에 대해 생각해보고, "다문화 국가에서의 시민 교육과정과 프로그램을 뒷받침하기 위해 인권 교육이 활용되어야 한다(Banks 외, 2005, pp.5, 12)"고 말하였다. Banks와 그의 동료들은 글로벌 시대에 시민을 교육하기 위한 광범위한 몇 가지 원칙을 개발하는 데 관심이 있었다. 그들은 글로벌 맥락에서 학생들이 효과적인 시민이 될 수 있도록 준비하는 방법에 대한 성찰을 촉진하고자 했을 뿐만 아니라, 세계 다른 지역에 적용될 수 있는 원칙을 수립하였다.

미국 헌법을 비롯하여 다른 어떤 국가의 헌법도 전 세계적으로 공유할 수 있는 기준점이 될 수는 없지만, 세계인권선언은 가능하다. 시민 교육은 전통적으로 국가에 초점을 맞춰왔으며, 대부분의 국가에서 여전히 그렇게 이루어지고 있다(Reid, Gill, & Sears, 2009). 교육 시스템은 국가 정체성과 국민 의식을 강화하지만, 이는 상호 의존적인 세계에서 살아가기 위한 준비로는 불충분하다. 최악의 경우, 먼 곳에 있는 다른 사람들의 권리에 대한 무관심을 불러오거나 심지어 적대감, 전쟁, 폭력을 조장할 수도 있다(Harber, 2004).

Banks 등(2005)이 제시한 원칙, 즉 인권과 시민 교육은 젊은이들이 자국민에 대한 배타적인 친밀감이 아니라 모든 인류에 대해 친밀감을 가지는 글로벌 또는 국제 시민이라고 생각하도록 장려하며, 표준적 접근 방식과 근본적으로 다르다. 인권 프로젝트는 모든 사람들이 평등한 존엄성을 지닌다는 생각과 지구촌이 상호 연결되고 상호 의존적이라는 인식에 기초한다.

Banks와 그의 동료들(2005)의 시민 교육 개념은 지역이나 국가 공동체를 폄훼하지 않으며 시민권의 또 다른 차원인 동료 인류에 대한 헌신을 추가한다. 이 원칙은 지역, 국가, 세계적 규모에서 *차이*를 넘어 타인에 대한 우리의 책임을 인정한다. 우리의 시선을 다른 데로 확장한다는 것은 우리가 동의하지 않을 수 있는 사람들의 권리를 옹호할 준비가 되어 있고 심지어 인권을 존중하지 않는 사람들의 권리까지도 옹호할 준비가 되어 있다는 것을 의미한다.

인권에 기반한 시민 교육은 문화 간 학습을 함축한다. Grover(2007)와 Osler(2010b)에 따르면, 문화 간 교육에 대한 권리는 아동권리협약(U.N., 1989)에도 명시되어 있으며 다양성이라는 특징을 지닌 세계 공동체와 학교 및 지역 공동체에서 함께 살아가는 법을 배우는 데 있어 필수적인 요소이다. 인권은 우리 모두에게 적용되지만, 소외되거나 배제된 사람들에게 특별한 보호를 제공한다. 이러한 이유로 Malcolm X(1964/1992)가 인정한 것처럼, 인권은 특히 소수자를 보호하는 데 유용한 도구이다.

Banks와 그의 동료들(2005)은 민주 시민 교육에 관한 문헌 검토를 통해 다음과 같이 주장하였다.

> 보편적 인권 기준이 제시하는 윤리적 체계는 다문화 학교에서 특히 중요하다···
> 왜냐하면 이는 학교 공동체 구성원들에게 대화의 기반을 제공하고, 모든
> 이들의 목소리가 인정되고 모든 관점을 고려하도록 도울 수 있기 때문이다
> (p.12).

Banks의 원칙은 국가 규범에 반하는 교육 조항을 분석할 수 있을 뿐만 아니라 청소년들의 교육 자격을 최소한의 국제적 기준에 따라 평가할 수 있기 때문에 영화 <슈퍼맨 기다리기>의 논의와 관련이 있다. 이 영화를 다음과 같이 사용한다면 고등학생이나 예비 교사들에게 유용한 수업 자료가 된다. 영화를 보기 전에 학생들은 교육에서의 형평성에 관한 질문을 기반으로 문제와 과제를 조사하고 학교 안에서, 또 학교를 통해 사회 정의를 실현하기 위한 자신만의 원칙을 세울 수 있다. 그리고 어떻게 교육에 자금이 지원되고 현재 자금 지원 시스템의 결과가 공정한지를 조사할 수 있다. 특히 차터 스쿨이 미국의 교육 문제에 대해 효과적이거나 포괄적인 해결책이 되었는지를 검토할 수 있다. 다른 유사한 국가의 학습자가 직면한 문제와 이 문제를 해결한 방법을 연구할 수 있다.

인권 교육은 권리를 *위한* 교육의 가능성을 열어주는데, 이는 인권 교육의 변혁적 목표를 내포한다. 변혁을 위한 교육은 인권과 민주주의 교육의 근본적인 목적, 즉 사회 정의와 관련된다. 이는 학생과 학생, 학생과 교사 간 관계를 포함한 대인 관계의 미시적인 수준에서 나타나는 억압을 해결하는 것을 의미한다. 또한 권리에 대한 교육(교육과정 내용)과 분리될 수

없고, 학습자가 학교에서 자신의 권리를 행사할 수 있도록 하는 것과도 분리될 수 없다. 권리를 *위한* 교육에 대해서는 구체적인 아동 권리와 교육을 통한 권리 실현이라는 더 큰 문제를 언급하면서 7장에서 보다 자세히 논의할 것이다.

요약

이 장에서는 국제기구, 세계인권선언, 그리고 나의 대학원 강의 경험을 바탕으로 인권 교육에 대한 교육권으로서의 권리를 다루었다. 나는 학습자가 일상의 개인적·직업적 경험과 인권 이론 및 실천을 연계할 수 있도록 강의 내용을 구성하였다. Eleanor Roosevelt가 주장한 바와 같이, 학교에서 권리를 지키기 위한 교사-시민 간 공동 행동이 없다면, 우리는 더 큰 공동체로의 진전을 기대하기 어려울 것이다. 교육 *에서의* 권리 제정은 Eleanor Roosevelt가 추진한 '권리를 가정으로 가져오는' 프로젝트의 핵심적인 내용이 되며 또한 권리에 대한 교육이 효과적으로 이루어지기 위해서도 중요하다.

나는 사회과 교사 또는 시민 교육을 가르치는 교사들이 어렵고 민감하며 복잡한 교실 토론을 헤쳐 나가기 위해 인권 도구와 인권 원칙을 활용할 수 있다고 제안하였다. 열린 토론을 원하지만 사회적·문화적·정치적 다양성의 맥락에서 누구의 가치가 우위를 차지해야 하는지에 대해서 고민하는 교사들에게 국제적으로 합의된 원칙이 도움이 될 수 있다. 이 원칙은 교실 토론을 위한 절차적 규칙을 세우는 것을 도울 뿐만 아니라, 학생들이 자신의 삶과 타인의 삶에서 정의, 평화, 인간의 존엄성에 대해 제시되는 질문을 검토하도록 할 수 있다.

Eleanor Roosevelt는 세계인권선언의 초안 작성에 참여한 것이 자신의 가장 큰 업적이라고 생각하였다. 세계인권선언은 인권을 성문화했기 때문에 인간의 존엄성과 사회 정의를 위한 중요한 진보로 기록되었다. 이것이 인권의 본질이다. 인권은 정부의 선물이 아니라 우리가 어디에 살든 모두에게 속한 것이다. 인권 교육이 Banks와 그의 동료들이 제안한 방식으로 시민 교육 과정을 뒷받침한다면, 이는 시민과 비시민 모두에게 더 높은 연관성을 지닐 것이다. 공식적인 시민권을 가지고 있는지의 유무와 관계없이 모든 학생이 국제적인 인권 기준을 비판적으로 검토하고 시민권을 통해 확보한 권리와 비교할 수 있다. 여기서 제안한 방법들은 교육권, 권리에 대한 교육 및 교육에서의 권리에 대한 연구의 시작점을 제공한다.

이 장에서는 학생의 학습에 중점을 두었다. 교사의 역할은 특정 이념을 지지하거나 이의를 제기하는 것이 아니라 모든 학생들이 필요한 것에 접근할 수 있도록 하며, 이를 통해 모든 학생들이 자신의 권리와 특정 상황에 맞는 교육을 받을 수 있도록 하는 것이다. 또한 사회 정의를 위한 교육은 교사의 중요한 직업적 책무이다. 다음 장에서는 교사, 인권의 언급 및 학교 교육에 있어 교차성과 교사의 위치성에 대한 질문에 초점을 두고 더 자세히 살펴볼 것이다. 이는 교육을 통한 사회 정의의 실현을 위해 우리가 어떻게 인권 교육을 이론화할 것인가와 연관된다.

03

교차성, 인권, 정체성

이 장에서는 개념, 언어, 법적 체계에 초점을 두고 교차성(intersectionality)과 인권의 개념을 결합하여 교육*에서*, 또 교육을 *통한* 사회 정의를 분석할 수 있는 틀을 제공하여 얻을 수 있는 효과에 대해 살펴본다. 교차성 이론(intersectional theory)을 인권 논의에 도입하여 학습자들이 지닌 다중적 정체성에 더 깊이 관여하며 교육을 통한 사회 정의 실현의 가능성을 높일 수 있을 것이다.

세계화 시대에 지역적·문화적·국가적·세계적 수준의 다양한 맥락에서 적용할 수 있고, 교육적 연구에 활용하며, 교육 개선을 지원할 수 있는 이론과 도구가 필요하다. 교차성 이론은 다문화 교육자들 사이에서 많은 논쟁을 불러일으켜 왔다(Grant & Zwier, 2011). 여기에서는 교차성 이론을 인권 및 인권 교육과 연관 지어 설명하고자 한다. 인권은 인간의 존엄성과 교사 및 학습자 모두가 지닌 복잡하고 다양한 정체성을 강조한다. 교차성 이론은 복수의 유연한 정체성을 인정한다. 사회생활 여러 부분들의 복잡한 상호 연결(Crenshaw, 1989)을 보여주는 교차성 개념은 학습자들이 정의/부정의, 평등/불평등을 경험하는 복잡한 방식을 보다 잘 해석할 수 있게 한다. 인권 체계 내에서 교차성의 개념은 암묵적으로 내포되어 있다. 여기서는 이러한 함축성을 명시적으로 드러내어 설명하고자 한다.

먼저 인권을 향한 나의 인식론적 여정을 회상해보고자 한다. 이후에는 교차성, 정체성, 인권의 개념을 결합하여 부정의에 대해 분석하거나 정의를 위한 투쟁에 활용할 수 있는 방안을 검토할 것이다. 이렇게 하는 것은 나의 주장을 개인적인 경험과 맥락 안에 위치시키며 주장을 보다 분명히 하기 위함이다. 그뿐만 아니라 인권과 사회 정의 교육이라는 광범위한 프로젝트에서 우리 모두가 반성적이고 자기 비판적이 될 필요가 있음을 주장하기 위해서이다. 나의 이야기는 교육 연구와 실천에서 인권과 교차성의 개념을 연결시키려는 발자취를 보여줄 것이다.

인권을 향한 인식론적 여정

내가 교육 실천의 틀로서 인권을 처음 접한 것은 1980년대였다. 나는 이때 영국 버밍엄의 한 학교에서 자문 교사로서 교사들이 다문화와 반인종차별주의 관점을 함양할 수 있도록 지원하는 팀에서 일하고 있었다. 이 당시 국가적 분위기는 우리 팀의 일에 그다지 긍정적이지 않았다. 당시 정부 및 총리였던 Margaret Thatcher는 교육계에서의 반인종주의 운동에 대하여 비판을 표명했고, 이러한 운동에 대해 언론들은 적대적이었다 (Murray, 1986).

흥미롭게도 내가 인권 교육에 대해 알게 된 것은 내가 성장하고 교사가 되기 위해 공부한 영국에서가 아니었다. 1985년 가을, 나는 유럽평의회의 지원을 받아 참석한 덴마크에서 열린 교사 세미나에서 인권 교육에 대해 알게 되었다. 이것은 내가 참석한 첫 국제 학술회의였는데, 많은 덴마크 동료들이 내가 다문화적 환경에서 살며 일하고 있다는 점을 동정하고 있다는 것을 발견하고 충격을 받았다. 그들은 그해 가을 버밍엄에서 일어난 폭동을 빈곤, 차별, 불평등의 복잡한 문제들과 연관 짓기보다는 눈에 보이는 소수 집단의 존재와 직접적으로 연관시켰다. 그들이 생각하는 이상적인 사회는 동질성을 지닌 하나의 국가였고, 이러한 분석 체계에 기반하여 본다면 다문화 사회는 이상적 규범에서 벗어난 것이었다.

그럼에도 불구하고 나를 인권 교육으로 인도한 이 학술회의에서, 나는 학교 교사들과 함께 하고 있는 반인종주의 활동의 상당 부분을 인권 교육으로 '새롭게 다시 만들 수 있는' 가능성을 보았다. 결국 반인종주의에 노골적으로 비판적이었던 영국 정부가 인권이나 인권 교육에 대해서는 반대 선언을 하지는 않을 것으로 생각하였다. 이처럼 나는 초기에 인권 교육에 대해 전략적으로 참여하였다.

이 단계에서 나는 교육 실천 속에서 광범위하게 연계되어 있는 부정의를 다루기 위한 체계로서 인권의 잠재력을 탐색하지는 않았다. 하지만 개인적인 경험 및 함께 일했던 청소년들과의 경험을 통해, 우리의 반인종 차별주의적 실천에 젠더 차원이 필요하다는 것을 인식하였다.

내가 속한 자문 교사 팀이 직면했던 문제 중 하나는 학교와 사회에서 인종 차별을 마주했을 때 백인 교사들 사이에서 발생하는 죄책감을 다루는 것이었다. 또 다른 문제는 학교 및 학교 관리자들과 일하는 팀 구성원들의 경험의 차이였는데, 이는 종종 자문 교사들의 정체성과 그들이 눈에 띄는 소수 집단 출신인지의 여부에 달려 있었다. 인권 프로젝트의 핵심인 연대의 개념은 민족이나 정체성에 상관없이 모든 팀 구성원들이 교육 정의를 위한 투쟁에 기여할 수 있는 방법을 인식하는 데 도움을 주었다. 연대는 또한 교육을 통해 더 큰 정의를 실현하고자 하는 주류 백인 교사들에게 힘을 실어주는 개념이었다.

이 경험들은 5년 후 박사 과정을 시작했을 때 나의 연구를 구체화하는 데 도움을 주었다. 소수 민족 집단 배경을 지닌 교사들의 삶과 경력을 살펴본 나의 박사 학위 프로젝트는 인종, 민족, 젠더, 종교와 서로 맞물려 있는 이슈의 조사와 분석이 필요한 다량의 자료를 생성하였다(Osler, 1997). 나의 박사 학위 프로젝트가 처음 출간되었을 때, Patricia Williams는 BBC 방송국의 Reith Lectures[8])에서 <인종의 족보(The Genealogy of Race)>(Williams, 1997)라는 강연을 하고 있었다. 인종과 인종 차별이 미국뿐 아니라 영국에서의 삶에 영향을 미치는 복잡한 방식을 강조한 그녀의 이야기는 해방감을 느끼게 하였다. 이는 단순히 영국 사회에 대한 그녀의 통찰력 때문이 아니라, 그 이야기들이 주류 영국 매체에서는 잘 다루어지지 않는 일상의 현실을 건설적인 방식으로 토론할 수 있게 해주었기 때문이었다.

Williams의 논의가 분명히 보여주듯, 우리는 불평등에 직면한 다양한 정체성들의 총합이며 그 사이에서 균형을 잡아가고 있다. 뿐만 아니라 우리는 일하고, 공부하며, 살아가고 있는 더 넓은 사회·구조·제도에 의해 영향을 받고, 형성되며, 구속된다. 그녀의 이야기는 우리가 동일한 삶을 이해하려 할 때 불평등의 다양한 힘들이 어떻게 결합되어 지속적으로 변화하며 외형을 재구성하는지를 강조한다. 이에 따라 나는 연구에 참여한 교사들의 삶의 이야기들을 다시 새롭게 살펴보았다(Osler, 1997). 그리고 이 이야기들이 얼마나 강력하며, 강력한 내러티브가 어떻게 부정의함을

---

8) Reith Lectures는 1948년부터 시작된 BBC 라디오 프로그램 중 하나로 당시대를 이끄는 유명 인사들이 강연을 하는 프로그램이다. 매년 한 명의 연사를 초청하여(2022년은 예외적으로 네 명의 연사가 있었음) 강연이 이루어진다.(역자 주)

드러내는 도구가 되는지, 또한 정의를 위한 투쟁을 통해 배울 수 있는 교훈을 다시금 새롭게 이해하게 되었다.

우리는 젠더, 성적 지향, 직업 등의 다양한 정체성을 단순히 언급하는 것이 아니라 제도와 정책이 이처럼 다양한 정체성에 어떻게 작용하여 영향을 미치는지를 탐색해야 한다. 1990년대와 그 이후 영국에서는 백인 주류가 정상인 것으로 간주되었다. 이와 유사하게 인구학적으로 동질하다는 것이 정상적이라고 생각되었으며, 다문화 공동체는 예외적이거나 특정한 도시에 국한되는 독특한 것으로 생각되었다. 학계에서는 유색 인종 소수 집단 구성원들이 자신의 집단을 연구할 수 있게 되었지만 이들이 수행한 주류 사회의 구조와 제도를 비판하는 연구는 편향적이라는 비판을 받았다.

학계에서 이러한 태도는 여전히 지속되고 있다. 나는 2007년 프랑스의 저명한 학자들이 프랑스 사회의 인종 차별에 대해 논의한 심포지엄에서도 이를 목도하였다. 인종에 대해 집중적으로 논의하는 이 회의에서 모든 참석자가 백인이라는 점은 놀라웠고, 이는 영국에서는 상상조차 할 수 없는 일이었다. 나는 동료에게 이를 이야기하였고, 그도 나의 이야기에 대해 놀라워하였다. 그는 비백인인 프랑스 학자가 인종에 대해서 연구하는 것은 어려울 것이라고 생각하였다. 유색 인종 연구자에 의해서 수행되는 연구가 편향적으로 보일 수밖에 없을 것이기 때문이다. 프랑스의 인종적 색맹주의(color-blindness)의 원칙은 명백히 선택적으로 작용하고 있는 것이다(Osler, 2010a).

요즈음 나의 직업적 삶의 일부는 노르웨이에서 이루어진다. 노르웨이는 평등, 관용, 민주주의, 인권에 대한 존중이 국가 정체성의 일부로 받아들여지고 있지만, 국가 건설 과정의 역사 속에서 인종적 배제가 있었던 곳이기도

하다. 인종과 인종 차별의 개념은 여전히 학계에서 자주 논의되지 않는다. Gullestad(2004)는 인종 차별에 대한 대화가 제2차 세계대전 이후 형성된 "결백한 국가적 자아상"(p.184)을 뒤엎는 것으로 간주된다고 말한다.

교육 연구와 실천에서 교차성과 인권 연계하기

여기에서는 교육에서의 사회 정의, 또 교육을 통한 사회 정의를 가능하게 하며 이를 분석하기 위한 체계를 제공하기 위해 인권 개념과 흑인 페미니스트, 후기 식민주의 이론을 결합할 수 있는 가능성을 탐색하고자 한다. 특히 교차성 이론, 인정의 개념, 그리고 "이야기를 말할 권리(right to narrate)"(Bhabha, 2003)를 고려해보고자 한다. 나는 인권의 유토피아적인 비전과 학습자들의 실제 경험 간에 존재하는 격차를 해소하는 데 내러티브의 사용이 도움을 줄 수 있다고 생각한다.

인권을 가르치는 데 있어서 중요한 출발점은 경제, 정치, 문화, 그리고 경험적 차별성을 포함하여 복합적인 여러 차별성의 축을 인정하는 것이다. 이러한 여러 차원을 줄이거나 인위적으로 분리하기보다는 인간의 경험과 사회적 발전의 복합성을 인식하는 것이 중요하다. 사회적 삶의 가닥들의 복잡한 상호 연결을 의미하는 교차성 개념(Crenshaw, 1989)은 학습자들이 정의/부정의, 평등/불평등을 경험하는 복잡한 방식을 더 잘 이해할 수 있도록 해준다.

Avtar Brah와 Ann Phoenix(2004)는 교차성의 개념을 다음과 같이 제시한다.

교차성은 경제적, 정치적, 문화적, 심리적, 주관적 및 경험인 차별성의 여러 축이 *역사적으로 특정 맥락에서 교차할 때* 뒤따르는 복잡하고, 환원 불가능하며, 다양하고, 가변적인 효과를 나타낸다. 교차성의 개념은 사회생활의 각기 다른 차원들이 별개의 순수한 가닥들로 분리될 수 없음을 강조한다(p.76).

교차성 이론은 인권 기반의 정의 접근 방식을 보완한다. 이는 교차성 이론이 온전한 인간을 강조하고 사회 정의를 약화시키는 사회 내부의 계층화와 차별성을 언급하기 때문이다. 교차성 이론은 또한 사회 변화와 사회적 행동과 관련되는 인권 기반 운동을 지지한다. 특정 위치와 역사적 맥락에서 다양한 차원과 속성이 교차하는 정체성은 교차 분석에 필요한 정보를 제공한다. 이는 비대칭적인 권력 관계의 특성을 심층적으로 이해하는 것과 결부된다.

인권은 인간의 전인격을 인정하지만, 인권 체계는 인간 정체성의 다양한 요소들이 상호 작용하는지를 반드시 고려해야 하는 것은 아니다. 교차성은 부정의를 단순하게 분석하지 않고 복잡성을 고려하도록 하는 데 도움을 준다. 예를 들어, 기본적 권리 기반의 접근법은 개인이 하나의 특성을 선택하도록 요구할 것이다. 종교나 민족, 국적과 같은 다른 요소들보다 젠더와 같은 특정한 특성이 기반이 되어 차별이 나타날 수 있는 것이다. 그러나 교차성 이론에서는 X라는 사람이 단순히 여성이기 때문에 차별을 경험하고 있다고 주장하는 것이 불가능하다. 교차성 이론은 사실상 '여성'이라는 범주도 차별화되어 있다고 인식한다. 개인이 특정 맥락과 특정 시간에서 불이익을 겪는 원인은 복합적인 요인들이 결합된 결과이다. 유럽의 한 도시에 살고 있으며 유럽연합 시민권을 갖고 있지만 이웃이나 동료로부터 시민으로 인정받지 못하는 아랍계 무슬림 여성의 사례를 예로 들어보자. 그녀의 젠더, 민족, 종교, 국적은 단지 서로 중첩되어 있는 것이 아니라

도시 Y의 특정 경제적 맥락과 지배적인 정치적 풍토에서 그녀의 권리를 부정하는 데 복합적인 방식으로 작용한다. 페미니스트 찬성론자를 포함하여, 동료 시민들에 의해 그녀의 정체성과 기회가 인식되는 방식은 여성의 행동 범위에 부정적인 영향을 미칠 수 있다.

인권의 핵심 개념은 *보편성(universality)*이다. 인권은 모든 인간에게 속하며 공통의 인류애와 인간의 투쟁에서 파생된다. 세계시민주의 개념과 보편성에 대한 이해가 다문화 교육, 국제 교육, 인권 교육과 관련된 학문적 담론에 많은 영향을 미쳤지만, 실제로 현대 인권 프로젝트에 정보를 제공한 계몽주의 원칙들이 문화적 차이를 희생시키면서 교육을 통해 문화를 표준화시키는 역할을 했다는 주장이 제기되기도 했다(Foucault, 1995; Popkewitz, 2007). 하지만 인권 기구와 그 구체적인 조항은 문화와 관련되기 때문에 인권 내 보편성의 개념을 이해하기 위해서는 이것들을 면밀하게 살피는 것이 중요하다.

1948년 세계인권선언은 인권을 "모든 사람과 모든 국가를 위한 공통의 성취 기준"으로 선언하고 "이에 대한 보편적이고 효과적인 인식과 준수"를 촉구한다(U.N., 1948, 전문). 제18조는 "모든 사람이 사상, 양심, 종교의 자유를 가진다. 이 권리는 종교나 신념을 바꿀 수 있는 자유를 포함한다."고 명시하여 문화의 한 측면인 종교가 개인 양심의 관점에서 고정되어 변경할 수 없는 것으로 생각되어서는 안 된다는 것을 인정한다. 제27조는 "모든 사람들이 공동체의 문화적 생활에 *자유롭게 참여할 수 있는* 권리가 있다."고 언급하여 개인의 선택을 다시 한번 제시하는데, 이 외에 권리가 다른 문화적 환경에서 어떻게 적용되는지에 대해서는 특별한 언급이 없다. 교육을 언급하는 제26조에서는 부모가 "자신의 자녀에게 제공할 교육의 종류를 선택할 수 있는" 권리를 인정하고는 있지만, 어떠한 권리도 "권리와 자유의 파괴를 목표로 하는" 어떤 활동을 암시하는 것으로 해석되어서는 안 된다는 일반적인 제약에 따라 문화를 구체적으로 언급하지는 않는다(U.N., 1948, 제30조).

인권 체계에 따르면 문화를 강화하는 (혹은 잠재적으로 약화시키는) 핵심 수단인 학교 교육은 학부모들이 직접적인 발언권을 행사할 수 있는 대상이다. 그럼에도 불구하고 부모는 아동의 다른 권리들을 부정하거나 정의와 평등이라는 일반적인 원칙을 침해하는 교육 형태를 자유롭게 선택할 수는 없다. 그러므로 세계인권선언 문서 자체가 문화의 표준화를 제안하는 것은 아니다. 권리의 보편성과 보편성 원칙을 주장하는 사람들이 있지만, 이러한 권리는 특정 문화적 맥락 속에서 실행된다. 권리는 문화적 맥락 속에서 적용될 필요가 있지만, 정의와 평등이라는 광의의 인권 원칙이 보다 우위에 있어야 한다. 지속적으로 진화하는 일련의 관행으로서 문화는 일반적인 원칙들을 넘어서지 못한다. 따라서 문화 공동체의 모든 구성원들은 차별 금지의 원칙과 함께 인간 존엄성 평등의 원칙을 따르게 된다.

주류 집단과 강력한 이익 집단들은 일반적으로 교육이 문화에 미치는 동질화 또는 표준화의 영향에 대해서는 거의 우려하지 않는다. 하지만 소수 집단들은 그렇지 않다. 문화의 자연적 속성에 의하면, 문화는 본질적으로 고정된 것이 아니라 유동적이며 변화할 수 있다(Appiah, 2006). 문화적 유물은 특별하게 보호되고 보존되어야 하지만, 살아 있고 진화하는 문화적 관행은 일반적으로 그렇지 않다. 그럼에도 불구하고 특히 소수 집단과 원주민들은 과거 그들의 인간성이 부정당하는 것에 취약했던 것처럼 오늘날에도 그들의 문화를 부정하고 몰수하며 축소시키는 것에 여전히 취약하다. 시민적 및 정치적 권리에 관한 국제 규약(International Covenant on Civil and Political Rights, ICCPR; U.N., 1966a)은 이러한 취약함을 인식하고 소수 민족을 인정하기 위한 투쟁에 대응하여 제27조에서 소수 민족 집단에 대한 특별한 문화적 보호를 규정한다.

일부 페미니스트와 후기 식민주의 학자들은 보편성 개념에 이의를 제기하였다. 이들은 권력을 가진 사람들이 추진한 담론들이 얼마나 자주 식민화된 사람들의 지식과 가치를 규제하는 데 사용되었는지를 설명하였다(Mohanty, 1984; Spivak, 1999). 이러한 비판은 인권, 문화적 다양성, 정의를 다루는 분석과 교육과정에서 고려되어야 하는 비대칭적 권력 관계를 상기시킨다. 만약 사람들의 특정 사회적 맥락을 이해하거나 다양한 의견을 듣지 않고 권리와 원칙이 적용된다면, 사람들의 자유를 위해 고안된 인권이 헤게모니적 담론의 일부가 되어서 통제를 위해 사용될 수 있는 위험성이 있다.

비대칭적 권력 관계는 학습자들이 자신의 권리를 확보하는 데 어려움을 겪는 실제 상황의 맥락에서 탐구될 필요가 있다. 학습자들의 경험은 인권의 수사학과 일상 현실 사이에 존재하는 상당한 간극을 식별할 수 있도록 할 것이다. 또한 권리를 보호하기 위한 법적 메커니즘이 일반적으로 강력하게 작동하고, 주류 집단이 그들의 권리에 대해 거의 걱정하지 않는 상황에서 나타나는 권력 관계에 대해 검토할 필요가 있다. 특권층에 있는 사람들을 교육할 때 권력의 헤게모니적 담론은 공동체, 이웃, 국가에서 가장 힘이 없는 구성원들 사이에서 발생하는 실제적인 인권 침해를 감출 수도 있다.

또 다른 핵심적인 인권 개념은 인정(recognition)의 개념이다. 세계인권선언은 "모든 인류 구성원의 천부의 존엄성과 동등하고 양도할 수 없는 권리의 인정"(U.N., 1948, 전문)이라는 인정의 개념에서 시작한다. 평등하고 본질적인 존엄성과 양도할 수 없는 권리에 대한 인정은 인권 프로젝트의 기본이다. 제6조는 "모든 사람은 어디에서나 법 앞에 인간으로서 인정받을 권리를 가진다"고 명시하고 있으며, 제7조는 이러한 동등한 인정이 법 앞의 평등과 차별에 대한 법의 보호로 확장된다고 확언한다. 하지만 인권 옹호와 인권 교육에서 법적인 인정만으로는 불충분하다.

Bhabha(2003, 2004)와 Butler(2006)에 따르면, 포스트모던 윤리는 우리로 하여금 권력 투쟁과 비대칭적 권력 관계를 다룰 수 있게 하며, 이를 통해 서로 다른 여러 역사와 정체성이 인정받을 수 있다. 현대의 인권 프로젝트와 법적 체계는 비인간화 과정으로 인식되는 전쟁과 잔혹적인 행위가 나타난 시기에 성장하였다. 우리가 살펴본 바와 같이, 인간 존엄성에 대한 동등한 인정은 인권 프로젝트에 필수적이다. 비인간화와 인정의 결여에서 폭력이 시작된다는 Butler의 인식은 이와 부합한다.

Schaffer와 Smith(2004) 또한 인정 윤리의 핵심과 인권 강화에 있어서 내러티브의 중요성을 설명한다. 이들은 취약한 개인과 집단이 고착된 권력의 불균형에 도전할 때 나타날 수 있는 실질적인 위험을 탐색하고 인식한다. 하지만 이와 함께 내러티브가 특정 지역, 도덕적 이해에 대한 다른 전통과 문화들을 이끌어 내어 권리의 언어를 형성하고 다듬을 수 있다고 주장한다. Todd(2007, 2009)는 인권 기준에서 표현된 이상과 학습자의 삶의 현실 사이의 모호성과 모순의 문제를 논의한다. 그녀는 우리에게 "불협화음의 세계에서 살아가는 것의 어려움을 직접적으로 직면하게 하는 이론적인 체계"가 필요하다고 주장한다(2009, p.213). 이 체계가 없다면, 정의를 증진시키고자 하는 인권 교육은 오히려 그 목적을 훼손하게 될 수 있다고 주장한다.

인권과 정체성

정체성 또한 인권 교육에서 핵심 개념이 된다. 인권에 대한 지지가 사람들의 정체성과 밀접히 관련되듯이, 인권에 대한 적대감 또한 종종 사람들의 정체성과 밀접한 관련이 있다. 하지만 문화나 개인의 정체성 모두 고정되어 있지 않다. 모든 문화는 끊임없이 진화하며 개인의 정체성은 다양하고, 문화적이고 정치적인 힘과 지배적인 정치적 선전에 의해 형성된다. 교육과정, 교육, 교수와 학습이 일어나는 과정에서의 더 넓은 권력 구조와 관련하여 교사들은 반성적이며 그들 자신의 위치성을 인식할 필요가 있다. 그래야만 2장에서 주장한 바와 같이 학생들을 위한 권리와 사회 정의를 가능하게 하는 데 교사들이 기여할 수 있을 것이다.

1장에서 살펴본 것처럼, 1948년 세계인권선언이 체결된 이래 국제 인권 프로젝트는 전 세계 사람들에게 인권의 온전한 실현을 가능하게 하는 수단으로 교육에 핵심적인 역할을 부여하였다. 많은 측면에서 교육을 받지 못한 사람들은 자신들이 "권리를 가질 권리(the right to have rights)"를 가지지 못하고 있다는 것을 알게 된다(Arendt, 1968). Hannah Arendt는 자신이 무국적자임을 인식함에 따라 자신의 권리를 주장할 권한이 부족하다고 생각하는 개인의 취약성을 논의하기 위해 이 용어를 만들었다. 이론적으로 인권은 보편적이지만, 합법적인 국적이 없고 법 영역 밖의 공간에 위치하고 있는 사람들 사이에서 인권은 일반적으로 불가용적이고 실질적으로는 매우 제한적이기도 하다. 다른 권리들을 가능하게 하는 권리인 교육에의 접근성이 부족한 사람들 또한 극도로 인권에 취약하다. 이러한 사람들은 타인들과의 연대에 의존할 때 비로소 '권리를 가질 권리'가 거의 없는 자신을 발견하게 된다.

모든 사람들을 위한 교육 글로벌 모니터링 보고서(Education for All Global Monitoring Report, EFAGMR)가 개발한 세계 교육 불평등 데이터베이스(World Inequality Database on Education, WIDE)는 국가 간 및 국가 내 집단 간에 존재하는 용인 불가능한 수준의 교육 불평등에 주목한다. 예를 들어 불평등의 복합적인 차원들을 결합하여 특정 국가 내에 있는 빈곤한 시골에 사는 여성과 부유하며 도시에 사는 남성 간 교육 접근성의 차이를 강조할 수 있다. 빈곤, 지리적 위치, 젠더에 따른 불리함의 조합은 단순히 누적되는 것이 아니다. 이러한 다양한 요인들-가난하고, 시골에 거주하고, 여성이며, 특정 장소에 있는 것-이 복잡하게 얽혀 개인의 삶의 기회와 교육 기회에 영향을 미친다.

다시 말해 경제적 지위, 젠더, 민족과 같은 개인적 특성은 상황이나 환경과 함께 아동과 청소년의 교육권 접근에 직접적으로 영향을 미친다. 교육 기회에 접근할 수 있어야 다른 권리에도 접근할 수 있기 때문에 이를 부정하는 것은 아동이 생애 주기의 다른 단계에서 의사 결정이나 정치적 과정에 참여할 권리와 같이 다른 권리를 주장하는 것을 방해하게 된다. Brah와 Phoenix(2004)가 주장하는 것처럼 교차성 이론은 우리가 복잡성을 인식하고, 다양한 "사회적 삶의 차원들이 별개로 구분되고 순수한 가닥으로 분리될 수 없다"(p.76)는 것을 인식하여 차별성의 여러 축을 분석할 수 있게 한다.

국제 사회는 2011년 유엔 인권 교육과 훈련 선언에 서명하면서 모든 이들을 위한 최소한의 권리로서 인권 교육을 정의하게 되었다.

인권 교육과 훈련은 모든 인권과 기본적 자유에 대한 보편적 존중의 증진과 수호를 목표로 하는 교육, 훈련, 정보, 인식 개선, 학습 활동을 포괄한다.

그중에서도 인권에 관한 지식과 기술을 제공하고 인권에 대한 가치관과 태도를 이해하며 인권 친화적인 행동 발달을 통하여 인권 침해와 학대를 예방하고 보편적인 인권 문화를 구축하고 증진할 수 있는 역량 강화에 이바지하는 것이다(U.N., 2011: 제2.1조).

2장에서 논의한 바와 같이 제2.2조는 인권 교육이 인권에 *대한* 교육, 인권을 *통한* 교육, 인권을 *위한* 교육을 포괄한다고 설명한다. 학교는 아동과 청소년들이 자신의 권리와 타인의 권리를 지키는 역할 등 인권에 *대해* 배울 수 있는 중요한 장이다. 인권 교육은 학습자들이 자신의 공동체와 더 넓은 세계를 형성하는 데 있어서 자신의 역할을 이해하고, 정의, 민주적 사고와 민주적 삶을 보호하기 위한 투쟁에서 차이를 초월한 연대가 핵심적임을 이해하도록 하는 데 있어서 필수적이다. 이는 인권을 *위한* 교육이라고 할 수 있다.

1989년 유엔 아동권리협약은 교육권뿐만 아니라, 인권 교육에 대한 권리를 확정하였다(이 책의 2장과 Osler & Starkey, 1996, 2010 참조). 이 협약은 미국을 제외한 모든 국가가 보편적으로 서명하고 비준하였다. Sleeter(2013)는 이에 대해 다음과 같이 언급하였다.

> 미국 학교에서는 인권 교육 체계가 거의 연구되지 않고 있다. 그 결과 대중들은 아동 권리에 관한 유엔 협약에 대해 잘 알지 못하며, 미국이 이 협약을 지지하지 않는 것에 대해서는 더 알지 못하고 있다. 교사들조차도 아동의 인권을 위한 투쟁에 대해 일반적으로 잘 알지 못하는 것이다(p.viii).

결과적으로 다문화 교육과정과 "문화 감응적인"(Gay, 2010) 또는 "문화적으로 적절한"(Ladson-Billings, 1995) 수업을 위한 투쟁을 포함하여, 평등한 학교 교육을 위한 많은 투쟁이 지역 또는 국가라는 무대에서 발생하였다.

그리고 이러한 투쟁들은 국제 인권 표준이 이를 어떻게 지지할 수 있는지, 또는 다른 지역에서 나타난 양질의 학교 교육에의 평등한 접근을 위한 투쟁과 유사하다는 것을 인식하지 못한 채 이루어졌다. 이에 따라 교육에서의 정의를 위한 다른 투쟁들과 연대한다는 개념과 세계 다른 지역에 있는 동맹자들을 찾을 수 있는 기회가 종종 간과되었다. 양질의 교육을 정의하는 핵심적인 구성 요소는 학생들의 권리가 보장되는 곳이어야 한다는 것이다. 즉 다시 말해서 양질의 교육은 인권을 *통해서* 교육되며, 교육 *에서* 권리가 보장되는 곳에서 이루어진다.

다문화 맥락에서 권리와 교육에 대한 학문적 논의

미국에서 다문화 교육의 현대적 모습은 아프리카계 미국인들이 미국 사회의 근본적인 변화, 특히 권리와 인정을 위해 분투했던 시기인 1960년대와 1970년대의 민권 운동으로 거슬러 올라갈 수 있다. 권리의 개념은 가장 먼저 법적 개념으로 인식되는 경우가 많다. 권리는 헌법과 법률 체계를 통해 보장되며 동등한 권리와 존엄성을 위한 투쟁은 구조적인 변화를 암시한다. 법적이고 구조적인 보장이 필수적이기는 하지만, 뿌리 깊은 불평등과 역사적인 불이익을 극복하기에는 충분하지 않다. 권리와 인정을 위한 투쟁은 문화적 변화를 암시하며, 이는 결국 교육 프로젝트를 의미하게 된다. 인권 침해를 단순히 법적 메커니즘을 통해서 언급하는 것이 아니라 이를 방지할 수 있는 문화를 만드는 데 교육이 핵심적인 역할을 한다.

1960년대와 1970년대에 인권을 위해 투쟁하던 사람들을 살펴보면, 다수가 학교와 대학 교육에 대한 평등한 접근에 초점을 맞추었다. 당시로부터 이어진 유산은 오늘날 다문화 교육계 내에서는 교육에의 접근과 학업 성취에 초점을 맞춰 교육 결과에서의 불평등을 없애는 것을 강조하는 것으로 이어지고 있다. 전 세계 다른 지역, 특히 유럽에서의 다문화 교육은 정체성(국가 정체성 포함)에 대한 비판적인 검토를 통해 통합적인 사회를 형성하며 이민자들과 소수 집단 청소년들의 통합을 지원하는 전략을 만드는 데 보다 중점을 두는 경향이 있다(Gobbo, 2011). 유럽 지역 내 다른 국가들과는 대조적으로, 영국에서의 다문화 교육은 1960년대 후반부터 소수 집단 구성원의 압력의 결과로 나타났다. 이것은 초기에 아프리카 카리브계 공동체에서 시작되었으며 인종 차별 문제를 언급하였고 소수 집단 학생들의 학업 성취 결과에 초점을 맞추었다(Figueroa, 2004). 실제로 Figueroa(2004)는 미국의 민권 운동 지도자인 Martin Luther King Jr.와 Malcolm X의 영국 방문이 다문화 교육을 촉진하고, 소수 집단 학생들을 위한 학습 지원을 제공하는 보충 학교를 발전시켰으며, 교육 서비스 내 인종 차별에 도전하는 풀뿌리 운동에 영향을 주었음에 주목한 바 있다. 그러나 21세기 초까지 영국에서는 공식적인 다문화 정책 계획은 없었다 (Tomlinson, 2009).

20세기 후반과 21세기 첫 10년 동안 유럽 전역에서 공식적 교육 정책은 국가 및 국제적 수준 모두에서 평등한 교육 결과보다는 소수 민족 집단의 통합에 우선순위를 두었다. 주류 사회는 이민자와 소수 민족 집단의 영향을 받아 식습관, 음악적 취향, 패션에서의 현실적 변화를 경험했다. 하지만 통합은 정책이나 실천 모두에서 일반적으로 일방향적 과정으로 생각되었으며, 주류 학습자들의 이해나 개방성을 확대하거나 인종 차별, 차별, 편협한 마음을 없애기보다는 소수 집단이 사회에 통합되기 위한 교육적인 조치를 공식적으로 매우 강조하고 있었다. 사실상 이러한 일방향적 통합의 과정은 소수 집단들의 경제적 또는 정치적 통합을 위한 긍정적인 행동과는 거의 부합하지 않았으며, 많은 경우 동화 과정의 일부가 된다.

Banks(Banks, 2009; Banks & Banks, 2004)는 다문화 교육 이론가들이 국제적으로 다문화 교육의 성격, 목표, 범위에 대해 광범위한 공감대를 형성하고 있지만 이 분야에서 논쟁적인 내용 또한 존재한다는 것을 인정하고 있다. 『다문화 교육: 이슈와 관점(Multicultural Education: Issues and Perspectives』(Banks & Banks, 2010) 제7판에서는 주변화의 과정에서 인종과 젠더의 교차점(Henry, 2010)과 성 소수자에 대한 장(Mayo, 2010)을 추가하면서 다문화 교육의 차원이 확대되고 있음을 보여주었다. 또한 Grant와 Zwier(2011)는 북미의 관점을 제시하면서, 교육에서의 연구와 실천의 틀로서 교차성을 중심에 두려는 미국 다문화교육협회(National Association for Multicultural Education, NAME)의 노력을 언급하면서 이 운동이 야기한 논쟁과 우려에 대해서도 논의하였다.

다수의 유럽 학자들, 특히 소수 집단 배경 페미니스트 학자들(예를 들어 Bhopal, 1998; Brah & Phoenix, 2004)이 학술적 차원에서 교차성을 수용하고 있는 반면 유럽의 다문화 교육이나 상호문화 교육에서 젠더, 계층, 동성애와 관련된 이슈는 미미하게 다루어지거나 논의되지 않는다. 상호 연관될 수 있는 교차성의 문제는 정책 문서에서는 좀처럼 함께 다루어지지 않으며 학문적 논의에서만 드물게 다루어진다. 주목할 수 있는 예외적인 작업으로는 학생의 관점(Archer, 2003; Osler, 2010b)과 학교 교육과정을 통한 학생들의 복합적이고 유연한 정체성 형성, 그리고 더 넓은 사회 정의 프로젝트에 대한 학습자의 기여에 관한 연구들이 있다. 또 다른 예외는 Zembylas(2010)의 키프로스공화국 주류 집단 교사들의 정체성과 이들이 가르치는 학생들의 정체성 형성에 대한 연구가 있다. 이 연구에서 일부 교사들은 인종 차별적이고, 민족 및 국가 중심적이며, 계층에 기반한 담론을 재생산하고 있었지만 또 다른 무리의 교사들은 일상에서의 실천을 통해 부정의와 불평등에 도전하고 있었다.

종교와 관련된 차별은 21세기 초 20여 년 동안 유럽에서의 상호문화 교육과 시민 교육을 둘러싼 논쟁의 중심에 있었다. 이는 특히 반무슬림과 반유대주의 담론의 확산 때문이기도 하다(Osler, 2009). 비장애/장애의 문제는 별도의 통합 교육 담론의 일부로 어느 정도는 다루어지고 있다.

다문화적 맥락에서의 교육을 다루는 학계의 논의는 다문화주의 개념에 종종 적대적인 광범위한 유럽의 정치적 맥락 속에서 나타났다. 전 프랑스 대통령 Nicolas Sarkozy, 독일 총리 Angela Merkel, 영국 총리 David Cameron 등 유럽의 정치계 원로들은 다문화주의를 공격하였다(Council of Europe, 2011). Cameron은 "국가 다문화주의"가 공동체를 훼손했다고 주장하였으며, Merkel은 다문화주의가 "완전히 실패"했으며 독일인과 외국인 노동자가 "함께 행복하게 살 수" 없다(Osler, 2012a)고 주장하였다. 아이러니하게도 독일과 프랑스 어느 나라도 다문화주의를 지향한 적이 없으며, 영국도 포괄적인 다문화 정책이나 "다문화 시민성"을 발전시킨 적이 없다(Kymlicka, 1996).9) 시도해보지 않은 것을 실패했다고 말할 수는 없는 것이다. 중요한 점은 이 유럽 지도자들이 포퓰리즘과 극단주의에 맞서고 도전하는 대신, 21세기의 문제들에 "방어적이며 상상력이 부족한 방식으로 대응한다"는 비판을 받고 있다는 점이다(Council of Europe, 2011).10)

교육에서의 정의를 위한 국가 및 국제적 투쟁에 영향을 미치는 이슈는

---

9) 수십 년 동안 독일은 독일 시민권은 오직 혈통을 통해서만 획득할 수 있다는 전제하에 '외국인 노동자(guest-workers)'에게 시민권을 부여하지 않았다. 영국은 단편적인 다문화 정책을 펴왔는데, 예를 들어 교육에서는 특정 지역 당국의 헌신에 의존하였다.

10) 이러한 논평은 권위 있는 국제기구인 유럽평의회의 간행물에 제시된 것으로, 유럽평의회 회원국 지도자들에 대한 직접적인 비판이라는 점에서 특히 주목할 만하다.

복잡하며 인종과 민족, 젠더, 성적 지향, 종교 및 기타 다른 요인들과 관련된 정체성 문제와 함께 복합적으로 상호 작용한다. 그리고 이와 같은 복잡성은 다양한 요인들의 상호 작용에 민감한 종합적인 분석 체계를 필요로 한다.

교차성, 투쟁, 그리고 인권

Brah와 Phoenix(2004)는 노예 제도 폐지와 여성 인권을 위해 투쟁했던 19세기의 인권 운동가 Sojourner Truth[11]와 정의와 인정을 위해 분투했던 정치 운동가들의 주장과 작업을 기반으로 복잡성 및 다중성을 연결시키면서 어떻게 "정체성이 권력 관계를 통해, 그리고 권력 관계 내에서 구성되는 과정"이 되는지를 보여준다(p.77).

20세기 중반과 1948년 세계인권선언으로 거슬러 올라갈 수 있는 현대 인권 프로젝트는 국가 정부에 의해 보장되는 시민권에 제한되지 않으며, 시민권 또는 다른 지위와 상관없이 모든 인간에게 보장되는 보편적 권리의 개념에 기반한다. 세계인권선언은 비전을 제시한다. 세계인권선언의 전문에서는 인권에 대한 보편적인 존중이 "세계의 자유, 정의, 평화의 근간"을 구성한다고 주장한다. 이 비전과 약속은 상상 가능하지만 아직 실재하지는 않는 유토피아이다. 이 유토피아와 같은 프로젝트는 제2차 세계대전의 비인간성과 엄청난 부정의를 극복하며 재발하지 않도록 하려는 열망에서 영감을 얻은 것이다.

그러나 세계인권선언은 국가의 시민권에도 긴밀히 연관되어 있으며

---

11) Sojourner Truth는 1851년 오하이오주의 여성권리협약(Ohio Women's Rights Convention)에서 연설한 "Ain't I a woman?"으로 유명하다. 이 연설에서 암시적으로 교차성의 개념을 채택하였다.

국가에 의해서 부여된 권리의 개념이 어떻게 부적절한지를 인식한다. 이는 특히 전쟁, 위기, 이주, 추방으로 인해 많은 사람들이 시민권과 권리 없이 개별 국가에서 살아가고 있으며, 이들이 보호받지 못하고 있기 때문이다.

20세기 중반 민주주의 국가의 모든 시민들은 동등하게 보호받지는 못하였다. 당시에는 여성과 남성의 권리 간, 그리고 인종과 민족에 따른 여러 상황에서 명백한 법적 불평등이 존재하였다. 이러한 불평등은 법적 체계뿐 아니라 인종 차별과 가부장적 문화에 의해 강화되었다. 세계인권선언은 보편적인 권리를 선언하고 구상했지만 인권 프로젝트는 인권을 실현하기 위한 인권 도구의 사용에 의존하고, 여전히 난항을 겪고 있다. 인권 프로젝트는 교육과 인식 증진에 의존한다. 사람들이 권리에 대해서 알고, 권리를 위해 투쟁할 준비가 되어 있을 때에만 비로소 권리가 현실에서 진정한 권리가 된다.

정의를 위해 교차성과 인권 체계 연계하기

학자들은 교차성의 개념을 활용하여 차별화 및 차별의 여러 복합적인 축이 교차하는 방식을 분석하고 설명한다. 이때 분석에서 어떤 하나의 축이나 하나의 정체성이 다른 것을 능가하는 특권을 갖지 않는다. 교차성은 학문에서 사용되는 것처럼 인권 체계가 어떤 한 가지 정체성에 특권을 부여하지 않고 우리 공통의 인간성을 강조하는 방식으로 세상과 교육을 볼 수 있도록 하는 방법을 제공한다. 교차성과 인권 체계 모두는 더 큰 사회 정의를 위한 투쟁의 도구가 된다. 그리고 투쟁은 연구와 변화를 위한 행동 모두를 아우른다.

인권 개념은 국가적이기보다는 세계시민적이기 때문에 투쟁에 참여하는 사람들이 하나의 맥락에서 다른 사람들과 연대하여 대의를 지지할 수 있도록 하게 한다. 이러한 점에서 인권은 사회 정의를 위한 투쟁에서 추가적인 차원이 된다. 여러 다른 환경에서 억압받은 집단들은 이를 인식해 왔다. 이 장에서는 미국의 민권 투쟁에 대해 강조했지만, 남아프리카공화국의 아파르트헤이트에 맞서 싸운 아프리카 민족 회의(African National Congress)와 쿠르드족의 분리를 요구하는 사람들 등 다른 투쟁들도 자신들의 대의에 대한 지지와 연대를 얻기 위해 인권 담론을 이용한다. 인권에 그러한 힘을 부여하는 것은 세계시민주의적 비전이다.

인권은 다문화적 학습을 위한 넓은 시각, 국경을 넘어선 연대를 촉진할 수 있는 기회, 다양한 정체성을 포함할 수 있는 체계를 제공한다. 인권은 대부분의 시민 교육과정이 반복적으로 국가에 대해서만 배타적으로 강조하는 것을 방지할 수 있다.

국제 인권 프로젝트는 70년밖에 되지 않은 비교적 새로운 프로젝트로 현재 진행 중이며 앞으로 더 발전되어야 한다. 모든 사람들이 인간으로서 누려야 할 권리라는 인권의 보편성이 반드시 그 과정을 보편화하는 것을 의미하지는 않는다는 것을 기억하는 것이 중요하다. 인권은 우리가 서로 어떻게 대하며 대우받아야 하는지에 대한 최소한의 요건이다. 인권은 차이와 공통점을 인정할 수 있게 하지만, 문화적 동질성을 의미하는 것은 아니다. 인권 담론은 비판에 개방적일 필요가 있다. 보편주의 담론이 권력의 차이를 숨기거나 모호하게 해서는 안 되며, 비대칭적인 권력 관계와 다른 사회 문화적 환경에서 인권의 원칙이 어떻게 해석되는지를 고려해야 할 것이다.

요약

인권은 우리가 공유하는 인간성을 인식하고 인간 존엄성의 권리에 관한 것이다. 인간으로서 우리는 인간의 보편적 존엄성이 항상 지켜지는 것은 아니라는 점을 알고 있지만, 보편적 인간 존엄성의 광범위한 원칙에는 일반적으로 동의한다. 인권과 인권 교육은 정의를 위해 노력하여 인간의 보편적 존엄성이라는 이 공유된 원칙을 행동으로 옮기는 것에 관한 것이다. 이 장은 복잡성과 권력의 차이에 초점을 맞추면서, 사회 정의와 인권을 위한 분석 체계에서 권력의 역할을 강조하였다. 이 장에서는 교사가 자신의 위치성을 인식할 필요가 있다고 제안하였다. 이 장에서 논의한 주요 과제 중 하나는 학교에서 인권 교육을 다루는 데 있어 전 세계 다양한 맥락에서 학교 정규 교육과 교육과정이 강력히 국가에 초점을 맞추고 있다는 것이다. 이에 대해서는 5장에서 보다 자세히 살펴볼 것이다. 다음 장에서는 인권 교육에서 내러티브의 사용과 내러티브가 국경을 넘어서서 연대를 촉진하는 것에 대해 설명할 것이다.

정의와 인권 교육에서의 내러티브

역사적으로 볼 때 개인적, 집단적 내러티브는 정의를 위한 투쟁에 사용되어왔다. 이 장에서는 Amartya Sen(2010)의 정의론(Theory of Justice)과 Homi Bhabha(2003)의 개념인 "이야기할 권리(the right to narrate)"를 바탕으로 사회 정의를 연구하고 가르치기 위한 내러티브의 가능성을 검토한다. 정의·인권·불평등을 이해하고, 연대와 공통의 인류애를 고무시키며, 학습자가 자신의 다중적인 정체성을 탐색할 수 있도록 하는 교육적 도구로서 내러티브가 갖는 강점과 한계를 살펴볼 것이다. 이 장에서는 세계인권선언과 그 의미가 중국 및 전 세계의 학습자에게 주는 시사점을 살펴볼 수 있는 한 중국 시민의 역사적 생애를 예시로 든다. 학습자가 자신의 지역에서부터 전 세계 수준까지 자신의 권리와 타인에 대한 책임을 비판적으로 검토할 수 있는 강력한 윤리적 주장으로서 인권이 제시된다. 지리적 거리와 상관없이 사람들과 국가의 운명이 점점 더 상호 연결되고 얽히게 되는 "운명의 중첩 공동체"(Held, 1997, p.313)에서 우리가 함께 배우고 살아가기 위한 원칙으로서 인권을 위한 사례를 제시하면서 이 장을 마무리한다.

내러티브의 가능성

전 세계의 정의를 위한 투쟁에서 내러티브는 강력한 효과를 발휘해왔다. 한 예로 아프리카 민족 회의(African National Congress, ANC)가 주도한 남아프리카공화국의 반인종 차별 정책(반-아파르트헤이트 antiapartheid) 투쟁을 들 수 있다. 반인종 차별 운동은 국내 및 국제적인 지지를 얻기 위해 개인 지도자의 자유 실현을 위한 투쟁과 희생 내러티브를 활용하였다. 가장 유명한 것으로는 1962년 Winnie Mandela와 Nelson Mandela의 체포, 그리고 1990년까지 이어진 일련의 재판과 투옥을 들 수 있다(Mandela, 1994; Smith, 2010). 자유를 얻기 위해 삶을 희생한 수많은 사람들의 이야기를 들려주기 위해 연극, 뮤지컬 제작, 노래를 포함하여 다양한 예술 형식들이 사용되었다. 오늘날 그들의 이야기와 특수한 상황에 대처한 평범한 사람들의 이야기는 로벤 섬, 케이프타운의 디스트릭트 6 박물관, 요하네스버그의 아파르트헤이트 박물관 등과 같은 장소에서 재조명되고 있다. Osler와 Zhu(2011)는 다음과 같이 말한다.

> 반인종 차별 투쟁은 또한 인권, 평등과 존엄성에 대한 권리에 기반한 집단적인 내러티브를 발전시켰다. 아프리카민족회의는 이 내러티브를 활용하여 전 세계 정부, 유엔 기관 및 비정부기구의 연대와 자신의 운동에 대해 지지를 보내줄 것을 요청할 수 있었다(p.223).

1994년 첫 민주적 선거에서 아프리카민족회의가 승리하면서, 남아프리카공화국이 세계인권선언을 바탕으로 하는 새로운 헌법을 제정한 것은 매우 중요한 일이다.

교사들도 강력한 효과를 위해 내러티브를 사용하여 학습자들이 멀리 있는 사람들과 연대감 및 정의감을 발전시키도록 장려한다. 예를 들어, 전 세계 교사들은 Martin Luther King Jr., Mohandas Ghandi, Nelson Mandela, Aung San Suu Kyi와 같이 영감을 주는 인물들의 이야기를 들려준다. 교사들은 또한 정의와 인권에 대해 가르치기 위해 영화와 책을 사용하는데, 영웅은 아니지만 권리를 위한 일상의 투쟁에 참여한 실존 또는 허구의 인물들을 강조할 수 있다. Osler와 Starkey(2010)는 인권 교육에서 내러티브 방법의 사용을 지지하고 연구해왔다. 이들은 인권 교육에서 학술적 텍스트를 도입하기 위해 '알려지지 않은' 세 사람의 이야기를 이끌어 냈다. 내러티브는 아동과 성인 학습자 모두가 정의를 위한 투쟁에 대한 자신의 개인적이고 집합적인 이야기를 쓰도록 영감을 줄 수 있으며, 배타적인 민족 국가 내러티브와 같은 기존의 집단적 내러티브에 도전할 수 있다(Delanty, 2003; Osler, 2011b, 2015a).

교사는 내러티브를 활용하여 학습자가 자신의 권리를 분명하게 표현하며 타인의 권리를 옹호할 수 있도록 북돋울 수 있으며, 이를 통해 세상의 정의와 평화를 실현하는 데 중요한 역할을 할 수 있다. 역사 수업에서 인권 옹호자들의 전기는 전통적인 방식 또는 다른 새로운 관점에서 이야기될 수 있다. Claire(2005)가 연구에서 제시한 것처럼 페미니스트 도덕 철학(Noddings, 1986; Larrabee, 1993)을 끌어오거나 Levstick(2000)의 역사적 중요성에 대한 작업을 확장하는 것과 같은 방식일 수 있다. Claire의 연구에서 학생들은 정의를 위해서 고군분투하는 역사적 인물들이 직면한 윤리적 딜레마와 불완전한 해결책을 이야기와 역할극을 사용하여 살펴보았다. 이를 통해 학생들은 여성과 아동의 관점에 관심을 기울이면서 의사 결정이 가져온 (의도하지 않은) 결과를 생각해볼 수 있었다.

Nussbaum(2006)은 자신이 주창한 인간 능력 모델(Human Capabilities

Model)이 교육에 어떻게 적용될 수 있는지를 설명하기 위해서 내러티브 개념을 이용하였다. 그녀는 교육에서 인문학과 예술을 경시하는 것이 민주주의의 미래에 위험하다고 주장하면서 비판적 사고력, "세계시민권"(Osler 와 Starkey(2005)는 이를 '세계시민주의 시민권을 위한 교육'으로 명명함), 그리고 상상적 이해력을 강조하였다. 그녀는 학교 교육에서 다음과 같은 사실을 관찰했다.

> 어린 시민들은 질문을 하거나 또는 질문하지 않는 법을, 그들이 들은 것을 액면 그대로 받아들이거나 또는 더 깊이 탐구하는 법을, 자신과 다른 사람들의 상황을 상상하거나 또는 자신의 프로젝트에서 새로운 사람을 단지 위협으로 보는 법을, 자신을 단일 집단의 구성원으로 생각하거나 또는 모든 사람들이 존중받고 이해되는 많은 사람들과 집단으로 구성된 세계와 국가의 구성원으로 생각하는 법을 배운다(Nussbaum, 2006, p.387).

Nussbaum은 "내러티브 상상력(narrative imagination)"이 학습 결과를 실현하는 데 있어서 어떻게 핵심이 되는지를 주장하고 설명하기 위해 Rabindranath Tagore의 생각과 이야기를 활용한다. 학생들이 질문하고 텍스트를 탐색하며, 경계를 넘어선 연대를 확인하고 표현할 수 있는 상상력을 계발하며, 자신을 더 넓은 지구 공동체와 세계시민주의적 국가에서 동료 시민으로서 인식하는 학습의 과정이 바로 인권 교육에서의 핵심적인 과정이다.

탈식민주의 이론가 Homi Bhabha(2003)는 "이야기할 권리(the right to narrate)"의 중요성을 강조한다. 그는 학습자 자신의 이야기를 포함하는 것은 포괄적인 집단적 역사 속에서 학습자들이 자신의 위치를 찾을 수 있도록 한다고 말한다.

'이야기할 권리'를 보호하는 것은 다양한 민주주의적 의미를 보호하는 것이다. 이는 집단적 역사의식을 부여할 수 있는 학교, 대학, 박물관, 도서관, 극장과 같은 기관들에 공평하게 접근할 수 있다는 것과 그것을 자신의 내러티브로 바꿀 수 있는 수단이 있다는 것을 전제로 한다(pp.180-181).

Bhabha는 학교가 독자적으로 행동할 수 있다고 주장하지 않는다. 그는 권리 소유자가 자신의 이야기가 받아들여지고 이에 따라 조치가 취해질 것이라고 확신하는 공공문화가 있을 때 확고한 자아성을 가질 수 있을 것이라고 생각한다. 그가 주장하듯 이는 결국 시민 사회가 "문화적 생활에 참여할 권리"를 옹호할 준비가 되어 있는가에 달려 있다(U.N., 1966b, 제15조). 이러한 권리를 따르는 교육과정은 필연적으로 다양한 정체성과 문화적 속성들을 탐색하고 반영하며, 개인적 내러티브와 자기 학습의 과정을 만들 수 있는 기회를 포함한다. 사실상 내러티브는 학습자가 자신만의 개인적이고 집단적인 이야기와 정의를 위한 투쟁에 대해서 말하도록 영감을 줄 수 있다(Delanty, 2003; Osler, 2011b).

교사가 정의, 평화, 평등의 실현에 기여할 수 있는 것은 바로 이러한 내러티브의 사용을 통해서이다. 교사는 학습자가 자신의 권리를 분명하게 표현할 뿐만 아니라 타인의 권리를 옹호할 수 있도록 힘을 실어준다. Bhabha의 통찰력은 학습자의 공동체와 이들의 정의 및 부정의의 경험을 중심에 놓기 때문에 인권 체계에서 중요한 가치를 지닌다.

내러티브와 Sen의 정의론

Sen(1992, 2010)의 정의론은 사회 정의를 위한 교육과 연구에서 내러티브가 지닌 잠재력을 이해할 수 있도록 한다. 그는 제도나 가상의 "공정한 사회"에 초점을 맞추기보다는 개인이 어떻게 정의와 부정의를 경험하는지를 평가하는 그의 초기 작업인 "능력 접근법"을 활용한다. 이 점에서 Sen의 이론은 이전의 정의론, 특히 Rawls(1971/2005)의 정의론과는 상당히 다르다. Sen의 틀은 더 큰 정의를 가능하게 하는 절차적 과정과 관련된다는 점에서 혁신적이며, Rawls를 따라 완벽하게 정의로운 사회를 상상하고자 하는 다른 이론가들과는 다르다.

개인이 직면할 수 있는 교정 가능한 부정의에 초점을 맞춤으로써 Sen은 자신의 이론이 사회 정의를 증진시키기 위해 설계된 프로그램 개발과 연구, 그리고 정책 토론에 어느 정도의 관련성을 가질 만큼 충분하며 또한 불완전하다고 주장한다. 특정 정치 체제에 위치한 정의로운 사회의 개념을 거부함으로써 Sen의 정의론은 지역에서부터 세계적 수준까지 여러 다른 규모에 적용될 수 있다. 이 이론은 민족 국가의 제한적인 틀을 넘어 먼 곳에 있는 타인에 대한 책임과 공통의 인류애를 인정하는 것을 지지한다. 이 모델은 비교 가능성을 허용하면서도 다른 문화적 상황에서의 적용 가능성을 고려한다는 또 다른 강점을 지닌다. 5장에서 강조하겠지만, 교육 시스템은 그 성격상 국가주의적 성격을 띠며, 본질적인 특성상 세계시민주의적인 인권 교육에 도전을 제기한다. Sen의 정의론은 학교 교육과정을 탈국가화하여 학습자들이 포괄적인 집단의 역사 속에서 자신의 위치, 정체성, 서사를 찾을 수 있도록 틀을 제공한다. 대항 담론(counter narratives)은 다문화 공동체와 다문화 국가 내에서 포용적인 이야기를 전달하는 데 중요하며, 국제적 관점과 합의된 국제 인권 원칙에 기반하여 진정으로 더 큰 정의와 평등에 기여할 수 있는 다문화 교육에 이바지한다.

교사와 학생은 내러티브를 교육적 도구로 채택함으로써 이방인들의 정의를 위한 투쟁과 자신의 투쟁을 연결하며, 자신의 경험과 먼 곳에 있는 이방인들의 경험 간 연결 고리를 만들 수 있는 가능성을 열어두게 된다. 이와 같은 방식으로 활용되는 내러티브는 교육을 통해 정의와 인권을 증진시키는 데 사용될 수 있다. 내러티브는 공통된 인류애에 대한 인지적 인식을 넘어서서, 타인의 삶에 대한 진정한 참여를 가능하게 하는 인권 교육의 정서적 요소를 다룬다. 이는 정의와 인권을 위한 행동에 영감을 줄 수 있는 감정과 인지의 결합이다.

정부, 인권, 그리고 다양한 문화

1장에서 논의한 바와 같이 서구에서는 인권과 관련하여 서구 국가들을 천국으로, 남반구에 위치한 국가들을 지옥으로 묘사하는 경향이 있다 (Okafor & Agbakwa, 2001). 이러한 상상의 이분법은 국제 관계뿐 아니라 인권 교육의 필요성에 대한 인식에도 영향을 미친다. 중국 정부는 서구에서 특히나 비난을 받는다. 이 장에서는 한 중국 시민의 인생사를 제시할 것이기 때문에, 인권을 옹호하는 정부의 역할에 대해 살펴보고 인권이 학습자의 다양하고 복합적인 정체성에 어떻게 적용되는지를 탐색하는 것이 필요하다. 인권이 국경을 넘어 우리의 공통된 인류애와 연대를 강조하기 때문에, 인권 옹호자들은 타인의 권리를 옹호하고 어디에서 학대가 발생하든지 간에 이에 대해 목소리를 낼 준비가 되어 있어야 한다는 점은 분명해 보인다. 하지만 세계 다른 지역의 정의와 부정의에 대해서는 분명한 비전을 가지고 있으면서, 자국 내의 부정의와 억압에 대해서는 맹점을 갖고 있는 서구 인권 옹호자들의 도덕적 우월성 문제에 대해 주의할 필요가 있다. 모든 정부는 영토 안에 살고 있는 사람들의 권리를 옹호할 책임이 있으며, 책임을 져야 한다. 이는 타인의 권리를 옹호할 준비가 되어 있는 비판적 시민 집합체를 의미한다. 하지만 어떤 정부도 모두의 권리를 보장하지는 못하며, 정부의 행동이나 무대책의 결과에 책임을 질 필요가 있다.

인권은 윤리적 주장과 같이 무엇이 *되어야 하는지*(should)에 대한 것이다. 정부는 일반적으로 법적 압력보다 도덕적 힘을 통해 인권을 지지할 수밖에 없다. 국가 차원에서 국제 인권 조약을 이행하는 과정은 종종 법의 변화로 이어진다.

때때로 인권은 국가의 법적 체계에 놓인 헌법과 같이 법적인 힘을 수반하지 않는다는 이유로 무시된다. 그러나 이것이 잠재적 약점뿐만 아니라 강점으로 생각될 수 있다는 점을 이해하는 것이 중요하다. 1948년 이전, 권리는 시민권이나 국적과 연계되었다. 1948년 유엔총회 의장이 지적한 바와 같이 세계인권선언은 "인권과 기본적 자유의 존재를 주권 국가의 법을 초월하여 조직된 세계 공동체가 처음으로 인정한 사례"(Laqueur & Rubin, 1979, p.1)였다. 인권은 양도될 수 없다. 시민권은 취소될 수 있고 난민, 강제 이주자, 미등록 이민자, 전쟁과 분쟁에 휘말린 사람들을 포함하여 일부 취약한 사람들은 무국적이거나 문서화된 시민권을 가지지 못할 수 있다. 그러나 국적을 통한 권리에의 접근과는 상관없이 모든 사람들은 인권의 주체가 된다.

인권은 보편적으로 적용되는 강력한 윤리적 주장으로 이해되며, 1948년 세계인권선언 서명 이후 국제적으로 인정된 인권 기구를 통해서 보편적으로 적용되어왔다. 그럼에도 불구하고, 인권은 다양한 방면에서 도전을 받아왔으며, 다른 윤리적 주장과 마찬가지로 인권도 비판적이고 철저한 조사의 대상이 되어야 한다는 주장에 수긍할 수 있다.

이와 동시에, 나는 사회 정의와 인권을 위해 헌신하는 사람으로서 인권을 액면 그대로 받아들인다. 이는 인권이 세계의 여러 지역 및 문화적 맥락에서 정의를 위해 투쟁하는 사람들에 의해 종종 사용되는 강력한 주장이라는 점이다. 이미 이 장에서는 반인종 차별주의(반-아파르트헤이트) 투쟁과 이 투쟁이 보편적인 인권의 인정에 기초한 국제적 연대에 대해 호소했다는 것을 언급하였다.

인권은 또한 여성들이 정의와 평등에 접근할 수 있도록 하는 중요한 힘이었다. 1980년대 후반부터 여성들은 여러 다양한 국제적 맥락에서 오늘날 여성 인권의 개념과 실천을 형성하는 분석적이고 정치적인 도구를 개발하기 위한 국제적 운동에 동참하여 함께 일하기 시작하였다. 그들은 인권이 인간성의 본질에 따라 모두에게 적용되지만, 실제로 기존의 국제적 메커니즘 속에서 여성들은 자신의 인권을 주장하는 것이 남성보다 더 어렵다는 것을 알게 되었다(Bunch & Frost, 2000; Mertus & Flowers, 2008; Osler & Starkey, 2010). 법적 수단을 통해 인권의 보편성이 강조되기는 하지만, Brabeck과 Rogers(2000)가 미국에서 여성과 아동에 대한 침해에 대응한 인권 활동에 대한 논의에서 설명하듯, 특정 상황에서 특정 집단에게 인권을 적용하는 것은 내러티브나 개인사를 통해 실현될 수 있다. 내러티브는 인권을 위한 적절한 자원을 확보하여, 세계인권선언에서 선언된 권리를 사회 정책에서 다루는 것이 "빈곤층에 대한 지원이나 노숙자들을 위한 사회적 프로그램과 같은 것이 아님"을 강조한다. 또한 "성차별이 매일 여성을 죽인다. 성차별이 인종, 계층, 다른 형태의 억압과 결합될 때, 전 세계적으로 여성의 생명권과 자유에 대한 치명적인 부정을 가져온다." (Bunch, Brabeck & Rogers, 2000 재인용, p.174)는 점을 상기시킨다. 따라서 내러티브는 교육자들이 청소년들, 특히 가난과 불우한 조건에 사는 청소년들이 자신의 지역사회 공동체에 영향을 미치는 사회적 불의와 자신의 삶에서 경험하는 일상적인 폭력 및 범죄(개인사들) 간의 연결 고리를 만들도록 한다. 이는 개인화된 경험으로서가 아니라 다른 사회와 문화에서 가난한 사람들이 경험하는 부정의의 양식으로서 연결되는 것이다. 이런 방식으로, 내러티브는 교육자들의 삶에 영향을 미치는 사회 정치적 요인, 그들의 인권에 대한 정보, 체계적인 변화를 창출하려는 노력을 고려할 뿐만 아니라 희생자와 가해자가 아닌 공동체의 행복에 초점을 맞추고 공공의 이익을 위한 개인들의 책무성을 발전시킬 수 있도록 교육자들을 장려한다. 교사와 학생들은 이러한 방식으로 지구 북반구와 남반구에서의 경험을 넘나든다.

이 장에서는 중국의 인권 내러티브를 활용하기 때문에 간략하게 인권과 '아시아적 가치(Asian values)' 문제에 대해서 제시하고자 한다. 인권은 전 세계의 정부와 비정부기구에 의해서 보편적으로 인정되어왔다. 예를 들어, 1989년 아동권리협약이 보편적으로 서명되고 비준되었다. 하지만 일부 동아시아 권위주의 국가의 지도자들은 인권이 그 지역 문화와 충돌할 수 있다고 주장하였다. 1963년 영국의 식민지 지배로부터 독립하고 1965년 말레이시아로부터 분리한 싱가포르의 경우가 그러하였다. Tan(1994)에 따르면, 서구적 가치관이 타락을 조장한다는 이유로 학교 교육과정은 인권을 무시하였다. 아시아적 가치에 대한 담론이 퍼졌으며, 이 담론은 아시아적 가치가 유교에서 유래했다는 주장에 신빙성을 부여하였다.

이에 대한 대응으로, 아시아적 가치와 서구적 가치의 단순화된 이분법을 비판하는 것이 중요하다. 이러한 이분법적인 생각은 서구와 아시아 모두의 다양한 삶의 방식들을 철저히 감추며, 현대 민족 국가의 다문화적인 현실을 부정한다. 두 번째로, 문화는 정적이고 고정된 것이 아니라 유동적이며, 끊임없이 스스로를 새롭게 하고 발전을 위해 다른 원천을 사용한다는 것을 기억하는 것이 중요하다. 셋째, 경험적으로 일본, 한국, 필리핀을 포함하여 동아시아의 많은 국가들은 인권을 보장하는 정부 체계를 갖추고 있으며, 이슬람 국가인 인도네시아와 말레이시아를 포함한 다수 국가들이 다당제 민주주의를 취하고 있다는 점을 주목할 필요가 있다. 1993년 비엔나에서 열린 세계인권회의에 중국이 참석한 후, 중국의 한 비교교육학자는 다음과 같이 제시하였다.

> 젊은 세대들은 문화적 전통과 서구적 가치에 대해 재평가하였으며, 집단적 권리와 개인적 권리의 변증법적인 상호 관계에 대해 보다 균형적인 이해에 도달했다… 권리는 사회적 변화와 연관된 역사적 개념이다(Zhou, 1994, p.86).

인권, 내러티브, 그리고 교육

인권은 윤리적인 주장이며 동시에 법적 권리지만 정책 입안자, 언론인, 교사, 그리고 일반 시민에게 알려지지 않는다면 실행될 수 없다. 인권은 대개 투쟁의 과정을 통해서만 실행된다. 인권의 실현은 권리에 대한 지식에 의존한다. 1장에서 살펴본 것처럼 보편적인 인권 프로젝트의 초기에서부터 교육은 필수적인 요소로 생각되었다. 인권이 윤리적 주장이자 법적 권리이기 때문에 학습자들이 세계인권선언을 포함하여 국제 인권기구를 학습하고 검토할 기회를 갖는 것이 필요하다.

내러티브는 법적·윤리적 체계를 학습자 자신의 투쟁과 연결시킬 수 있는 힘을 지니므로 인권 교육의 중심부에 위치해야 한다. 타인의 내러티브에 대한 연구는 "학습자들의 투쟁에 반향을 일으킬 수 있다(Osler & Starkey, 2010, p.143)." 내러티브가 인권 교육에 적용될 때 내러티브는 학습자들이 자신의 다중적이고 억압된 정체성을 다루고, 역사적이고 현대

적인 불평등을 검토하며, 모든 인류 간 공감과 연대를 자극하고, 지역에서
부터 세계 수준에 이르기까지 다양성의 맥락과 Held(1997)가 특징지었던
"중첩된 운명 공동체"(p.313)에서 함께 살아가기 위한 원칙으로 인권의
중요성을 설명할 수 있게 한다. 다시 말해서 일반적으로 교육, 그리고
특히 인권 교육은 현재의 성쇠와 미래가 서로 얽혀 있는 사회에서 학생들이
함께 살 수 있도록 준비시켜야 한다(Osler, 2010b; Starkey, 2007).

　　Flanagan(1992)은 내러티브의 힘을 강조하면서 "모든 문화권에서 인간
이 어떤 종류이든 내러티브의 형태로 자신의 정체성을 표현하게 된다는
강력한 증거가 있다. 인간은 열정적인 이야기꾼이다(p.198)."라고 지적하
였다. 내레이션(이야기하기)은 가장 일반적으로 사용되는 의사 소통 방법
중 하나이다. 내러티브는 지식을 끌어내고 전파할 수 있으며(Snowden,
2002), 협업을 장려하고 새로운 아이디어를 창출할 수 있고(Lelic, 2001),
변화를 촉발할 수 있다(Denning, 2001). 또한 내러티브는 쉽게 접근할
수 있고, 흥미를 끌 수 있기 때문에 사람들로부터 좋은 평가를 받는다.
내러티브는 말하는 사람(내레이터)과 함께 공통의 인류애를 발전시킬 수
있게 한다. 이런 의미에서, 인권 교육에서 내러티브를 사용하는 것은 내러
티브 탐구를 옹호하는 사람들의 작업을 기반으로 한다. 왜냐하면 "교육은
개인적이고 사회적인 이야기의 구성이자 재구성이기 때문이다. 학습자,
교사, 연구자는 그들 자신과 다른 사람들의 이야기 속의 이야기꾼이자
등장 인물이다(Connelly & Clandinin, 1990, p.2)."

　　사회 정의를 위한 교육의 핵심 목표 중 하나는 지식, 아이디어, 그리고
다른 학습자들에 대한 학습자들의 참여와 비판적 관여를 장려하는 것이다.
이러한 학습이 포함해야 하는 중요한 세 가지 요소는 다음과 같다. (1)
이론과 실천에서 민주주의와 인권의 경험에 대한 정보(Banks 외, 2005),

(2) 다양한 정체성과 문화적 속성을 탐색하고 성찰하며, 개인적 내러티브를 창조하고, 자기 학습의 과정을 발전시킬 수 있는 기회(Osler, 2015a), (3) 협동적 실천, 팀워크, 집단적 내러티브의 개발과 학습자들이 하나의 집단으로서 세상을 이해할 수 있도록 하는 인지적 모델의 연구(Osler, 2011a)이다. Delanty(2003)의 학습 과정으로서의 시민권에 대한 연구에서 살펴볼 수 있듯이 개인적 및 집단적 내러티브는 학습자들이 지식을 창조하고 사회 정의를 위한 *교육*과 사회 정의를 위한 *행동* 간의 관계를 탐색하게 하여 자신의 경험을 그릴 수 있게 한다.

물론 인권 교육에서 내러티브를 사용하는 것에는 많은 어려움이 있다. 자신의 가족사를 제시하라는 요청을 받았을 때, 학생과 교사들은 "국가의 지배적인 내러티브를 파헤치는 도구로서 가족사를 사용하기보다는 국가의 지배적인 내러티브 내에서 사용해야 하는 것으로" 해석할 수 있다(Sleeter, 2015, p.1). Connelly와 Clandinin(1990)은 "허위가 의미와 내러티브의 진실을 대체할 수 있다… '자료를 속이고' 허구의 소설을 쓸 수 있을 뿐만 아니라, 자료를 이용해서 거짓을 진실처럼 쉽게 말할 수도 있다(p.10)."고 경고한다. 내러티브는 객관적인 진실보다는 화자의 관점을 나타낸다. 또한 이야기하는 화자는 자신이 인식하고 있는 청중을 포함하여 다양한 상황에 따라 논점을 강조하거나 생략하면서, 말하는 사람에 따라 이야기를 달리할 수 있다. Sleeter(2015)는 문화적 다중성과 불평등한 관계의 역사적 구성을 강조하는 가족 내러티브의 가치를 강조한다. 가족 내러티브는 제도화된 차별과 같은 이슈를 조명하면서 현대 사회의 권력 관계에 영향을 미칠 수 있다.

구성주의 인식론의 관점에서 내러티브는 다양한 해석에 개방적으로 열려 있다. "이야기는 본질적으로 다층적이며 모호하다(Bell, 2002, p.210)."

그리고 "내러티브는 사실적인 진술이라기보다는 두서없는 구성이다 (Pavlenko, 2002, p.216)." 각기 다른 사람들은 자신의 독특한 삶의 경험과 밀접하게 연결된 자신의 위치성으로부터 내러티브에 접근하면서 같은 내 러티브라도 다른 방식으로 참여하게 된다(Bicknell, 2004; Josselson, 1996; Peshkin, 1988). 각 개인의 삶의 경험이 인종, 민족, 계급, 젠더, 성적 지향 등 다양한 요인과 광범위한 사회 및 정치적 맥락과 지배적인 권력 관계에 의해 형성된다는 것을 고려한다면 모든 내러티브는 다양한 개인에 의해 이야기되고, 재구성되며, 다양하게 표현될 수 있다(Pavlenko, 2002; Riessman, 1991). 의미와 해석의 새로운 층위는 원 서술자가 의도하지 않았을 방식으로 내러티브를 재구성하거나 다시 이야기하도록 할 수 있다 (Connelly & Clandinin, 1990; Josselson, 1996). 다시 말해, 어떤 개인도 중립적인 입장을 취하지 않는다. 오히려 이야기꾼과 청중을 포함하여 모든 이들은 특정한 관점을 지닌다. 모든 내러티브는 인식에 기반하여 읽혀져야 한다. 내러티브가 가지는 관점의 문제는 교육적 도전을 제기할 수 있지만, 이것이 인권 교육에서 내러티브의 힘이나 가치를 훼손하지는 않는다. 인권 교육자는 학습자가 이러한 인식론적 문제를 이해하고 비판적인 접근법을 채택할 수 있도록 내러티브에 접근하여 학생들이 지식과 권력에 대한 질문을 이해하고, 사회 정의·평등·인권을 위해 스스로 투쟁할 수 있도록 지원해야 한다.

내러티브 예시: 용민의 이야기

다음은 한 중국 시민인 용민(가명)의 생애사이다 이 이야기는 유타 주립 대학교 박사 과정 과제의 일환으로 나의 제자인 Juanjuan Zhu가 엮었으며,

이어지는 설명과 논의는 공동 연구에서 도출한 것이다(Osler & Zhu, 2011). 이를 통해 어떻게 세계인권선언을 학습하고 비판적으로 참여할 수 있는지를 알 수 있다. 이 이야기에서는 인권과 정의를 위한 용민의 일상에서의 투쟁과 학생들의 삶에서의 투쟁을 연결할 것이다. 용민은 세계 인권선언이 선포된 지 3년 후인 1951년에 태어났다. 그는 여러 차례 Zhu에게 자신의 이야기를 했고, 그중 일부는 용민의 어머니가, 그리고 다른 내용들은 용민의 아내가 말해주었다. Zhu는 다양한 기록에서 다음의 내러티브를 재구성하였지만, 정확한 장소나 지명 등 자세한 맥락에 대해서는 현재 중국에 남아 있는 용민과 그의 가족의 신원을 보호하기 위해 밝히지 않는다. 연구에 참여한 여러 사람들은 Zhu가 삼각구도화 과정을 거칠 수 있도록 해주었다. 이 이야기는 용민의 생애 사건에 대한 객관적인 평가로 제시되는 것이 아니라, 용민과 함께 경험하며 살았던 용민과 일부 직계 가족(어머니, 아내)의 관점에서 제시된다. 영어로 번역되어 재구성된 이야기에서 Zhu와 나는 어떤 연구이든지 간에 저자의 인식과 편견이 명시적이든 암묵적이든 존재한다는 Stanley와 Wise(1993)의 의견에 동의하였다. 이를 고려한다면 이 이야기의 정확성에 대한 책임은 용민이나 그의 가족에 있기보다는 우리에게 있다. 여기에 제시된 내러티브는 Zhu에게 전달된 것과 동일한 것이다.

용민의 이야기

나의 이름은 용민이고 1951년 중국 동부의 해안 도시에서 태어났다. 나는 우리 가족의 여덟 명의 아이들 중 여섯 번째였다. 내가 태어나기 전 장제스 국민당 시절 부모님은 두부, 두유 같은 콩 제품을 만드는 작은 공장을 운영하셨다. 하지만 전통적인 중국의 사회 계층 구조에서 장사하는 사람은 가장 낮은 위치에 있었고, 당시 부모님은 다섯 형제를 겨우 키웠다. 이 작은 공장은 공산당이 국민당을 전복시키고 1949년 정권을 잡은 후 곧 몰수되었다. 우리 부모님은 그렇게 해서 영광스러운 프롤레타리아 계급에 들어가 국영 공장에서 노동자로 일하셨다. 그 후 4년 동안 나를 포함해 세 명의 아이가 더 태어났다. 추가로 먹여 살려야 할 입이 세 개나 늘어나면서 생활이 더 어려워졌다.

하지만 가장 힘든 시기는 1959년 3년간의 대기근이 시작될 때였다. 그 시기에 대한 기억은 끝없는 배고픔, 필사적인 식량 찾기, 그리고 배고픔과 질병으로 인해 내 형제 중 한 명이 죽은 것뿐이다. 우리처럼 어른 일곱 명(당시 다섯 명은 18세 이상), 아이 세 명이 있는 가정은 매달 쌀과 밀가루를 90킬로그램 정도 배급받았다. 많은 양인 것처럼 들리겠지만, 먹을 만한 다른 것이 없다는 사실을 고려하면 그 양은 가족들이 끼니를 간신히 이을 만한 분량이었다. 1인당 한 달에 돼지고기 250그램만 구매할 수 있었고 달걀, 닭, 생선은 1년에 한 번만 구입할 수 있었다. 종종 우리는 나뭇잎과 산나물을 먹었다. 하지만 최악은 아니었다. 중국 내륙 지방 사람들은 매일 굶어 죽었다고 들었다.

굶주림과의 싸움을 끝내기가 무섭게 중국에서 또 다른 두 개의 대규모 정치 운동이 전개되었다. 1966년 문화대혁명이 시작되었고, 중국의 근대사에서 10년의 대혼란의 시기가 시작되었다. 당시 나는 중학교 3학년이었다. 전체적인 사회 격변의 일환으로 전국의 교육 시스템이 마비되었다. 일부 학생들은 교사들을 비난하거나, 거리를 행진하거나, 심지어 공개 회의에서 구타를 당하기도 하였다. 다른 학생들은 기차에 올라 다른 지역으로 여행을 가거나 집에만 있었다. 한번은 반 친구 몇 명과 함께 큰 형이 살고 있는 상하이로 가는 화물 열차를 탄 적도 있다. 대부분의 시간 동안 우리는 학교 수업이 전혀 없었기 때문에 도시의 여러 곳을 돌아다니며 놀았다. 솔직히 고등학교 시절 내내 나는 공식적이거나 일관된 교육을 받지 못하였다. 독서를 좋아하는 착한 학생으로서, 지금 나는 내가 청소년기를 낭비하고 사회적 격동의 결과로 교육을 제대로 받지 못한 것을 정말 후회하고 있다.

그리고 1968년이 왔다. 그해 연말, 당시 중국 국가주석(우리가 그를 칭하는 표현으로는 의장)이었던 Mao Zedong은 도시 청년들을 산간 지역이나 농촌으로 보내 노동자와 농민들로부터 배워야 한다고 선언하였다. 그는 사회 불안을 잠재우고 청년들이 부르주아적 사고에 저항하는 것을 목표로 하였다. 그 결과 나는 전국 1,600만 명의 또래 고등학생들과 함께 그 유명한 '시골로 내려가기 운동'에 참여했고 낙후된 시골로 유배되었다. 집에서 2,500km 떨어진 남서부의 윈난성으로 가야만 했다. 하지만 나의 형제 중 한 명이 그곳에 갔기 때문에 어머니는 지도자들에게 고모가 살고 있는 근처 마을로 나를 보내 달라고 간청하였다.

나는 배를 타고 하루 종일 여행하여 사람들이 별로 살지 않는 농촌에 도착하였다. 그곳에서 10년 동안 농부로 일했고 1년에 한 번 정도만 가족을 방문할 수 있었다. 나는 또한 더 이상의 교육을 받지 못하였다. 왜냐하면 기본적으로 우리는 책을 접할 수 없었고, 책을 읽을 시간도 없었기 때문이다. 1978년 문화대혁명이 끝나고 도시 청년들을 고향으로 돌아가게 해준 Deng Xiaoping의 결정이 없었다면, 나는 영원히 시골에 머물렀을 것이다.

농촌에 머무는 동안, 나는 나와 매우 비슷한 경험을 한 소녀를 만났다. 그녀 또한 중국 역사의 혼란스러운 시기의 희생자 중 한 명이었다. 15세 때 그녀는 학습에 어려움을 겪는 언니를 대신하여 시골 내려오기 운동의 일환으로 이 외딴 시골로 오게 되었다. 그녀는 노래와 공부에 매우 재능이 있었다. 하지만 그녀가 옛 중국 지주의 후손이라는 것을 당국이 알게 되면서 그녀는 군대에 입대하거나 교육을 더 받을 수 있는 기회를 잃었다. 대신 그녀는 농부로, 회계사로, 그리고 지역 가무단에서 공연자로 일해야만 하였다.

우리는 1979년에 결혼했고 우리가 일하던 농촌에서 가장 가까운 도시로 이사하였다. 그 다음 해에 딸아이를 낳았다. 그 당시 많은 신혼 부부들처럼, 우리는 한 명의 아이만 낳을 수 있었기 때문에 우리의 유일한 아이였다. 나중에 아내가 두 번째 임신을 했고, 이번에는 남자아이였다. 다만 한 가정 한 자녀 정책 때문에, 우리는 이 아이가 태어나면 많은 벌금을 내거나 취업이 거부될까봐 걱정하였다. 그래서 아내는 출산 예정일 4개월 전에 낙태 수술을 받아야만 하였다. 그때는 정말 우리가 이 남자아이를 지켜줄 수 있었으면 좋겠다고 생각했지만, 삶의 고단함을 생각하면 한 명의 아이만 으로도 행복하다고 생각한다. 아내와 나는 우리 딸에게 더 나은 삶을 주기 위해 우리가 할 수 있는 모든 것을 하기로 결심하였다. 우리는 딸아이가 우리가 경험했던 것만큼 극적이고 고단한 삶을 살지 않기를 진심으로 바란다.

논의

1950년대부터 1980년대까지의 시기를 아우르는 용민의 생애사 내러티브는 중국 정부가 인권을 무시한 것으로 악명을 떨쳤던 시기를 반영한다 (Heater, 2002; Weatherley, 2008). 중국 정부는 오늘날에도 계속적으로 인권 관련 기록으로 국제 사회의 비난을 받고 있다. 그럼에도 불구하고, Bjornstol(2009)은 1978년 이래 인권법이 점차적으로 합법적인 연구의 분야로 발전함에 따라 공식적 개혁 정책이 "중국의 법 체계와 법적 교육 체계 모두에서 주목할 만한 발전”을 가져왔다고 지적한다. 법학 교육은 인권이 통합되어야 하는 중요한 분야지만, 다른 곳에서와 마찬가지로 중국에서도 인권 보장에 도움이 되는 교육은 일반인들에 대한 교육이다. 대학의 로스쿨이 엘리트만을 교육하는 반면, 학교 교육에는 거의 모든 사람들이 참여할 수 있다.

용민의 내러티브가 다루는 내용 중 용민과 그의 가족, 그리고 다른 사람들(그의 교사 등)이 받은 인권 침해를 세계인권선언의 여러 조항에서 찾을 수 있다. 제3조(생명의 권리), 제5조(잔혹적, 비인간적, 모욕적 처벌), 제9조(임의적 체포로부터의 보호), 제12조(가족생활 방해), 제13조(이동의 자유), 제17조(재산 소유권), 제23조(자유로운 취업 선택권), 제25조(건강과 안녕을 위한 적정 생활수준에 대한 권리) 등이다.

용민이 자신의 이야기에서 가장 중요하게 생각하는 사건들은 다음과 같다. 그가 태어났을 때 가족의 빈곤, 1959년 그의 형이 사망한 끔찍한 기근의 영향, 15세의 나이로 교육을 중단하게 된 1966년의 문화대혁명, 17세에 가족과 헤어진 이후 농업 노동자로서의 노동, 자신이 희망하는 직업을 선택하지 못했던 아내의 후회, 결혼과 딸의 출산, 직장을 잃을 것을 염려하여 한 가정 한 자녀 정책에 순응하기 위해 둘째 아이를 늦게 낙태하도록 아내를 압박한 것이다.

생생하게 묘사된 이 이야기에서, 상대적으로 무미건조한 세계인권선언의 자료는 생동감을 얻고 진정한 의미와 중요성을 갖게 된다. 생애사에 대한 연구는 지성뿐만 아니라 감정에도 관여하며, 다른 사람들의 투쟁에 대한 연대감을 증진시킨다. 학습자의 경험과 거리감을 지닐 수 있는 세계인권선언의 특정 조항은 추상으로부터 생존과 성취를 위한 일상의 투쟁으로 변형된다. 현재 중국의 교실에서 논쟁이 되는 이슈와 구체적인 역사 해석에 대한 토론은 이루어지지 않고 있지만(Zhu & Misco, 2014), 중국 학생들이 단순히 문화대혁명이나 시골로 내려가기 운동과 같은 에피소드를 역사책에서 추상적으로 읽기보다는 위와 같은 내러티브를 통해 자신들의 역사를 토론해볼 기회를 갖는 것이 중요할 것이다.

위와 같은 방식으로 내러티브와 국제 인권협약을 결합한다면, 이 내러티브는 강력한 교육적 도구가 될 것이다. 교사는 다양한 개인적 또는 집단적 내러티브를 활용하고 내러티브에서 표현되고 인지할 수 있는 모든 조항들을 인식하며 "이것이 권리의 남용과 부정을 통한 것인지 아니면 권리를 유지하고 인간 연대를 증명하기 위한 행동을 하기 위한 노력을 통한 것인지"(Osler & Starkey, 2010, p.144)를 학생들이 확인할 수 있도록 할 뿐만 아니라, 의미를 부여할 수 있다. 학생들은 국제 협약 내용에 익숙해질 수 있다. 또한 마찬가지로 중요한 것은 학생들이 자신의 개인적이고 집단적인 내러티브를 이야기할 수 있고 자신의 권리를 방어하고 주장할 수 있는 힘을 지니게 된다는 것이다.

내러티브 연구에서 중요한 것은 학습자들이 더 넓은 경제적·사회적 과정을 조사할 수 있도록 기회를 제공하는 것이다. 예를 들어 용민의 이야기를 조사할 때, 학생들은 기근의 원인에 대해 배우고, "규칙적인 선거가 작동하는 민주주의에서는 큰 기근이 일어난 적이 없다"(p.342)라는 Sen(2010)의 주장에 대해 조사할 수 있다. 이 문제에 대한 공공의 토론과 추론이 있는 상황에서는 정부가 식량 분배 문제를 해결하고 시민들을 보호하기 위해서 행동해야 한다는 압박을 받게 된다. 민주주의와 열린 정부, 정의의 관계에 대한 더 나은 이해는 미래의 인권 보호를 위해 중요하다. 인권에 대한 학습은 학습자들로 하여금 실질적인 시정과 책임자의 진정한 사과, 그리고 향후 인권 침해를 방지할 수 있는 효과적인 구조와 공론화를 요구하는 언어를 갖출 수 있게 한다.

우리 자신의 이야기, 특히 '보이지 않는' 개인이나 집단의 이야기를 들려주는 것은 단일한 공통의 국가 역사가 아닌 다양한 역사가 이야기되어야 한다는 사실을 강조한다. 서로 다른 사람들이 들려주는 이야기는 다양한 종류의 인권 침해와 차별이 인식되고, 비판되며, 결국 시정될 수 있는 공간을 제공한다. 이 내러티브들은 지배적인 담론의 사각 지대를 메우고 여러 역사적 시기에 소외되었던 집단을 위한 정의와 평화의 중요성을 우리가 깊이 인식할 수 있도록 한다. 교사와 학생이 발전시킨 개인적, 집단적 내러티브는 "기존의 제도화된 메타 내러티브에 도전하는 변환적 지식"의 한 형태이다(Banks, 2002, p.11). 즉 개인적 내러티브는 단일한 국가 문화와 역사에 대해 무비판적인 인식을 지니는 민족주의적 담론에 균형을 잡는 역할을 한다. 중국(Wan, 2004), 프랑스(Osler & Starkey, 2009), 싱가포르(Baildon & Sim, 2010; Martin & Feng, 2006), 멕시코(Ryan, 2006), 미국(Foster, 2006) 등 여러 국가에서 학교 교육과정을 검토한 많은 연구들은 소외된 집단의 관점을 배제한 민족주의 담론이 우세하다는 것을 보여준다. 여기에서 묘사한 것처럼, 내러티브는 학습자들이 소수자의 관점에 참여할 수 있는 기회를 제공하는 더 넓고 개방적인 교육과정을 제시하는 데 기여할 수 있다.

오늘날 중국의 공식 역사에서 용민과 같은 이야기는 찾기 어렵다. 연구에 따르면 이러한 이야기들은 일반적으로 중국의 공식 교과서나 신문에 실리지 않는 것으로 나타났다(Cha, Wong, & Meyer, 1992; Wong, 1992). 그 기간에 대한 이야기는 국가가 일련의 자연재해에 맞서 승리했으며 오래된 관료적-자본주의적 정치에서 새로운 사회주의 국가로 변모한 것에 대한 강력하고도 단일한 설명이 지배하고 있다. 용민과 같은 개인적인 비극은 사실 가볍게 다루어져 왔지만 개인을 넘어서서 수백만 명의 동료들에 대한 이야기이기도 하다.

인권이 유린당했지만 고통과 이야기가 밝혀지지 않은 사람들에게 하나의 단일한 접근 방식은 부정적인 영향을 끼친다. 침묵이 미래 세대에 끼치는 피해는 매우 심각하다. 미래 세대는 심각한 오해의 소지가 있는 그림을 보게 되며, 사실상 잘못된 교육을 받게 된다. 여러 개인의 진솔한 이야기는 단 하나의, 기념적인 국가 역사에 자리를 내준다. 용민의 이야기와 같이 알려지지 않은 이야기는 독자와 청자 모두가 역사적 오류를 조사하고, 현재의 억압을 확인하며, 지배적인 담론에 도전하고, 정의·평화·인권을 위한 지속적인 투쟁에 참여할 수 있도록 격려하기 위해 이야기되고, 또다시 이야기되어야 한다.

인권을 다루는 내러티브는 우리가 당면한 환경에서 벗어나 존엄, 평등, 자유, 평화를 위해 국가 경계를 넘어 협력할 수 있게 하는 힘을 지닌다. Starratt(2003)가 말한 것처럼, "내러티브는 도덕적 추론에 상상력을 끌어들이는 주요한 수단이다. 그것은 우리의 관점을 풍부하게 하고 확장할 뿐만 아니라, 사람들이 도덕적인 대화를 나눌 수 있는 공유된 만남의 장소를 제공한다(p.211)." 이것이 Sen(2010)이 주장하는 정의의 실현을 위해 필수적인 공적 추론 과정이다. 인권 내러티브는 우리의 삶과는 다른 동료 인류에 대한 공감을 증진할 수 있다. 내러티브를 통해 우리는 현실에서 결코 만나지는 못하지만 교훈을 얻을 수 있는 많은 사람들을 발견하게 된다(Osler, 2010b). 용민의 이야기와 같은 내러티브는 연대와 발전과 세계시민주의 시민성의 의미를 이해하는 데 도움이 되고(Osler & Starkey, 2003, 2005; Osler & Vincent, 2002), 인권을 위한 공동의 투쟁을 통해 실현된다.

타인의 내러티브는 우리 자신의 이야기와 경험을 성찰하게 한다.

Savin-Baden과 Van Niekerk(2007)에 따르면, "이야기는 공유된 경험에 가장 가까이 갈 수 있도록 하는 것이다"(p.462). 다른 사람들의 이야기를 읽고 듣는 것을 통해 우리는 우리 자신의 이야기를 하고, 자신의 권리를 주장하도록 용기를 얻을 수 있다. 동시에 성찰의 과정은 학습자들이 평등, 사회 정의, 그리고 민주주의와 관련하여 자신의 가치, 정체성, 신념을 더 잘 이해할 수 있도록 한다.

여기에서는 한 내러티브가 사례로 제시되었다. 하지만 교육자들은 인권 교육에서 하나 또는 소수의 내러티브에만 지나치게 의존해서는 안 된다. 내러티브는 다른 교육적 도구와 접근 방식들에 의해서 지원되어야 한다. 완전히 상반된 정보를 제시할 수 있는 다양한 증거의 원천은 학습자들이 학습 환경 외부에서 다시 적용할 수 있는 조사 능력과 비판적 사고력을 계발할 수 있는 기회를 제공한다. 내레이터로서 또는 교육자이자 학습자로서, 우리는 지식 생산자의 의도를 검토하며, 재검토하면서, 가능한 한 많은 관점에서 이러한 다양한 근거의 원천들을 읽을 수 있는 능력을 발전시킬 필요가 있다.

이 장에서는 개인과 집단 내러티브가 인권 교육을 위한 강력한 도구로서 어떻게 잠재력을 지니는지를 설명하고자 하였다. 많은 독자들에게 익숙하지 않은 문화적 맥락을 활용하여 인권 교육을 언급할 때 나타나는 몇몇의 긴장이 있을 수 있지만, 그럼에도 불구하고 소외되거나 억압받거나 숨겨진 역사의 관점을 부정하는 획일적인 국가적 담론의 강력한 지배에 도전하고자 하였다. 내러티브는 우리가 당면한 환경을 벗어나 결코 만나지 못할 수도 있지만 인권을 위해 가장 가까운 동맹자가 될 수 있는 사람들과의 공통점을 찾을 수 있게 해준다. 더불어 내러티브는 우리 자신의 정체성, 가치관, 경험을 형평성, 사회 정의, 인권과 관련지어 성찰하도록 유도할 수 있다. 즉 인권 교육자와 연구자들도 평화, 정의, 평등, 자유를 실현하기 위한 지속적인 투쟁에서 우리의 동료애를 심화하고 윤리적 행동의 발판이 될 수 있는 내러티브의 잠재력을 인식해야 한다(Witherell & Noddings, 1991).

5장에서는 국가에 초점을 맞추어 인권 교육이 효과적으로 실행되려면 교사들이 교육과정의 탈국가화 및 탈식민지화 과정에 참여할 것을 주장한다. 이 과정을 통해 다양성을 증진하고 인권과 사회 정의를 위한 투쟁에 지금까지 침묵했던 목소리를 포함하는 프로젝트가 가능할 것이다.

인권, 교육, 국가

전 세계 학교 시스템은 국가 중심적인 경향이 강하며 특히 역사와 공민 교육과정은 국가적 차원을 강조하는 경향이 있다(Reid 외, 2009; Osler, 2009). 또한 일반적으로 국가의 주류 또는 다수 집단에 초점을 맞추며, 소수 집단의 관점은 종종 때로는 체계적으로 배제한다. 여기에서는 학교 교육과정을 탈국가화하여 학습자가 공통의 역사 속에서 자신의 위치와 정체성을 찾을 수 있는 몇 가지 방안을 제시하고자 한다.

이 장에서는 소수자가 온전히 인정받고 사회적·정치적 생활에서 온전한 역할을 할 수 있는 포용적인 국가를 개념화하고 인권 교육을 성공적으로 실행하기 위해서는 교육과정의 탈국가화 또는 탈식민지화 과정이 중요하다는 것을 주장한다. 사회에서 소수자들의 진정한 존중과 참여, 학교 교육 과정에서 소수자들을 인정하기 위한 투쟁은 이전에도 있었다. 그러나 21세기 초에 학교 교육을 통한 사회 정의 실현에 관심이 있는 교육자들의 긴급한 관심을 요하는 또 다른 시급한 문제가 있다. 이는 민주주의의 취약성과 반민주적 정치 운동과 관련이 있다. 따라서 이러한 세력에 어떻게 대응할 수 있는지 고려해야 한다. 특히 이 장에서는 인권 교육에 대한 현재의 법률과 정책 구조, 그리고 이 구조가 학교 교육을 통해 정의와 평화를 위한 노력을 어느 정도 지원할 수 있을지에 대해 논의한다.

이는 보편적 인류애를 강조하는 세계시민주의 프로젝트로서 인권과 인권 교육을 이해하는 것을 전제로 한다. 또한 인권과 인권 교육을 투쟁의 현장으로 인식하고(Bowring, 2012), 교육을 통해 보다 큰 정의를 실현하기 위해서는 이 분야에 대한 학문적 지식이 필수적이라는 것을 이해해야 한다. 마지막으로 인권은 항상 특정한 사회적·정치적 환경 속에서 성립되며 이는 인권이 정치적 의미를 담고 있다는 것을 뜻한다. 이 장에서는 이러한 것들이 인권의 보편적 성격에 어느 정도 영향을 미칠 수 있는지를 살펴본다.

인권 역설

현대의 인권 프로젝트는 극도의 공포와 비인간성이 특징인 제2차 세계 대전 이후에 도입되었다. 1948년 세계인권선언 전문은 "인권에 대한 무시와 경멸은 인류의 양심을 격분시키는 야만적 행위를 초래하였다."고 언급하고 있다(U.N., 1948). 1933년부터 1943년까지 나치 독일에서의 약 2,000건의 차별적인 법령을 통해 유대인에 대한 조직적인 지배와 억압, 인류애 부정 등 인권에 대한 무시와 경멸이 있었음을 알 수 있다.

세계인권선언의 다양한 조항을 면밀히 살펴보면 구체적인 조항에서 보장되는 내용과 10년에 걸친 나치 국가 탄압 사이에 직접적인 연관성이 있음을 알 수 있다(Osler & Starkey, 2010). 이러한 권리에 대한 제한과 거부는 국가가 구조적 불평등을 어떻게 공고히 했는지를 보여주는 명백한 예이다. 1935년부터 1936년 사이에 유대인 시민들은 시민권과 투표권을 박탈당했고, 비유대인과 결혼할 권리도 박탈당했으며, 공원·식당·수영장 등의 출입이 금지되었다. 또한 라디오와 같은 광학 및 전기 장비·자전거·타자기 소유가 금지되었으며, 대가족에게 지급되던 보조금이 중단되었다. 세계인권선언에 명시된 일련의 권리는 이러한 위반에 직접적으로 대응한다. "제15조 누구도 임의적으로 국적을 박탈당하지 않는다. 제16조 인종, 국적, 종교의 제한 없이 결혼할 권리를 가진다. 제24조 휴식과 여가에 대한 권리를 가진다. 제19조 국경과 관계없이 모든 매체를 통해 정보와 사상을 찾고, 받고, 전달할 권리를 가진다. 제22조 모든 사람은 사회 구성원으로서 사회 보장을 받을 권리를 가진다."고 명시하고 있다. 각각의 경우에 국가는 권리 남용과 거부로부터 자국민을 보호해야 할 책임이 있다. 사실상 국가는 세계인권선언을 통해 보호받는 사람들의 권리를 옹호해야 하는 여러 책무가 있다.

개인이나 집단의 권리를 사실상 거부하거나 남용할 수 있는 강력한 행위자인 국가가 역설적으로 인권의 보증인이 된다. 전통적으로 법학자들은 국가 권력을 *제한하고* 자의적 권력 행사를 방지하는 수단으로서 세계인권선언과 그에 따른 인권 조항을 이해하지만(Donnelly, 2013), 이 선언은 국가를 인권의 보증인으로 만드는 데 있어 *국가 권력을 강화하고 견고하게* 하는 수단으로도 볼 수 있다. Perugini와 Gordon(2015)은 국가에 인권 보호의 책임을 지게 함으로써 국제적 정당성과 권력이 부여되었음을 강조한다. 이들은 특정 역사적 순간에 국가가 지배력을 강화하기 위하여 권력을 사용하여 이러한 인권 담론을 활용한다고 주장한다.

Perugini와 Gordon(2015)은 이스라엘-팔레스타인 사례를 통해 국가의 역설적 지위를 설명하면서 다음과 같이 주장한다. 이스라엘 국가는 특정한 시기에 이 담론을 사용하여 특정 집단, 즉 유대인 이스라엘 시민에 대한 명백히 보편적인 인권을 주장하였다. 유대인이 경험한 홀로코스트 참상에 대한 보상이자 취약한 난민들이 권리를 행사할 수 있는 수단으로 인권 담론을 활용했던 민족 국가 이스라엘은 실제로는 인권 담론을 보편적으로 적용하지 않고 유대인 이스라엘인들에게만 한정함으로써 인권 담론을 도용했다. 이들은 유럽의 실향민과 난민 유대인의 인권 문제를 해결하기 위해 세워진 이스라엘이 최근 수십 년 동안 권력을 강화하고 살상권을 포함한 지배와 식민지화 정책을 추진하기 위해 인권 담론을 채택했다고 주장한다. 이스라엘은 '타자'를 국가에 대한 위협으로 규정하고, 유대인 이스라엘 시민을 인권 보호가 필요한 취약한 주체로 제시함으로써 인권 담론을 국가에 대한 위협과 연결한다.

Perugini와 Gordon(2015)에 따르면 이 담론에서 팔레스타인인은 존재 자체로 위협이 된다. 이스라엘 국가의 미래를 보장하기 위해 이들은 추방되고 대체되어야 한다. 팔레스타인 주거지 철거와 팔레스타인 건설 금지 정책과 같은 차별적 관행은 팔레스타인인의 존재로 인해 취약해진 유대인 이스라엘인의 인권을 고려할 때 정당화된다. 이러한 식으로 강력한 민족 국가는 식민지와 피식민지의 입장을 뒤바꾸고, 민족 국가를 보호한다는 명분으로 식민지 국가의 권리를 유예하는 새로운 서사를 만들어낸다.

Perugini와 Gordon(2015)은 민족 국가가 이러한 방식으로 지배권을 주장한다고 말한다. 이들은 땅을 잃은 이주민의 권리보다 정착민의 권리를 강조하기 위해 인권의 언어가 어떻게 사용되는지 보여준다. 이 담론에서 팔레스타인계 이스라엘 시민과 웨스트 뱅크와 가자 지구의 팔레스타인 점령지에 거주하는 사람들은 이스라엘 국가에 대한 위협으로 묘사되기 때문에 국가의 이익을 위해 그들의 인권을 제한, 거부, 침해하는 것이 허용된다. 사실상 유럽 식민지 시대와 마찬가지로 한 집단의 권리가 우선되며, 이 담론에서 인권은 전적으로 식민지 개척자의 권리와 동일시되는 것이다.

이러한 '타자화'의 과정은 식민지 주민을 인권 보유자의 범주에서 배제하는 것으로, 비인간화의 과정이다. 물론 이 과정이 이스라엘만의 고유하거나 특이한 것은 아니다. 식민지 시대에 여러 유럽 국가들은 국가의 보호가 필요한 시민의 권리를 가진 사람과 시민권을 보유하지 않아 권리가 없는 식민지 지배하에 있는 사람을 구분하여 지배 정책을 정당화하였다. 유사한 담론인 남아프리카공화국의 인종 차별 정책은 민주적 자격을 주장하면서 백인이 아닌 공동체 구성원이 백인과 동등한 시민권을 가질 수 있다는 점을 부정하였다. 사실상 국민에 대한 인권 보장자로서 국가는 소수자(또는 시민권을 갖지 않은 사람)가 국가의 안보를 위협하거나 약화시킨다는 이유로 소수자에 대한 인권 남용을 정당화하고, 다수자를 보호한다는 명목으로 소수자의 권리를 축소한다. 이스라엘-팔레스타인의 경우, 정착민을 보호한다는 명목으로 팔레스타인 주민들은 자신의 집과 고향을 떠나야만 했다. 이스라엘의 주장은 공리주의적 근거에서는 정당화될 수 있지만, 소수자와 비국적자를 포함한 모든 사람의 인권 보호 확대라는 국가의 책임을 간과한다. "지배할 인권"과 "식민지화할 인권"을 정당화하는 데 인권이 사용되며 (Perugini & Gordon, 2015, p.119), 이는 피식민자들에 대한 강탈과 이주로 이어진다.

위와 같은 사례가 있다고 하여 더 큰 사회 정의에 기여할 수 있는 인권 교육의 잠재력이 훼손되는 것은 아니다. 하지만 이 위기는 교사와 학생이 인권을 사회 정의의 원칙으로 이해하며, 인권이 비대칭적 권력 관계가 나타나는 맥락에서 실행됨을 인식하도록 요구한다. 인권은 여전히 강력하다. 국가 행위자들이 권력을 주장하기 위해 인권을 이용하지만, 풀뿌리 단체들도 정의를 위한 투쟁에서 인권의 힘을 활용한다. 앞 장에서 살펴본 바와 같이 인권의 힘은 이러한 단체에게 국가 경계를 넘어 연대를 호소할 수 있는 도구와 제도를 제공한다. 인권은 일반적으로 국가에 의해 보장되지만, 인권이 가진 권력은 인권의 국제적 정당성과 세계시민주의적 성격에 기인한다. 이 권리 체계는 개인적으로는 무력한 사람들이 서로 연대하여 국제 사회가 모든 사람에게 인정한 것을 주장하게 하고 국가에 책임을 물을 수 있게 한다.

국가 교육 내 인권 교육 다루기

세계시민주의적인 프로젝트이자 투쟁의 현장으로 인식되는 인권 교육은 공립학교 교육에 특별한 도전을 제기한다. 한 가지 도전은 다종교 사회와 세속적 사회가 동시에 존재하는 다문화 사회의 요구에 충족하는 인권 및 사회 정의 교육의 이론과 실천을 개발하는 것이다.

앞서 논의한 바와 같이 전 세계의 교육, 특히 공민 교육이나 시민 교육과 같은 학교 역사 및 교육과정 영역은 국가 중심적인 경향이 짙다(Reid 외, 2009). 1945년 유엔이 설립된 이래 세계 평화 실현과 인권 및 인간 존엄성 강화를 목표로 학교 시스템에 보다 세계시민적인 관점을 도입할 것이 권장되어 왔다. 유네스코는 국가와 지역의 민족적·문화적 갈등을 해결하기 위한 학교 교육과정 개혁을 위해 노력하고 있다. 유엔 헌장은 "우리 유엔 회원국 국민은… 관용을 실천하고 선한 이웃으로서 서로 평화롭게 함께 산다."(U.N., 1945)고 선언하고 있다. 1970년부터 2008년까지 69개국 465개 고등학교 공민 교육 교과서를 대상으로 한 종단 비교 연구에 따르면, 이 기간 동안 전반적으로 보다 큰 세계시민주의를 향한 움직임이 있었다(Bromley, 2009). 이 연구에서 중동과 북아프리카를 제외한 모든 지역에서 보편주의와 다양성을 지향하는 경향이 나타났으며, 아시아를 제외한 모든 지역에서 인권에 대한 논의가 크게 증가하였다.

교육에서 세계시민주의 비전 개념은 완전히 새로운 것은 아니다. John Dewey(1916/2002)는 19세기 후반 유럽의 공교육 시스템을 기반으로 하고 있는 오늘날의 지배적인 국가 모델이 사실 민족주의가 절정인 시기에 개발되었다고 주장한다. 이 시기 이전의 교육 제공자들은 인류 공동의 유산을 강조하는 보다 광범위한 세계시민주의 이상에 초점을 맞추었다. Dewey는 어떻게 "세계시민주의가 (인류보다 국가에 충성을 강조하는) 민족주의로 바뀌었는지"(p.108)를 강조하여 서술한다. 교양 있는 개인이 아닌 국가 시민 교육에 새롭게 초점이 맞춰졌으며, 21세기 초 학교 교육과정의 세계시민주의 경향은 계몽주의 시대로 거슬러 올라가는 세계시민주의 이상을 표현한 것에 불과하다.

Osler와 Starkey(2005, 2010)는 헌법과 헌법적 권리와 같은 국가 체계에만 기반을 둔 전통적인 시민 교육에 도전하며 인권에 기반한 "세계시민주의를 위한 시민 교육"(Osler & Starkey, 2003, p.243)을 주장한다. 인권은 인종·국적·종교 등의 요소에 관계없이 인류의 공통된 인류애를 강조하며, 본질적으로 세계시민주의적인 것으로서 동료 인류와의 연대를 촉진한다. 한 국가 내 국민이 아닌 학생들이 있고, 국민이 되기를 원하지 않는 학생들이 많은 교실에서 주류 국민의 권리와 의무에만 초점을 맞추는 것은 부적절하다. 이는 국가 시민권, 국가 권리, 국가 의무를 거부하는 것이 아니라 국가와 국가 기관을 세계시민주의적인 것으로 재구성하는 것이다(Osler, 2008).

예를 들어, 어떤 학생이 시민권을 가지고 있지만 빈곤층이거나 소수집단 출신이라는 이유로 주변으로부터 시민으로 인정받지 못하는 경우에는 시민으로서의 권리에 접근하기 어려울 수 있다. Ruth Lister(1997)는 시민권 담론에서 "백인, 비장애인, 이성애 남성"을 표준으로 간주하는 잘못된 포용성 또는 보편주의에 대해 경고한다(p.66). 물론 시민권을 온전히 실현된 프로젝트로 제시하고, 시민권의 완전한 실현에 대한 장벽을 인정하지 않는 시민 공화주의 전통에서 창설된 시민권에서도 마찬가지이다. 인권 담론에서도 그리고 Osler와 Starkey(2003, 2005)가 주장한 것처럼 세계시민주의를 위한 시민 교육을 구상할 때도 주의가 필요하다. 이 모델 자체로 해결해야 할 문제가 있기는 하지만, 학습자들이 국가를 세계시민주의적인 것으로 재구성하여 지배적인 국가 시민 교육 모델을 와해하는 것을 목표로 한다.

국가 학교 제도 안에서 인권 교육을 실행하는 데는 많은 어려움이 있다. 우선 학교는 일반적으로 공통의 인류애를 강조하지 않고 국가적인 관점을 강조하는 경향이 있다. 21세기 초 세계화 과정에도 불구하고 국가는 여전히 정치적 현실이자 강력한 개념으로 남아 있다. 학교 시스템은 국가를 만들고 유지하는 데 중추적인 역할을 한다. 그럼에도 불구하고 Kymlicka(2003)가 지적하듯이 특정 국가의 정체성, 언어, 역사, 문화, 문학, 신화, 종교 등을 특권으로 삼는 민족 국가 개념에 '당연한 것'은 없다.

앞에서 논의한 바와 같이 국가는 인권의 수호자이기도 하지만 특정 집단이나 개인의 권리를 거부하거나 제한하여 인권을 가진 사람들 사이에서 권리를 불평등하게 배분하는 기관이 될 수도 있다. 인권은 "*국가로부터의 보호, 국가에 의한 보호, 국가의 보호*"라는 세 가지 방식으로 구성된다 (Perugini & Gordon, 2015, p.28). 즉 인권은 *국가 권력의 과잉으로부터* 국민을 보호하기 위해 존재하고, 인권은 *국가에게* 권리 집행을 요구하는 사람들에 의해 획득된다. 동시에 인권은 국가 권력의 정당화 및 강화 과정을 통해 *국가*를 보호한다.

국가 교육 시스템(중앙에서 운영되거나, 정부에 의해 중재되거나, 지방 정부에 위임되거나)은 또한 국가 권력을 공식화하고 강화하는 역할을 한다. 국가 교육의 일부인 인권 교육은 시민의 권리와 의무를 강조할 가능성이 높으며, 이러한 시스템에서 교사는 해당 국가가 어떻게 권리를 부정할 수 있는지를 논의하거나 학생들에게 국가 권력을 제한하는 메커니즘으로서 인권을 조사하도록 하는 것에 제약을 느낄 수 있다. 이러한 주제는 학생들이 권력 문제를 고려하고 민주적 맥락에서 국가 권력의 선량한 본성에 대해 검토하거나 의문을 제기하도록 유도하기 때문에 정치적인 것으로 간주된다. 그러나 권위주의 국가라 할지라도 교사나 학생에 대해 전적인 권한을 갖는 경우는 거의 없으므로 공립학교 시스템에서 인권 교육의 잠재적 한계를 과장해서는 안 된다. 이는 학교에서의 포괄적인 인권 교육 프로그램에 비정부기구의 기여와 관점을 의도적으로 포함해야 함을 시사한다.

민주주의의 취약성

21세기 초반 20년 동안 종교의 역할과 세속적 정체성 및 종교적 정체성 간 상충되는 요구는 다문화 사회의 미래에 대한 논쟁의 핵심이었다. 평등과 정의 원칙 적용의 좋은 사례를 유럽에서 찾을 수 있다. 학교와 교실 수준에서 나타나는 하나의 과제는 다양한 세계관을 조화시키고 학교의 공적 영역에서 다원주의를 어떻게 다루어야 하는지에 대해 생각해보는 것이다.

2010년 유럽평의회 사무총장 Thorbjørn Jagland는 9개 회원국으로 구성된 'Group of Eminent Persons'에게 유럽에서 다시 불관용과 차별이 발생하면서 야기되는 문제에 대한 보고서 작성을 요청하였다. 이 보고서(Council of Europe, Group of Eminent Persons, 2011)는 위험의 심각성을 평가하고, 원인을 파악하며, 개방적인 유럽 사회에서 '함께 살아가기' 위한 일련의 제안을 제시하였다. 보고서에서는 민주주의 원칙과 양립할 수 없는 인종 차별적이고 이슬람 혐오적인 견해를 나타내는 극우 활동가들에 대해 심각한 우려를 표명했다. 흥미롭게도 보고서는 유럽평의회와 같은 정부 간 기구에서 발행한 것임에도 불구하고 이례적으로 포퓰리즘적 미사여구를 일삼는 고위 주류 정치인들을 비판하면서 전직 프랑스 대통령인 Nicolas Sarkozy, 독일 총리인 Angela Merkel, 영국 총리인 David Cameron을 거론했다(p.10, 각주 1).

이 보고서는 정체성은 자발적이고 개인적인 문제이며, 누구도 다른 정체성을 배제하고 하나의 기본 정체성을 선택하도록 강요받아서는 안 된다고 주장한다. 이것은 개인이 문화, 인종, 젠더, 성적 지향 등과 관련된 자신의 특성이나 정체성에 대한 타인의 인식 때문에 실질적으로는 완전한 시민적인 권리가 거부당할 수 있다는 교육 연구자들의 관점과도 일치한다(Banks, 2004; Murphy-Shigematsu, 2012; Osler & Starkey, 2005). 이 보고서는 유럽 사회가 다양성을 포용하고 콩고계—독일인, 북아프리카계—프랑스인, 쿠르드계—노르웨이인 등 "외국계 유럽인"(Council of Europe, Group of Eminent Persons, 2011, p.34)이 될 수 있다는 것을 받아들여야 한다고 주장한다.[12] 그러나 이는 모든 장기 거주자(사회학적으로 국적 보유자보다 더 넓은 범주)가 시민으로 받아들여지고 신앙, 문화, 민족과 관계없이 모든 사람이 법과 동료 시민들에 의해 동등하게 대우받고 입법에 대한 발언권을 가질 때만 작동할 수 있다.

---

12) 북미에서는 이러한 정체성이 일반적이지만 21세기 초 유럽에서는 그렇지 않았다.

중오 발언, 물리적 폭력과 같은 극단주의의 표현은 공격을 받는 사람들의 심리적·물리적 안전을 약화시켜 민주적인 참여를 제한한다. 표현의 자유는 절대적 권리가 아니다. 유럽 의회 의원총회(PACE, 2000)는 여러 회원국이 "극단주의 정당과 운동이 민주주의 및 인권과 양립할 수 없는 이념을 전파하고 이를 용호하고 있다"(제1항)고 지적하였다. PACE(2000)는 "민주주의에 대한 가장 큰 위협 중 하나"(제3조)로서 특히 불관용, 외국인 혐오, 인종 차별을 조장하는 극우 단체의 위협에 대한 입장을 표명하였다. 의원총회(2003)에 따르면, "극단주의가 민주주의에 가하는 본질적인 위협으로부터 *어떤 회원국도 자유로울 수 없다*"(제1항). 또한 이러한 운동과 정당에 대해 정부가 취할 수 있는 조치로 자금 지원 중단, "국가 헌법 질서에 위협이 되는 경우" 정당 해산(제13항.2d) 등을 명시하고 있다. 이는 스스로를 민주주의 가치의 모범이라고 여기는 국가에서도 민주주의의 취약성을 공식적으로 인정한 것이다.

민주주의와 인권에 대한 국가의 헌법적 약속에 근본적인 위협을 가하는 정당은 해산될 수 있고 해산되어야 한다는 판단은 2013년 그리스를 방문한 유럽평의회 인권위원장인 Muižnieks가 재차 강조한 바 있다. Muižnieks (2013)는 인종 차별 및 기타 증오 범죄 증가에 따른 긴급한 조치의 필요성에 초점을 맞추었다. 그는 신나치 정당인 Golden Dawn의 대표를 포함한 증오 범죄 가해자들의 면책 특권에 이의를 제기해야 한다고 강조하였다. 그는 심각한 위협을 감안했을 때 그리스 당국은 충분한 증거가 있는 정당이나 운동에 대해 합법적으로 조치를 취할 수 있다고 결론지었다.[13] 즉 정치인과 정당은 절대적인 표현의 자유를 가지고 있지 않다. 소수자의

---

13) 그리스 당국은 이후 Golden Dawn 지도자들을 체포하였다.(www.bbc.co.uk/news/world-europe-24391656 참조)

평등권을 부정하고 민주주의와 인권에 대한 국가의 헌법적 약속을 존중하지 않는 신나치 정당이 정권을 집권할 수 있게 해서는 안 된다.

Muižnieks 위원장은 다음과 같이 유럽 인권재판소의 결정을 제시한다.

> 정치인과 정당의 표현의 자유는 높은 수준의 보호를 받아야 하지만, 민주주의 기본 원칙에 위배되는 인종 차별을 옹호하거나 조장해서는 안 된다(Muižnieks, 2013, 제58항).

위원장은 그리스 당국에 *"불관용과 인종주의의 위험성에 대한 인식을 높이고 학교에서의 인권 교육을 강화하는 조치에 우선순위를 두고"* 인종주의와 극단주의에 맞서 싸우고 예방하기 위한 계획을 개발하고 실행할 것을 촉구했다(Muižnieks, 2013, 제41항).

노르웨이와 유럽 전역에서는 2011년 7월 22일 오슬로와 우퇴야에서 발생한 Anders Behring Breivik의 공격이 민주주의에 대한 공격으로 인식된다. 77명이 사망하고 이보다 많은 부상자가 발생하였다. 이러한 잔학 행위 이후 노르웨이 국민의 트라우마에 대해 많은 이야기가 있었다. Breivik과 유럽에서의 무슬림 음모 위협에 대한 다수의 주장으로 노르웨이의 소수민족이 직면한 트라우마(Feteke, 2012)는 그다지 주목받지 못하였다.

노르웨이 인류학자 Thomas Hylland Eriksen(2013)이 지적했듯이, 이번 공격은 "노르웨이 외부에는 거의 알려지지 않았고 내부에서도 잘 이해되지 않았던 노르웨이 사회의 한 단면을 드러낸 것"이다. 이를 계기로 "웹사이트와 소셜 미디어를 통해 느슨하게 연결된 적극적이고 전투적인 반이민, 특히 반무슬림 네트워크의 존재"를 부정할 수 없게 되었다(p.2).

스칸디나비아 국가에서는 언론의 자유에 대한 제한이 다른 서유럽 국가들과 상당히 다르게 규정되어 있으며, 블로그 환경에 대한 규제는 매우 어렵다. 이슬람 혐오 부류는 노르웨이 사회에만 국한되지 않지만 "문화적 다양성, 특히 무슬림 문제에 대한 균열이 깊어지고 있는 상황"에서 더욱 기승을 부리고 있다(Eriksen, 2013, p.9). 이러한 맥락에서 이슬람과 민주주의 가치가 양립할 수 없다고 가정하는 것이 일반화되었다.

이 사건의 범유럽적이고 문제적인 측면에 대해 영국 잡지 <New Statesman> 표지는 다음과 같이 제시한다. "Anders Behring Breivik의 가장 충격적인 점은? 얼마나 많은 사람이 그의 의견에 동의하는가"(2012년 4월 23일). 이 기사에서는 영국의 특정 우파 신문들이 이슬람과 무슬림에 관한 기사에서 얼마나 자주 허위, 왜곡, 심지어 거짓말을 하는지를 제시하였다(Wilby, 2012). <New Statesman> 표지에서는 "이제 주류 이슬람 혐오증을 재판에 회부할 때이다."라고 선언한다. 이는 유럽과 그 밖의 지역에서 주류 이슬람 혐오증을 현대적 형태의 인종 차별로 인식하고 이에 대처해야 할 필요성을 시의적절하게 상기해준다. Feteke(2012)가 제시했듯이 유럽 전역의 신보수주의자 및 문화 보수 평론가와 주류 정당의 특정 정치인들이 유럽을 이슬람화하려는 무슬림의 음모라는 생각을 지지하지는 않지만, 그럼에도 불구하고 음모론자들은 자신들의 입장, 증오 발언 및 행동을 정당화하는 근거로 이를 사용하고 있다.

이러한 문화적 분위기로 인해 영국과 노르웨이를 포함한 국가 기관들은 무슬림 청소년을 대상으로 하는 반(反) 급진화 프로그램을 개발하였다(Coppock, 2014; Osler, in press). 이러한 프로그램은 학교에서 아동의 권리를 부정할 위험이 있으며, 이들과 주류 또래 간의 성취도 격차를 줄이려는 노력을 약화시켜 무슬림 전통을 지닌 학생들의 정체성을 훼손할 수 있다(Arthur, 2015; Osler, in press). 사실상 보다 포용적인 사회를 만들기 위한 학교의 진정한 시도가 위험에 처하게 된다.

당시 노르웨이 총리였던 Jens Stoltenberg가 학살 사건에 대응하여 "더 많은 민주주의, 더 많은 개방성, 더 많은 인류애"가 필요함을 거듭 촉구했다(Orange, 2012에서 인용). 총리는 비극이 발생한 직후 국가 전체에 다음과 같이 호소하였다. 그는 2008년 당시 외무부 장관이었던 Jonas Gahr Støre의 말을 인용하며 "새로운 노르웨이인 우리"에 대해 언급하며, 노르웨이인이 된다는 것이 무엇을 의미하는지에 대한 확장된 개념화가 필요하다고 강조하였다(Osler & Lybæk, 2014). 사회의 반민주적 세력의 증거와 "너무 많은 외국인", "너무 많은 아랍인", "너무 많은 무슬림"(NKR, 2011)[14]에 대한 불만으로 표현되는 인종 차별에 대한 대중의 표현을 고려할 때, 더 많은 민주주의를 요구하는 Stoltenberg의 주장은 노르웨이와 다른 유럽 환경에서 교육자들의 일상적 실천에 많은 시사점을 준다. 오늘날의 다문화 현실을 염두에 두지 않고 학교에서 민주적 실행을 장려하려는 노력을 민주적이라고 주장하지만 이는 소수 집단 학습자의 동등한 권리와 자격을 보장하지 못하는 학습 상황을 만들 위험이 있다(Osler, 2014b).

위의 사례는 유럽뿐만 아니라 보다 광범위하게 적용할 수 있는 몇 가지 일반 원칙을 강조한다. 교육에서 더 많은 민주주의를 요구하려면 눈에 보이는 소수자뿐만 아니라 간과되고 있는 다른 정체성과 역사를 인정하고 다양성을 포용하는 민주적 실천을 확장해야 한다. 사회의 편협함과 인종 차별은 외면한다고 해서 사라지지 않는다. 이것의 중요성을 부정하는 것은 차별적 언어의 대상이 되는 학습자에게 미치는 영향을 잘못 판단하는 것이며, 그들의 행복과 소속감 및 학습을 훼손하는 것이다. 참여의 장벽을

---

14) 2011년에 실시된 여론 조사에 따르면 노르웨이인의 25%가 노르웨이에 무슬림이 너무 많다고 생각했지만, 전체 무슬림의 절반이 거주하는 오슬로에서는 그 수치가 16%로 떨어졌다.(노르웨이 방송국(NKR), 2011 참조)

과소평가한다면, 주류 학생들도 잘못된 교육을 받게 된다. 소수자의 권리와 정체성이 덜 중요하며, 학생들은 민주주의 강화를 위한 노력을 할 필요가 없다는 메시지를 전달할 수 있다. 많은 경우 인권에 대한 관심은 먼 곳에 사는 사람에게만 해당된다. 학습자들은 인권과 민주주의가 모든 사람을 위해 재건되고, 새로워지며, 보장되어야 한다는 점을 인식하지 못할 수도 있다.

진정한 민주적 학습 환경과 학교에서의 민주적 의사 결정은 교육과정, 조직 문제, 학교 구조 및 정책에서 소수 학생의 권리와 이익을 보장하도록 해야 한다. 더욱이 민주주의와 인권을 위한 교육은 주류 집단과 소수 집단에 속한 학생들 모두가 민주주의 원칙을 수호하고 차별이나 배제에 직면한 사람들과 함께 정의를 위해 투쟁할 수 있는 능력과 태도를 개발할 수 있도록 해야 한다. 연대는 인권 교육과 민주주의 교육의 핵심 개념이다. 앞서 주장했듯이 학교, 지역사회, 국가 내에서 타인의 권리를 옹호할 준비가 되어 있지 않다면 먼 곳에 있는 사람들과의 연대는 별 의미가 없다.

이 절에서는 특히 범유럽의 이슬람 혐오 정치 운동과 극단주의 표현, 그리고 그것이 인권 교육과 민주주의 교육에 시사하는 점에 중점을 두고 민주주의의 취약성15)과 반민주 운동의 위험성을 살펴보았다. 다음 절에서는 국제 인권에 대해 많은 정치적 미사여구를 사용하고 공식적으로 강한 약속을 보이는 북유럽 지역을 중심으로 유럽에서의 인권 교육의 이론과 실제에 대해 자세히 알아본다.

---

15) 선거 이후 전체주의 국가로 전환한 국가의 예로는 1930년대의 나치 독일과 21세기 이집트를 들 수 있다. 20세기 동안 아르헨티나, 칠레, 그리스 등 많은 국가에서 군사 쿠데타로 인해 민주주의가 위협을 받았다.

인권 교육과 인권 문화

학자 및 인권 교육 실무자들은 특정 사회·경제·정치적 환경에 따라 다양한 인권 교육 모델이 존재한다는 사실을 관찰했다(Bajaj, 2011; Flowers, 2004; Tarrow, 1993; Tibbitts, 2008; Yeban, 1995). 다양한 실행 모델이 있지만 인권 교육의 이론적 토대는 여전히 미약하다.

북유럽 지역(덴마크, 핀란드, 아이슬란드, 노르웨이, 스웨덴)을 중심으로, 특히 노르웨이에 초점을 맞춰 인권 교육 이론과 실천에 대한 몇 가지 과제를 살펴보고자 한다. 북유럽 지역을 선택한 이유는 이들 국가가 모범적인 인권 국가로 자주 언급되기 때문이다. 정도의 차이는 있지만 이 지역의 국가들은 외교 정책을 결정함에 있어 자신들의 인권 자격에 의존하며, 인권 경제를 거래하여 국제 사안에 관여하며, 규모나 군사력에 비례하지 않는 더 큰 영향력을 행사하고 있다.

북유럽 지역이 유럽의 나머지 지역을 대표하는 것은 아니지만, 다른 서유럽 국가들과 몇 가지 공통된 특징이 있다.[16] 북유럽 지역에서 인권 교육 실천 및 연관 과제에 대한 분석은 유럽 내외의 다른 지역 및 국가, 특히 확립된 민주주의 국가에 반향과 함의를 줄 수 있다. 이 지역은 다양한 지리, 사회, 경제, 정치적 맥락에서 표면적으로 강력한 인권 기록을 가진 국가가 인권 교육을 실행하는 데 따르는 도전에 의문을 제기한다.

분쟁 이후 상황이나 민주적 실천이 뿌리 깊지 않은 지역뿐만 아니라 (Bernath, Holland & Martin, 2002; Reimers & Chung, 2010; Zembylas, 2011; 이 책의 6장 참조) 인권 기록을 자랑스럽게 여기는 국가에서도

---

16) 북유럽 국가들은 유럽평의회 회원국으로서 유럽 인권협약의 기준을 준수하고 유럽 인권재판소의 판결을 준수해야 한다.

인권 교육의 이론과 실천을 발전시키기 위해서는 비판적인 검토와 반성이 필요하다. 일반적으로 시민 교육에서 장려되는 국가적 가치와 이상 사이에 존재하는 긴장과 모호성에 대해 검토하고 동시에 풍요롭고 평화로운 지역에서 인권 교육을 실행하는 데 따르는 도전과 복잡성에 대해 고려하는 것은 인권 교육 이론의 발전에 도움이 된다.

북유럽 지역은 오랫동안 동질한 인구 구성을 지녔으며 토착민인 사미족과 여러 소수 민족(예: 노르웨이의 포레스트 핀족, 크벤족, 유대인, 로마족, 로마니족 등) 및 이주민이 포함되어 있다는 점에서 흥미롭다. 여러 측면에서 이 지역은 20세기 후반부터 다른 서유럽 국가들과 유사한 인구 통계학적 변화를 경험하였다.

노르웨이의 경우 1975년 이전에는 튀르키예, 파키스탄 등 비서구권 출신 이민자 대부분이 노동 이민자였지만, 1975년 정부가 이민을 전면 금지(북유럽 지역 출신은 예외)하면서 거의 30년 동안 유럽연합(EU) 출신이 아닌 이민자는 난민 또는 가족 재결합을 통해서만 입국을 할 수 있었다.[17] 2004년부터 EU가 확대됨에 따라 노르웨이도 다른 서유럽 국가와 마찬가지로 동유럽 및 중부 유럽에서 상당히 많은 이주민이 유입되었다. 1995~2011년 사이에 이민 1세대와 2세대의 수는 거의 3배로 증가하였다. 그 수는 계속 증가하여 2015년 1월 기준 이민자와 이민자 부모 사이에서 태어난 자녀 수는 약 80만 5,000명으로 집계되었다(노르웨이 통계청, 2015).[18] 이는 전체 인구 500만 명 중 상당한 비중을 차지한다(Eriksen,

---

17) 노르웨이는 EU 회원국은 아니지만 노동 이동을 포함한 많은 EU 정책을 시행하고 있으며, 셍겐 조약에 서명하여 셍겐 회원국 간 자유로운 이동을 허용하고 있다.
18) 약 66만 9,000명은 이주민이고 약 13만 5,600명은 이주민 자녀이다. 가장 많은 이민자들은 EU/EEA 출신이며, 폴란드 출신 이민자는 10만 명에 달한다.
   노르웨이 통계청에 따르면 2024년 3월 기준 이민자와 이민자 부모 사이에서 태어난

2013).

북유럽 국가들은 정치적 실체를 구성하지는 않지만 문화, 사회 구조 및 역사와 관련하여 여러 가지 공통점이 있다. 실제로 이 지역은 언어적으로 다양하지만 덴마크어, 노르웨이어, 스웨덴어의 공통 언어 유산은 북유럽 정체성의 핵심적인 특징 중 하나이다. 중요한 점은 5개국이 정부 간 기구인 노르덴 북유럽 각료회의(Nordic Council of Ministers)를 통해 정치적으로 협력하고 있으며, 여기에는 교육 및 연구 분야에서의 협력도 포함된다. 이 지역(스칸디나비아 언어로 Norden이라고도 함)의 아동 및 청소년 분야 협력의 목적은 정의, 평등, 민주주의, 개방성, 헌신과 같이 공유하고 있는 기본 가치를 토대로 보다 나은 생활 환경을 조성하고 아동 및 청소년의 영향력을 향상시키는 것이다. 북유럽 의회에서 다양성과 아동 인권은 명백한 기본 원칙이다.

> 좋은 생활 조건과 영향력을 누릴 권리는 성별, 민족, 문화 또는 사회·경제적 배경, 나이, 거주지, 성적 지향, 장애와 관계없이 모든 아동과 청소년에게 평등하게 증진되어야 한다. *이 작업은 권리 기반 관점을 토대로 하며* 이는 아동과 청소년의 인권이 보호되고 증진되어야 함을 의미한다. 18세 미만의 아동 및 청소년을 대상으로 하는 활동은 유엔 아동권리협약에 근거해야 한다 (북유럽 각료회의, 2010, p.7).

노르웨이에는 중요성을 강조하는 강력한 북유럽 정체성과 함께 공식 담론에서 인권을 부각시키는 일련의 국가 정체성이 있다. 국가의 언어, 역사, 신화, 상징, 문학, 심지어는 국가의 언론, 군대, 그리고 때로는 국가의 종교와 같이 민족 국가를 지지하는 공공 정책은 학교 교육을 통해 유지되고

자녀 수는 약 93만 1,000명으로 집계되었다.(역자 주)

강화된다. 이와 같은 국가 건설 과정은 상대적으로 인구가 적어서 결과적으로 문화의 동질성과 특수성에 대한 국가적 신화를 고취하고 유지하기가 보다 쉬운 북유럽 국가에서 특히 효과적이다. 예를 들어, 무엇이 노르웨이인 국민성을 구성하는지에 대한 토론에서 Vassenden(2010)은 1814년 Dano-Norwegian 연합이 해체된 이후 19세기 동안 "작고 연약한 국가"라는 국가적 자화상과 농민 문화의 측면이 재해석되어 도시 환경에 배치되는 과정을 강조한다(p.738). 그는 제2차 세계대전 중 독일의 점령으로 인해 노르웨이의 국가적 응집력과 문화적 특수성에 대한 서술이 어떻게 강화되었는지에 주목한다.

다양한 지역의 교육자들은 인권 교육을 지지하거나 약화시킬 수 있는 특정한 사회적 역학 관계에 직면해 있다. 북유럽 지역에서는 북유럽협의회 성명서(Nordic Council of Ministers, 2010)에 제시된 바와 같이 인권 교육은 정치적이고 미사여구로서만 인권 원칙에 헌신하는 사회 내에서 이루어진다. 직관적으로 생각할 때는 이러한 사회가 인권 교육과 학습에 이상적인 환경을 제공할 것으로 기대할 수 있다. 그러나 일부 북유럽 국가에서는 효과적인 인권 교육이 저해되는 특정 현상에 직면하였다.

상대적으로 동질적인 국가 문화의 중요한 특징으로 민주주의와 인권이 자랑스럽게 제시되는 경향이 있다. 국가적 가치와 인권의 가치는 하나이며 동일한 것으로 선언된다. 민주주의와 인권에 대한 헌신은 노르웨이인, 덴마크인, 핀란드인 등을 만드는 요소의 일부이다. 이는 인권의 타자화 과정으로 이어질 수 있다. 노르웨이 태생의 노르웨이인, 덴마크 태생의 덴마크인, 핀란드 태생의 핀란드인으로서 '우리'는 인권이 우리 문화의 일부이기 때문에 공식적인 인권 학습이 필요하지 않지만, '타자'(이주자, 난민, 기타 외부인)는 '우리'의 인권 문화로 유입되어야 한다.

덴마크 인권연구소(DIHR)에 따르면 덴마크 초·중등학교에 관한 법률 전문은 다음과 같다.

학교는 학생들이 자유와 민주주의에 기반한 사회에서 적극적으로 참여하고, 공동 책임을 지며, 권리와 의무를 갖도록 준비시켜야 한다. 따라서 학교 교육과 일상생활은 지적 자유, 평등, 민주주의를 바탕으로 이루어져야 한다(2013년 Decara 인용).

덴마크 인권연구소는 인권 존중이 모든 민주 사회의 핵심이지만 사실상 덴마크 학교에서는 인권 교육의 지위가 약하다고 결론 내렸다. 2012년 덴마크 교사 연합과 덴마크 인권연구소의 의뢰로 실시된 덴마크 교사 연구에 따르면 "덴마크에서는 인권이 너무나 보편적이어서 내가 가르칠 때 특별히 주의를 기울일 필요가 없는 주제이다"라는 진술에 응답자 4분의 3이 동의하지 않는 것으로 나타났다. 연구에 참여한 교사들은 인권 교육의 필요성을 인식하고 있었다. 그러나 이들은 인권에 대한 자신의 교육이 '간접적'이거나 '암묵적'이며, '인권' 또는 '권리'를 언급하지 않고 자연스럽게 또는 다른 주제의 한 측면으로만 다루고 있다고 응답했다(Decara, 2013, p.44). 덴마크 교육법은 민주 사회의 기초로서 교육에서의 민주적 참여, 권리 및 의무의 중요성을 확인하고 있지만 이것이 인권 교육에서의 실질적인 지침으로 이어지지는 않는다. 덴마크 인권연구소는 건강한 민주주의를 보장하는 데 필요한 것은 교사에 대한 전문적인 지원을 포함한 인권 교육을 위한 국가 행동 계획이라고 권고한다.

노르웨이에서의 상황도 이와 비슷하다. 여성 참정권 100주년을 기념하여 노르웨이 정부(2013)는 다음과 같이 밝혔다.

노르웨이는 남성과 여성 모두에게 보통 선거권을 도입한 세계 최초의 독립 국가이다. 뉴질랜드(1893년), 호주(1902년), 핀란드(1906년) 등이 이보다 앞서 보통 선거권을 도입한 것은 사실이나 이들 국가는 독립국이 아니었으며 여성은 공직에 선출될 수 없었다.

이러한 맥락에서 가정에서 인권에 대해 배우는 것은 무의미해 보일 수 있다. 여기에는 다른 국가들보다 훨씬 앞서 있는 모범적인 민주주의 국가라는 메시지가 전달된다. 인정을 받기 위해 노력했던 여성의 어려움에 대한 개념은 언급되지 않는다. 국가가 보통 선거권을 '도입'했고 여성들이 이 선물을 받았다는 것이 공적인 관점으로 나타난다. 인권 프로젝트는 실현된 것으로 보일 수 있다.

노르웨이의 보통 선거에 대한 이러한 낙관적인 설명에서 노르웨이, 스웨덴, 핀란드, 러시아 지역에 전통적으로 거주해온 사미족 원주민이 인간성을 인정받기 위해 벌인 투쟁은 간과되고 있다. 1970년대까지 이어진 노르웨이화 과정 동안 사미어와 문화를 차별하고, 부정하고, 평가 절하하였기 때문에 교육 정책 분야에서 격렬한 투쟁이 있었다(Eriksen, 2013; Lile, 2011). 교사와 학교가 사미 문화와 언어를 부정하고 평가 절하하는 데 공모하면서 노르웨이 사회에서 동질성이 구축되었다. 1989년 이후 사미족을 인정하기 위한 투쟁을 바탕으로 노르웨이에 사미족 의회가 설립되었고[19] 언어 및 문화적 권리를 보장하게 되었다.

오늘날 노르웨이 핵심 및 교과 교육과정은 사미어와 사미 문화를 보존해야 할 책임을 명시하고 있다. "사미 문화에 대한 우리의 공통된 지식뿐만

---

19) 사미 의회는 정치적 영향력을 행사하는 중요한 통로이며, 1987년 노르웨이 사미법에 따라 의회의 업무 범위는 "의회가 판단하기에 사미족에게 특히 영향을 미치는 모든 문제"(Josefsen, 2010, p.9)이다. 사미어는 노르웨이의 공식 언어이다.

아니라 사미족 정체성을 강화하기 위해 사미족 학생들이 재학 중인 학교에서 이 유산이 성장할 수 있도록 자양분을 공급해야 한다(노르웨이 교육훈련청, 2006)." 그럼에도 불구하고, 청소년들의 사미 역사 지식에 대한 연구 결과에 따르면, 교육과정은 교육 목적을 명시한 유엔 아동권리협약 제29조 학습자의 권리를 충족시키지 못하고 있는 것으로 나타났다. 특히 Lile(2011)는 노르웨이 학교가 다양성에 대해 가르치는 데 있어 사미족 아동과 모든 아동에 대한 국가의 의무를 다하지 못하고 있다고 주장한다. 교육과정에서 한 가지 주목할 점은 노르웨이 국가와 국민이 사미족에 대한 부정과 차별 과정에서 공모했을 수 있는 방식에 대한 관심과 검토이다 (Osler & Lybæk, 2014). 이 교육과정은 사미족의 역사와 이것이 국가 전체의 역사와 상호 작용하는 방식을 전달하는 책임을 더 넓은 국가 공동체가 아닌 사미족 공동체 내에 두고 있다.

2014년에 창립 200주년을 맞이한 노르웨이 헌법의 창립과 기념에 대한 주류의 논의 역시 소수자와 원주민의 권리를 통합하기 위한 후속 투쟁이나 개정에 대해서는 침묵하고 있다. 노르웨이 헌법에는 유대인과 예수회의 입국을 전면 금지하는 조항이 포함되어 있었는데, 노르웨이 시인 Henrik Wergeland를 비롯한 여러 사람들이 주도한 캠페인의 결과로 1851년이 되어서야 이 조항이 폐지되었다. 이때부터 유대인은 기독교인과 동일한 종교적 자유를 누리게 되었다. 공식 기념 홈페이지인 'Eidsvoll 1814'(n.d.) 에 소개된 오늘날 노르웨이 민주주의 이야기는 의회의 관점에서 제시된 제도적인 것으로, 낮은 투표율과 정치 단체에 대한 낮은 지원에 대한 문제만 강조하고 있다. 사실 노르웨이는 1972년에 비준한 시민적 및 정치적 권리에 관한 국제 규약(U.N., 1966a) 제27조에 따라 소수자를 위한 특별 문화 보호를 위한 국제적 의무를 이행하라는 사미족의 요구에 1980년대 후반이 되어서야 응답하였다. 이에 따라 정부는 1987년에 사미법을 제정하고 이듬해 헌법을 개정하였다(Smith, 1995).

나는 노르웨이만이 국가의 역사를 낙관적이거나 편파적으로 제시한다거나 원주민을 대하는 것이 특이하다고 말하는 것이 아니다. 비극적이게도 전 세계 원주민들은 그들의 권리에 대한 심각한 남용과 인간성에 대한 부정을 경험해왔다. Barton과 Levstik(2013)은 개인적 성취와 동기, 그리고 "자유와 진보"에 대한 역사적 서술에 대해 논의하며, 이것이 "미국의 역사적 표현을 지배한다"고 강조한다(p.xi). 이러한 지배적인 내러티브는 학교에서 미국 시민권 운동을 가르치는 방식에 직접적인 영향을 준다. 그 결과 시민권 운동은 낙관적인 방식으로 교육되며, 성공적이며 완전한 프로젝트로 제시되는 경향이 있다. 확실히 이것은 1963년 워싱턴 행진과 Martin Luther King Jr. 목사의 "나에게는 꿈이 있습니다" 연설을 기념하기 위해 2013년 전 세계적으로 홍보되고 반복된 메시지였다(BBC, 2013). 이렇게 역사를 가르칠 때에는 오늘날 미국에서 지속되고 있는 심각한 경제적·사회적 분열이나 형사 사법 제도가 흑인 청년에게 더 가혹한 구금 형벌을 가하고, 그들이 중범죄자로 분류되면 투표권을 평생 금지함으로써 민권 시대에 투쟁했던 권리를 박탈하는 법과 관행으로 인해 아프리카계 미국인이 정치 참여에서 불균형적으로 배제되는 방식에 대한 논의는 없다(Alexander, 2012).

노르웨이를 살펴보면, 모든 사람들이 이상적인 노르웨이 민주주의의 공식적 서술을 수용하는 것은 아니다. 민주주의에 결점이 없다고 공식적으로 서술하는 것(Eriksen, 2012; Gullestad, 2002)에 반대하고 비평적이고 성찰적인 역사를 쓰는 비판적인 목소리(Schwaller & Døving, 2010)도 물론 있다. 핵심은 학교(미국, 노르웨이 또는 기타 모든 곳)에서 가르치는 지배적인 이야기가 '우리 국가'에 대한 무비판적이고 정제된 버전을 제시할 때 국가 내에서 이루어지는 인권 교육에 문제가 발생한다는 것이다.

학교에서 정제된 역사를 가르치면 과거의 투쟁에 대한 이야기는 대중의 기억에서 지워질 수 있다. 대안적인 이야기를 전하는 것은 소수자 공동체의 몫이 된다. 국내는 물론 국제적으로도 투쟁의 현장으로서 인권 교육의 가능성은 사라진다. 인권 교육은 학생들이 다른 나라에서 일어나는 권리 침해 및 권리를 위한 투쟁에 대해 배울 때 연대를 권장할 수도 있다. 이것은 우리가 누리는 권리가 없는 먼 곳의 불우한 사람들의 이야기가 되며, 식민지 시대의 선교사 이야기와 유사하다. 기껏해야 이러한 유형의 인권 교육은 정의를 위한 다른 사람들의 투쟁에 대한 헌신을 격려하는 것이다. 최악의 경우 Vesterdal(2016)이 제시한 것처럼 학습자가 자신이 속한 사회의 인권 기록을 비판적으로 성찰하지 못하고 도덕적 우월감을 가질 수 있다. 핵심 질문은 여전히 남아 있다. 한 개인이 자신의 이웃, 자신의 공동체 또는 국가 내 타인이 부당한 경험을 하고 권리를 누리지 못하는 것에 대해 외면한다면 먼 곳에 있는 낯선 사람에 대해 관심을 표현하는 것이 무슨 가치가 있을까?

실상 인권 교육은 학교에서 사회 정의를 증진하기 위해서가 아니라 순응과 복종을 장려하기 위해 사용될 수 있다. 19세기 기독교 선교를 21세기 인권으로 대체하여 학교의 현대 문명화를 위한 사명의 일부로 사용될 수 있다. 19세기 인도의 식민지 교육은 열등한 민족인 인도인들이 "문명화를 통해 유사해지고 평등해져야 한다."라는 가정에 기초하여 이루어졌다 (Mann, 2004, p.5). 식민지에서의 임무는 유럽의 가난한 노동 계급 아동들과 원주민 아동들에게까지 확대되었고, 맨체스터와 같은 산업 도시의 노동 계급 아동들을 위한 학교 교육, 농장 노동자 아동들에 대한 교육 또는 원주민 아동들에 대한 교육의 근본적인 목적은 그들을 평정하고 문명화하는 것이었다. 또한 그들을 관리하거나 지배하기 어렵게 만들거나 혹은 그들의 조상의 땅을 경작하거나 착취하고 싶어 하는 지배 집단의 권리를 방해하는 문화적 선호와 특성들(예: 유목 생활 방식)을 제거하는 것이었다. 이러한 학교 교육은 힘 있고 특권을 가진 사람들과 완전하고 평등한 기회를 확대하기 위해 고안된 것이 아니라, 피지배자의 위치에 있는 사람들을 효율적인 노동자나 노예로 만들기 위한 것이었다.

권력 관계를 무시하는 특정 형태의 인권 교육은 더 큰 정의를 실현하지 못하고 21세기 문명화 임무의 일부가 될 위험이 있다. 이는 다양한 수단을 통해 달성될 수 있다. 여기에는 국가의 이름으로 또는 '국가적 가치'라는 이름으로 강자의 가치를 강화하는 것, 주류와 다른 가치관을 가진 학생 집단을 징계하는 것, 학생 행동을 관리하고 규정을 준수하기 위한 방법으로 인권을 사용하는 것, 법이나 학교 규칙에 대한 맹목적인 복종을 주장하는 것, 아동(특히 노동계급, 원주민, 이주자 또는 식민지 출신)이 주류 집단과 구별되는 자기 자신, 문화, 언어적 측면을 부정하도록 권장하는 것 등이 포함될 수 있다.

또 다른 질문은 인권 교육과 정의를 위한 지속적인 투쟁 사이의 관계에 관한 것이다. 인권 교육이 효과적으로 사회 변화와 연결되려면 교사와 학습자가 불평등과 부정의를 지속시키는 개인과 공동체의 공모(학교, 이웃 또는 도시, 국가와 국제적 수준에서)에 대해 의문을 제기하는 것이 중요하다. 이 경우, 공모는 종종 아무것도 하지 않는 것을 의미할 수 있다. 말하지 않고 행동하지 않는 것은 현재의 불평등과 부정의를 강화하는 것이다.

인권 교육을 위한 법률 및 정책 체계

한 국가가 교육 분야에서 인권에 대한 국제적 약속을 이행하려면 정통한 법적 체계가 필수적이지만 그것만으로는 충분하지 않다. 덴마크 인권연구소는 교육법에서 '인권'이 명시적으로 다루어질 수 있도록 초·중등교육법 개정을 요구하였다. 덴마크 인권연구소에 따르면 핀란드 초·중등 기본 교육 국가 목표에 관한 법령 목적에 인권이 명시되어 있는 것과 마찬가지로 스웨덴과 노르웨이의 국가 교육법 전문에 '인권'이 명시되어 있다(Decara, 2013).

덴마크 인권연구소가 의뢰한 연구에 따르면 교사와 교사 교육자 모두 다양한 연령대의 학생들에게 인권 교육을 적용하기 위한 이론적 기반에 대한 이해가 부족하다고 생각하는 것으로 나타났다(Decara, 2013). 초·중등교육과 직업 훈련에 적용되는 노르웨이 교육법에서 인권 가치는 교육과정을 뒷받침하며, 민주주의는 과정(예를 들어 부모와 학교 간의 관계, 의사 결정에서 아동의 역할)이자 교육적 *성과*이다(Education Act, 1998). 교육법은 다음과 같이 명시하고 있다.

> 교육과 훈련은 인간의 존엄성과 본성에 대한 존중, 지적인 자유, 자비, 용서, 평등, 연대 등 기독교 및 인본주의 유산과 전통의 기본 가치에 기초해야 하며, 이는 다양한 종교와 신념에도 제시되며 *인권에 뿌리를 둔 가치이다* (1998년 Education Act, 2008년 개정, 1-1항).

인권은 교육과정의 근간이 되지만 기독교 및 인본주의라는 특정 전통에 얽매여 있다. "기독교 및 인본주의적 가치"라는 공식이 이 법에서 반복적으로 사용되며, 교육과정 목표가 타 종교와 신념을 인정하더라도 기독교 또는 서구의 인본주의 전통과 자신을 동일시하지 않는 학습자는 "우리" 인권에서 배제되었다고 느낄 수 있다(Osler & Lybæk, 2014). 또 다른 어려움은 교육의 법적 및 정책적 체계에서 인권과 민주주의 사이에 적절한 개념적 구분이 없다는 것이다.

사실 노르웨이 교육법에서 교육과정 목표를 이렇게 표현한 것은 일종의 타협안이다. 2008년 개정된 교육과정 목표(또는 '목적 조항'으로 알려진)는 세속적인 학부모 단체의 법적 문제 제기에 따라 기독교와 다른 종교 및 철학 간의 질적 평등에 대한 우려에 대응하기 위한 것이었다. 2004년 유엔 인권위원회에서는(Leirvåg 외 vs 노르웨이) 노르웨이의 의무 종교 및 윤리 교육과정 교육이 중립적이고 객관적인 방식으로 이루어지지 않는다고 판결하였다(UNHRC, 2004).[20] 2007년 유럽 인권재판소(Folgerø 외 vs 노르웨이)도 이 교육과정이 유럽 인권협약 제2조 의정서 2에 위배된다고 판결하였다.[21] 노르웨이의 인권 교육은 문화나 전통(기독교, 인본주의 또는 기타)에 대한 호소나 국가의 국제적 약속에 대한 언급만으로 정당화되어서는 안 된다. 덴마크처럼 교사 및 교사 교육자들이 인권 교육을 다양한 단계에 있는 학생들에게 적용할 수 있는 교육 및 지원과 함께 이론적 근거가 필요하다.

노르웨이에서는 인권 교육이나 민주 시민 교육으로 명명된 공통 핵심 과목이 없다. 인권은 중등 교육과정 요소 중 하나이지만, 다루어야 할 여러 주제 중 하나이기도 하다. 고등학생은 인권 교과목을 선택할 수 있으며, 신청한 학생 수가 충분할 경우 인권 과목이 개설된다. 노르웨이의

---

20) 자세한 논의는 Osler 및 Lybæk(2014)를 참조 유엔 인권이사회 전체 판결문은 아래 참조 www.unhchr.ch/tbs/doc.nsf/0/6187ce3dc0091758c1256f7000526973?Open-document
21) 유럽 인권협약 제2 의정서 제3조는 교육받을 권리와 그것이 부모의 종교적, 철학적 신념에 부합하도록 보장할 국가의 의무와 관련이 있다.

더 복잡한 문제는 2014년 이전에는 학생들이 민주적 가치를 측정하는 국제 시험에서 높은 점수를 받았기 때문에 정책 입안자와 정치 결정권자들이 학교 교육과정에서[22) 인권 교육을 강화할 필요성을 강조하지 않았다는 점이다(Mikkelsen, Fjeldstad, & Lauglo, 2011). 실제로 학생들은 원칙적으로 평등권과 관련된 추상적인 항목에서는 높은 점수를 받았지만, 소수자의 권리를 고려하는 것에는 회의적인 태도를 보였다(Osler & Lybæk, 2014). Aarhus 대학교의 2012년 연구를 보고한 Decara(2013)는 덴마크에서도 이와 유사한 반응 패턴이 있다는 것에 주목하였다. 중학교 학생들은 원칙적으로는 평등권에 대해 대체로 긍정적이지만, 특히 남학생들은 소수자의 평등권과 성 평등에 관한 질문에 더 큰 회의감을 나타냈다. 2014년 개정된 노르웨이 헌법 조항은 인권을 기반으로 한 교육을 헌법적 권리로 규정하였다.

그럼에도 불구하고 인권과 민주적 가치를 일상적인 교육과 전문 과목에 적용하는 것은 학교장과 교사의 재량에 맡겨져 있다. 민주주의와 인권에 대한 학생들의 학습은 학교장의 관심과 개별 교사의 강점과 흥미에 따라 달라질 가능성이 높다. 이 경우 학생들이 자신의 권리를 주장할 수 있는 위치에 있는지 판단하기 어렵다. 학생들은 민주주의에 대해 배울 수는 있지만, 그 지식을 적용할 수 있는 기회가 반드시 보장되는 것은 아니다. 그 결과 학생들은 평등과 같은 추상적인 개념을 믿을 수는 있지만 종교의 자유와 같은 권리를 자신과 다른 사람들에게 동등하게 주장하지는 않을 수도 있다. 예를 들어, 전국적인 연구(표본 규모 3,300명)에서 9학년 학생의 56% 이상이 노르웨이 도시 내 모스크 건축 금지에 대한 인종 차별적 측면을 인식하지 못했다(Mikkelsen 외, 2011, p.15).

---

22) 2014년부터 학교와 교사 교육에서 인권을 강조하는 교육과정이 시작되었다.

학계 안팎에서 스칸디나비아에서 *인종*과 *인종 차별*이라는 용어를 사용하는 것은 중요하고도 연관된 문제이다. 노르웨이의 교육 연구 분야에서는 몇 가지 주목할 만한 예외를 제외하고는(Brossard Børhaug, 2012; Svendsen, 2013) 두 용어에 대해 일반적으로 침묵하고 있다. Bangstad(2015)가 노르웨이에서 인종 차별에 대한 사회과학 학문의 전통이 다소 약할 뿐만 아니라 인종과 인종 차별에 대한 언급을 피하면서 "그 의미를 제한하려는 수많은 노르웨이 학자와 대중 지식인의 의식적인 노력"이 있었다고 주장한다(p.49). 나는 두 차례 학계 안팎의 전문적인 상황에서 "인종"이라는 용어 사용을 자제하라는 충고를 받은 적이 있다. 이것은 "노르웨이어로 인종(rase)은 좋은 용어가 아니기 때문"이라는 것과, "강의에서 그 용어를 사용하면 사람들이 듣지 않을 것"이라는 이유 때문이었다. 스웨덴에서 열린 교육과 세계시민주의에 관한 회의에서 스웨덴 동료에게 이 문제를 제기하였으나 그는 이것이 스웨덴에서도 예의 바른 대화 주제가 아니라고 조언하며 더 이상의 논의를 사실상 종결하였다.

북유럽에서 인종에 대한 침묵은 사회학, 법학, 여성학 등 다양한 학문 분야(예: Alexander, 2012; Crenshaw, 1989; Hill Collins, 1990; hooks, 1981)에서 인종과 교육에서의 유사점을 발견하는 북미의 인종 및 인종 차별에 대한 의미 있는 연구와 대조적이다(예: Au, 2009; DiAngelo & Sensoy, 2010; Grant & Sleeter, 1986, 1988; Ladson-Billings, 1995 참조). 유럽에서는 인종 관련 연구(예: Hall, 2002; Parekh, 2000)와 교육 연구(예: Bhopal, 2004; Bryan, 2009; Gillborn & Mirza, 2000; Osler, 1997 참조) 사이에 유사한 관계가 존재한다. 그러나 영국의 경우 1980년대 중반 이후 다문화 교육에 대한 정책이 약화되고(Figueroa, 2004; Tomlinson, 2009), 이로 인해 교육에서 인종 및 인종 차별에 대한 관심이 줄어들고 교육에서

인종 관련 연구에 대한 재정적 지원도 줄어들었다.

노르웨이의 교육 연구 및 교사 교육에서 이와 같은 침묵을 이해하기 위해서는 이러한 용어와 개념의 역사적 발전과 현대 대중의 사용을 살펴보는 것이 중요하다. 노르웨이는 90년 넘게 스웨덴과의 연합에서 하위 파트너였으나 1905년에 독립 국가가 되었다. 그전까지 노르웨이는 400년 동안 덴마크 왕국의 통치하에 있었다. 덴마크와의 관계는 일반적으로 식민지 관계로 인식되지만, 스웨덴과의 연합은 그렇지 않다. 이 기간 동안 노르웨이는 독자적인 헌법과 의회를 가졌다. 1905년 독립한 이 새로운 민족 국가는 1940~1945년 제2차 세계대전 나치 독일이 점령하기 전까지 단 35년 동안 자유를 누렸다.

덴마크, 핀란드, 노르웨이, 스웨덴 북유럽 4개국은 모두 1930년대에 우생학 및 불임 관련 법률을 도입하였다. 놀랍게도 이러한 법 중 일부는 1970년대 중반까지 지속되었다. 1934년부터 노르웨이에서 이 법이 시행되면서, 복지 국가와 불임 수술을 연결한 사회공학의 무시무시한 노력으로 약 1,000명의 노르웨이 여성이 불임 수술을 받은 것으로 추정된다(Turda, 2007).

Eriksen(2013)은 점령 기간 동안 노르웨이의 저항은 "주로 민족주의적 성격을 띠었으며, 유대인과 기타 소수 민족에 대한 대량 학살 문제에는 명백하게 관여하지 않았다"고 지적한다. 독일과 달리, "전쟁 이전에 노르웨이 민족주의의 일부를 형성했던 민족적 저류는 전쟁 이후에도 비판적으로 다루어지지 않았고… 번성하도록 허용되었다(p.4)."

인종 차별 문제에 대한 오늘날의 침묵은 최근 역사와 관련된 침묵과 유사하다. 이 침묵이 깨질 경우 인권에 초점을 맞추고 평화를 사랑하는 노르웨이 국가의 서사를 방해한다. 인종의 사회적 구성, 특히 인종 차별이 작용하는 구체적인 사회적·역사적 맥락을 인식한다면 인종 차별이 사회적 관계에 미치는 영향을 분석하는 방법을 찾아야 한다. 만약 인종 차별이라는 단어가 혐오 발언이나 신체적 폭력과 같은 표현에만 한정되어 있고, 제도적 또는 구조적 인종 차별과 인종화 과정이 숨겨져 있다면 인종 차별 자체는 문제시되지 않는다.

Gullestad(2004)는 노르웨이에서 "인류학자들은 인종화(타고난 것으로 추정되는 특성에 기초하여 사람을 분류하는 것)와 인종 차별에 대해 보다 명확한 논의를 통하여 잠재적으로 많은 것을 얻을 수 있다."고 주장한다 (p.117). 교육 연구, 정책, 실천 분야에 대한 이러한 의견을 반영할 필요가 있다. 만약 우리가 불평등과 불평등의 측면을 논의하고 분석할 수 있는 언어가 부족하다면, 우리의 이해와 불평등을 극복하기 위한 효과적인 전략을 개발하는 것은 어려울 것이다. 노르웨이를 비롯하여 다른 유럽에서 인종 및 인종 차별을 둘러싼 침묵과 교사 전문 훈련의 일환으로서 인종 차별 과정을 연구하지 않는 것은 인권 교육 프로젝트의 주요 과제로 남아 있다. 이 과업을 수행하는 과정은 교사와 학습자가 불평등과 부정의에 대한 개인과 공동체가 공모할 수 있는 공간을 만들어 변화를 위한 행동을 가능하게 한다.

앞서 살펴본 바와 같이, 민주적 관행이 뿌리 깊게 자리 잡은 상황이라 할지라도 한쪽에서는 국가적 가치와 이상 사이의 긴장으로, 다른 쪽에서는 소수 집단을 포함하거나 배제하는 교육과정 구성 방식은 효과적인 인권 교육을 약화시킬 수 있다. 특히 역사 교육과정과 역사 교육을 통해 국가가 형성되는 방식(Osler, 2009, 2016)은 인권 교육의 실행에 부정적인 영향을 미칠 수 있다.

6장에서는 분쟁 후 사회의 대조적인 맥락에서 정의와 인권에 대한 교육을 살펴보고, 이라크 쿠르디스탄 지역에서 교사의 전문적 역할과 더 큰 사회 정의를 가능하게 하는 교육의 잠재력에 초점을 맞춘 연구를 살펴본다. 또한 민주주의가 정착된 국가의 인권 교육자들이 분쟁 후 사회에서 얻을 수 있는 교훈에 대해 살펴본다.

06

인권, 평화, 그리고 갈등

나는 1990년대 초부터 분쟁이 끊이지 않는 여러 지역과 여전히 일상 현실에 영향을 미치고 있는 과거의 갈등과 폭력을 해결하기 위해 노력하고 있는 여러 장소를 방문하였다. 이런 상황에서 연구, 교육, 다른 프로젝트 등에 참여하면서 정책 입안자, 정부 장관, 대학 교수, 교사, 교육 행정가, 지역사회 활동가, 학생, 사업가, 국제 구호 활동가들과 많은 대화를 나누었다. 비교적 평화로운 사회의 정책 입안자, 연구자, 교육자들이 경험을 통해 배우고 교육을 통한 인권 강화에 대한 통찰력을 얻을 수 있다는 사실에 거듭 놀라웠다.

세계인권선언의 유토피아적 비전인 "인류 가족의 모든 구성원의 고유한 존엄성과 평등하고 양도할 수 없는 권리… 세계의 자유, 정의, 평화의 기초"(U.N., 1948, 전문)는 사람들의 일상적인 현실뿐만 아니라 먼 곳에서 전하는 미디어 이미지와도 동떨어진 경우가 많다. 인권 프로젝트는 세계시민주의적이며 국가 간 인간 연대를 표현하지만, 일부 지역의 상황을 연구하는 것은 가혹하게 느껴질 수 있으며 학습자의 권한을 잠재적으로 박탈할 수 있다.

1장에서 논의한 바와 같이, 교사가 먼 곳에서 일어나는 인권 침해에만 초점을 맞출 경우 가까운 곳에서 발생하는 다른 인권 문제가 가려질 가능성이 높으며, 이는 상호 의존적인 세계를 살아가는 데 불충분한 준비가 될 수 있다. 최악의 경우, 이것은 비인간적인 방식으로 묘사되는 '타자'의 권리에 대한 우월감과 무관심을 조장할 수도 있다. 무관심은 계속되는 적대감, 전쟁, 폭력을 간접적으로 지지할 수 있다. 이 장에서는 분쟁이 끊이지 않는 쿠르디스탄−이라크 지역 교육자들의 목소리를 통해 정의, 평화, 민주주의, 인권을 위한 그들의 투쟁에 대한 보다 복잡하고 미묘한 상황을 강조하고자 한다. 복잡성을 인식하고 공동의 과제를 탐구함으로써 연대감을 조성할 수 있다.

2010년 12월, 전 세계는 아랍 전역에서 시위와 민중 봉기의 물결이 시작되는 것을 목격하였다. 이러한 봉기의 공통된 특징은 시민 저항이었다. "*al-shab yurid isqat al nizam*(사람들은 정권을 무너뜨리기를 원한다)"은 이 지역의 핵심 구호였다. 민주주의를 향한 대중의 요구에도 불구하고 이 지역은 여전히 분쟁이 끊이지 않고 있다. 이 글을 쓰는 시점에 시리아 전쟁은 국경을 넘어 해당 지역과 더 멀리까지 상당한 영향을 미치면서 계속 격렬해지고 있다. 상당수의 난민과 실향민은 인접 국가와 그 너머로 망명을 신청하고 있다. 이 글은 분쟁의 복잡한 원인을 분석하는 것이 아니라 쿠르디스탄−이라크 인근 지역 교육자들의 경험을 통해 미래 세대가 정의와 평화를 위한 최근의 지속적인 투쟁으로부터 교훈을 얻을 수 있기를 기대하면서, 민주적 실행을 구축하고 유지하는 데 필요한 교육 유형을 고려하는 데 초점을 맞춘다.

이 연구는 2011년부터 2014년까지 진행되었으며 쿠르드 지방정부 (KRG) 소속 교사와 교육 행정가의 관점을 기반으로 수행되었다. 인권,

정의, 평화에 대한 선언적 약속과 학교의 일상적 관행 사이의 부조화와 관련된 사례에 초점을 맞추기 전에, 몇 가지 주요 인권 개념과 "세계시민주의 시민권을 위한 교육"의 몇 가지 이론적 가능성을 살펴본다(Osler & Starkey, 2003, 2005).

세계시민주의와 시민권

인권 프로젝트는 인간이 전 세계적으로 동등한 '인류 가족'의 구성원으로서 인간의 존엄성과 권리를 인정하고, 적절한 경우 이를 옹호해야 한다는 점에서 세계시민주의적 성격을 띠고 있다. 세계인권선언을 뒷받침하는 주요 원칙을 제시한 그림 6.1을 통해 세계 정의와 평화라는 중심 목표와 다른 주요 인권 개념 간의 관계를 알 수 있다. 그림 6.1은 정의와 평화 실현이 인권 프로젝트의 핵심임을 보여준다. 정의와 평화 주위에는 프로젝트 체계를 구성하는 연대, 보편성, 상호주의, 불가분성의 네 가지 개념이 제시되어 있다. 인권 체계 내에는 인권 실천을 위한 원칙인 존엄성, 안보, 평등, 민주주의, 참여, 자유가 제시되어 있다. 이 원칙들은 차이를 뛰어넘어 대화가 이루어질 수 있도록 한다.

연대

이 책의 앞 장에서 살펴본 사례에서 알 수 있듯이 권리는 인간의 연대를 요구한다. 개인은 다른 문화와 신념 체계를 가진 사람들을 포함하여 낯선 사람들의 권리를 인정하고 보호해야 한다. 5장에서 살펴본 바와 같이 연대는 민족 국가의 경계를 넘어 확장되어야 한다. 연대는 국가 간에도 적용된다. 유엔 193개 회원국 중 3분의 2는 개발도상국으로 분류되며, 거주민의

그림 6.1 세계인권선언 주요 개념(1948)

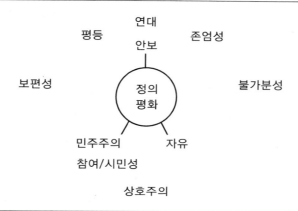

출처: 교사와 인권 교육, A. Osler & H. Starkey, 2010, Stoke-on-Trent, United Kingdom: Trentham.

권리, 특히 사회경제적 권리를 보장하기 위해 다른 국가들의 지원이 필요할 가능성이 높다.

보편성

권리는 모든 인간이 예외 없이 갖는 권리이다. 보편성의 개념은 인권의 핵심이다. 권리는 시민권이나 기타 정체성 측면과 관계없이 인류 가족 모든 구성원에게 속한다. 권리의 보편성은 권리에 대한 장벽을 제거하고 취약한 집단을 보호하기 위한 법적 체계를 마련하는 비차별적인 원칙을 의미한다.

상호주의

상대방의 권리를 보호할 준비가 되어 있지 않다면 나의 권리는 보장될 수 없으며, 그 반대의 경우도 마찬가지이다. 인권의 개념에는 책임이라는 개념이 내재되어 있다. 모든 사람은 타인의 권리를 보호해야 할 책임이 있다. 그러나 개인의 권리는 그들의 행동에 따라 달라지지 않는다.

불가분성

권리는 개인이나 정부가 선택할 수 있는 메뉴로서 제공되는 것이 아니다. 권리는 하나의 묶음으로 제공되며 분리될 수 없다. 이것이 표현의 자유와 법정에서 공정하고 공개적인 재판을 받을 권리와 같은 권리들 사이의 긴장이 존재한다는 것을 부정하지는 않는다. 이는 언론의 자유는 무한하지 않으며, 예를 들어, 신문은 공정한 재판을 침해할 수 있는 자료를 게재할 권리가 없다는 것을 의미한다.

존엄성

인간 존엄성 개념은 인간 존중과 인간 상호 작용의 토대가 되는 기본 개념이다.

안보

물리적·심리적 안보는 개인에서 전 세계에 이르기까지 모든 차원의 권리를 보장하는 데 필수적이다. 왕따나 인종 차별, 동성애 혐오적 모욕 등으로 표현되는 학교 내 학생 간의 대인 폭력이나 민족 간 갈등, 침략, 전쟁 등 국가 내 또는 국가 간의 폭력 등 다양한 형태의 폭력은 세계 평화와 정의를 위한 인권 프로젝트를 실질적으로 약화시키는 요인이다.

평등

평등은 존엄성의 평등을 의미하며 차별 금지 원칙을 포함한다. 모든 사람은 동등한 존엄성을 가지며 모든 사람은 동등한 권리를 갖는다.

민주주의와 참여

개인이 의사 결정에 참여할 기회를 가질 때 인권과 평화는 온전히 실현될 수 있으며, 이것은 모든 수준에서의 민주적 실천을 의미한다. 이는 민주적으로 선출된 정부가 인권 기준을 준수하지 않을 때 이를 비판하고 이의를 제기할 준비가 되어 있는 것을 의미한다. 대만 교사들을 위한 Deng Liberty 재단의 인권 교육 시상식에서 Ronald Tsao 이사는 사람들이 인권 문제를 인식하게 되면 "민주적으로 선출된 정부가 잘못된 길로 갈 때 무엇을 해야 할지 알게 될 것"이라고 말하였다. Lee Min-yung 이사는 "대만에서 논란이 되는 정치적 이슈가 많이 발생하는 것은 사람들이 학교에서 인권 보호에 대해 충분히 배우지 못하기 때문이다."라고 지적했다(Loa, 2010). 두 사람 모두 인권에 대한 지식이 필수적이라는 점을 인식하고 있다. 민주적 정부 시스템은 인권 실현을 자동으로 보장하지는 않지만 책임 규명 과정을 가능하게 한다. 이러한 책임은 인권 교육을 받은 시민들에게 달려 있다. 반면 권위주의 정권은 시민들의 책임을 기대하지 않는다. 그럼에도 불구하고 시민들은 이에 도전하고 더 넓은 전 세계 공동체의 다른 사람들과 연대를 모색할 수 있다.

자유

자유는 표현의 자유, 종교와 신념의 자유, 결핍으로부터의 자유, 공포로부터의 자유이다. 이것은 모두 민주적 참여의 필수 요소이다. 앞의 두 가지 자유는 정치적, 문화적 표현을 보호하고 민주적 삶의 특징을 인정하며 소수자 보호에 중요하다. 반면 굶주리거나, 집이 없거나, 안전이 보장되지

않는 경우 완전한 참여를 할 수 없기 때문에 뒤의 두 가지 자유는 전제
조건이다.

청소년들이 인권과 민주주의에 대해 교육받는 것만으로는 충분하지
않으며, 민주적 참여 기능을 실천할 기회가 필요하다. 인권과 민주주의는
청소년들이 인권과 아동 권리에 대한 지식을 접할 수 있고, 학생들이
정의와 형평성을 위해 참여하고 옹호할 수 있는 진정한 기회가 있다고
느끼는 학교 환경에서 강화된다(Carter & Osler, 2000; Osler, 2010b).
인권 옹호는 모범적으로 보이는 인권 국가에서도 정부 정책에 대해 비판하
기도 한다.

세계화된 세상에서 우리의 삶은 먼 곳에 있는 낯선 사람들의 삶과 서로
연결되어 있다. 우리의 행동과 태도, 그리고 우리가 선출하는 정부의 결정
은 우리 자신의 삶뿐만 아니라 다른 사람들의 삶에도 영향을 미친다. 지역사
회는 점점 더 다양해지고 있으며, 우리는 다양한 신념 체계를 가진 사람들과
함께 살아가고 있다. 세계시민주의는 우리가 평행한 삶을 사는 것이 가능하
다는 환상을 만들기보다는 차이를 인정할 것을 요구한다. Appiah(2006)는
서로 다른 가치관과 신념을 지닌 사람들과 함께 살아가는 이러한 일상적인
과정을 실용적인 것으로 본다. "우리는 함께 사는 것을 좋게 만드는 가치가
무엇인지 동의하지 않고도 함께 살 수 있다. 우리는 대부분의 경우 그것이
왜 옳은지에 대해서 동의하지 않고도 무엇을 해야 할지에 대해 합의할
수 있다(p.71)." 인권은 우리가 서로 협력하고 소통할 수 있는 광범위한
원칙을 제공하며, 합의하기 어려운 문제를 해결하기 위해 적용할 수 있는
기준을 제공한다.

일반적으로 시민성 교육은 청소년이 국가의 성인 시민으로서 권리와
책임을 갖출 수 있도록 준비시키는 것으로 인식된다. 여기에는 많은 난관들

이 있는데, 특히 젊은이들을 미래의 시민이 아닌 현재의 시민이자 권리
보유자로 완전히 인식하지 못한다는 점이 가장 큰 문제이다(Verhellen,
2000). 또 다른 난관은 이주 패턴과 귀화 절차가 복잡한 세계화 시대에서
모든 학습자가 자신이 교육받는 국가의 국민이 아니거나 반드시 그 국가
시민권을 열망하는 것은 아니라는 것이다. 국민의 권리와 의무에 초점을
맞춰 국가 시민권만을 가르치는 것은 역효과를 낼 수 있다. 이것이 단결된
공동체를 장려하는 의도라면 위와 같은 학생들은 소외감을 느낄 수 있기
때문이다. 더욱이, 국가 시민 교육으로 장려되는 많은 것들은 학습자가
무엇보다도 먼저 무비판적으로 자신을 국가와 동일시하도록 권장한다.
이는 성별, 민족 또는 기타 정체성 측면을 기반으로 완전한 참여에 대한
공식적·비공식적 장벽을 인정하기보다는 민주적 프로젝트가 완전하다고
가정한다. 그러한 장벽을 인정하는 체계는 불의에 도전할 수 있는 가능성을
허용하고 비주류 사람들을 포함하여 다양한 개인과 집단이 보다 포용적인
사회 발전에 기여할 수 있게 한다.

맹목적인 충성심이나 애국심을 요구하는 국가 시민 교육도 역효과를
낼 수 있다. 이는 보다 정의로운 사회와 포용적인 민주주의를 위해 노력하는
비판적 애국심보다 무비판적 충성심을 요구한다. 많은 정치 지도자들이
국가 소속감을 함양하기 위해 교육의 역할을 강조한다는 점을 고려할
때 애국심에 대해 성찰하는 것은 중요하다. 3장에서 살펴본 바와 같이
다원주의 사회에서 애국심은 *정치 공동체에 대한 헌신*과 그 통합성을
훼손하지 않으려는 준비된 태도로 볼 수 있다(Parekh, 2000). 이는 열정적인
정서적 유대를 요구하지도, 배제하지도 않는다. 정치적인 헌신을 함양하는
데 있어 학교의 역할은 복합적이다. 학습자의 정서적 애착을 키우려는
시도는 학생 또는 교사가 국가에 대한 관심을 수동적으로 받아들이는

일방적인 과정이 아니다. 각 개인은 교육과정을 협상하고 해석한다. 아주 어린 학생들도 개인이 국가에 대해 충분한 관심을 갖고 무엇이 잘못되었는지를 비평하는 비판적 애국심 개념을 이해할 수 있다(Osler, 2010b). 그럼에도 불구하고 국가에 대한 정서적 유대를 장려하는 시민 교육에 대한 원동력은 안정적인 국가에 사는 사람들과 국제 사회로부터 인정받는 조국을 열망하는 쿠르드족과 같은 사람들 사이에서 강조점이 다소 다를 수 있다.

세계시민주의 시민권을 위한 교육(Osler & Vincent, 2002; Osler & Starkey, 2003, 2005)은 공동의 인권에 기반을 두고 있으며, 지역 및 공동체 차원은 물론 국가 및 세계적 차원에서 학습자가 시민권을 성찰하고 실천할 수 있도록 한다. 이는 배타적이 아니라 포용적이다. 모든 학습자가 국가의 시민이 될 수는 없지만 모두가 인권 보유자이다. 예를 들어, 유럽 전역에서 국가에 거주하고 있는 모든 개인은 자신이 살고 있는 국가의 시민권 보유 여부와 관계없이 자신의 권리가 침해되었다고 생각하는 경우 유럽 인권협약에 따라 구제를 요청할 수 있다. 정부는 국가의 시민권 보유 여부와 관계없이 인권을 보호할 책임이 있다.

인권, 평화, 그리고 함께 사는 법 배우기

앞서 살펴본 바와 같이, 세계인권선언은 인권과 평화를 옹호하고 증진하기 위한 세계 각국 정부의 도덕적 약속이다. 이러한 약속은 1992년 리우데 자네이루에서 열린 유엔 환경개발회의(지구정상회의), 비엔나 선언 및 행동 프로그램을 탄생시킨 세계인권회의(1993년 비엔나), 세계 사회개발 정상회담(1995년 코펜하겐), 해비타트 II 회의(1996년 이스탄불) 등 수많은 후속 합의를 통해 재확인되고 강화되었다. 사실상 국제 사회는 사회 경제

개발 및 환경과 관련된 다양한 문제를 심의할 때 인권, 평화, 개발 간의 상호 관계를 인식하고 있다.

인권은 함께 살기 위한 원칙으로 이해될 수 있으며, 학교 공동체를 포함하여 다양한 공동체와 더불어 살기 위한 최소한의 기준 설정에 효과적이다. 세계인권선언과 후속 인권 문서는 영감을 주는 유토피아적 미사여구로 읽힐 수도 있고, 억압적인 법이나 국가 관행에 도전하기 위한 현실적인 원칙, 즉 행동 아젠다로도 읽힐 수 있다.

이 장에서는 학교 교육을 통해 세계 정의와 평화를 증진하는 원칙으로서의 인권의 잠재력에 초점을 맞추었다. 인권에 대한 지식과 이해를 갖춘 교사는 시민 교육과정을 변화시킬 수 있는 잠재력을 가지고 있다. 중요한 것은 이러한 교사들이 세계 정의와 평화에 대한 보다 광범위한 유토피아적 비전을 실현하기 위한 조치를 취할 수 있는 위치에 있다는 점이다. 다음으로 수십 년 동안 분쟁이 끊이지 않았던 쿠르디스탄—이라크의 사례를 살펴볼 것이다. 인권 교육은 민주주의로의 전환을 지원할 것이라는 기대로 국제기구의 지원을 받아 분쟁 이후 사회에 자주 도입된다.

이라크 쿠르디스탄의 교육 개혁과 분쟁

2005년 이라크 헌법에 따라 이라크 쿠르디스탄은 연합 쿠르디스탄 지방 정부(KRG) 행정부 산하의 연방 기관이 되었다. 이 지역의 공식 명칭은 쿠르디스탄 지역(Kurdistan Region)이며, 본문에서는 간단히 쿠르디스탄(Kurdistan)으로 지칭할 것이다.[23] 쿠르디스탄의 경제 개발과 사회 기반 시설 개발에 주력하던 연합 쿠르디스탄 지방 정부는 2009년부터 개혁에

---

23) 쿠르디스탄 지역은 이라크 북부에 위치한 이라크 유일의 자치 지역이다.

관심을 두기 시작했다. 이 개혁은 의무 교육 기간을 6년에서 9년으로 연장하고, 새로운 학습 목표를 도입하고, 인권과 민주 시민권을 더욱 강조하고, 성 평등에 대해 구체적인 약속을 하였다.

　교육 정책은 교사, 관리자, 학생 모두 주체가 되는 역동적인 과정이다. 이러한 다양한 행위자들은 의도적이든 의도적이지 않든 정책 입안자의 원래 목표를 지지하거나 방해하거나 약화시킬 수 있다. 따라서 여기서 제시하는 연구 프로그램에서는 교사, 학교 관리자, 학교 조사관의 관점을 검토한다. 또한 교육자의 관점과 민주주의, 개발, 인권, 특히 인권 교육과 성 평등에 대한 이해에 초점을 맞춘다. 이러한 관점은 개혁의 영향, 특히 개혁이 젊은 사람들, 학교, 가족, 지역사회에 미치는 영향을 이해하는 데 매우 중요하다. 연합 쿠르디스탄 지방 정부가 교육을 통해 민주주의, 개발, 형평성을 효과적으로 실현하려면 전문가들의 경험, 요구, 이해를 진지하게 받아들여야 한다. 이들의 통찰력은 젊은이들의 민주적 성향을 강화하기 위한 적절한 전략 수립에 도움을 줄 수 있다. 또한 이를 통해 오래된 민주주의 국가에서의 민주주의와 인권을 위한 교육에 대한 생각을 알 수 있다.

　이라크 쿠르디스탄은 20세기 후반과 21세기 초에 상당한 분쟁과 불안정을 겪었고, 그 결과 사회 기반 시설이 심각하게 훼손되었다. 이러한 분쟁에는 이란과의 오랜 국경 분쟁, 이란-이라크 전쟁(1980-1988), 사담 후세인 치하의 이라크군이 주도한 쿠르드족에 대한 안팔 대량 학살(1986-1989) 등이 포함된다. 1991년에는 걸프전이 발발하고 이어서 쿠르드족 봉기가 일어나 대규모 난민이 발생하고 그에 따른 인도주의적 위기가 발생하였다. 봉기는 쿠르드족에 대한 잔혹한 탄압, 이후 이라크 행정부와 군대의 철수, 이라크 내부 경제 봉쇄로 이어졌다. 이 지역에서는 1990년에서 2003년 사이 유엔 제재와 이라크에 대한 국제적인 통상금지 조치가 내려졌다 (McDowall, 2003; Yildiz, 2004).

1991년부터 이 지역은 임시 자치권을 얻었고(Stansfield, 2003), 1992년 에는 치열한 경합 끝에 총선거를 거쳐 지방 정부가 수립되었다. 그러나 쿠르디스탄 민주당(KDP)과 쿠르디스탄 애국 동맹(PUK) 간의 갈등으로 인해 쿠르드 지역은 사실상 분할되었다(McDowall, 2003). 1994년까지 두 정당 간의 권력 공유 협정이 결렬되면서 쿠르드어로 '형제가 형제를 죽이는 것(*brakuzhi*)'으로 불리는 내전이 발생하였다. 쿠르디스탄 민주당과 쿠르디스탄 애국 동맹 간의 공개적인 갈등은 1998년 워싱턴 협정으로 종식되었다. 그럼에도 불구하고 두 지배 정당 간의 내전과 갈등은 당대의 이라크-쿠르드 정치를 형성했다(Stansfield, 2003).

2003년 이라크 침공과 그에 따른 정치적 변화에 따라 2005년 이라크 헌법은 쿠르디스탄의 내부 정치, 사회 경제, 사법적 자치 통치를 규정하고 있다. 아르빌, 술라이마니야, 두호크 등 3개의 행정 지역으로 구성된 연합 쿠르디스탄 지방 정부의 연방 지역은 동쪽으로는 이란, 북쪽으로는 튀르키예, 서쪽으로는 시리아, 남쪽으로는 이라크의 나머지 지역과 국경을 접하고 있다. 아르빌은 이 지역의 수도이다. 이 지역은 키르쿠크 등 분쟁 지역에 대한 우려로 인해 바그다드 정부와의 긴장이 지속되고 있으며, 인근 지역의 불안정한 영향을 계속적으로 받고 있다. *Gorran*(변화) 야당 운동은 권력 분배 방식에 이의를 제기하며 실질적인 민주주의를 정치적 아젠다로 삼고 있다.

이러한 복잡한 분쟁 이후의 상황 속에서 교육 개혁이 이루어지고 있다. 분쟁 직전 이라크는 학교 등록률과 이수율에서 지역 내 선도적인 위치를 차지하고 있었다(UNESCO, 2011). 그러나 분쟁으로 인해 이라크 쿠르디스탄의 교육 인프라는 타격을 받았다. 내전이 끝난 지 약 20년이 지난 지금도 학교 건물이 부족하고 도시와 농촌 지역 간 기반 시설의 격차가 지속적으로 현저히 벌어지는 등 교육 시스템에 상당한 압박이 남아 있다. 급변하는 사회·경제적, 정치적 상황 속에서 학생들에게 적절한 환경을 제공하기는 상당히 어렵다.

정책 입안자들이 직면한 과제는 붕괴된 교육 환경을 개선하고 양질의 교육을 받은 교사를 학교에 배치하는 것뿐만 아니라 반부패 조치, 여성과 소수자의 권리 보장 등 다른 사회적 우선순위를 지원하기 위한 적절한 교육적 조치를 보장하는 것이다. 교육은 성공적인 경제 통합을 위해 젊은이들을 준비시킬 뿐만 아니라, 평등과 사회 정의를 구현하는 민주적 이상에 따른 사회를 형성하는 데 적극적인 역할을 해야 한다. 교육 시스템, 특히 학교는 민주적 발전과 인권을 강화하는 데 있어 핵심적인 역할을 한다.

분쟁은 여성과 아동, 그리고 그들의 교육 기회에 불균형적인 영향을 미쳤다. 분쟁 이전에도 이라크 전역의 여학생은 이미 남학생보다 학교 등록률과 출석률이 낮았다(UNESCO, 2003). 분쟁 이후 이라크 내 실향민의 대다수는 여성과 아동이었으며, 가장 취약한 아동의 약 50%는 학교교육을 받지 못했다(UN-Habitat, 2001; UN Development Group/World Bank, 2003). 이러한 점에서 쿠르디스탄 자치구를 포함한 이라크는 여성과 여학생들이 직면한 차별과 불이익에 대한 더 넓은 지역적, 세계적 상황을 반영한다. 치안 문제로 인해 여학생들은 통학 시 젠더 기반 폭력을 당할 위험이 크고(Harber, 2004), 이는 학교 출석에 많은 영향을 미칠 수 있다.

2000년에 세계 각국은 인류를 극심한 빈곤과 여러 가지 박탈로부터 해방시키겠다는 약속을 했다. 이 약속은 8개의 새천년개발목표(MDG)로 공식화되었다. 두 가지 목표는 특히 교육에서의 성 평등을 다루었으며,

시스템 전반에서 여전히 다양한 과제가 남아 있다는 점을 인식하였다. 새천년개발목표 2는 보편적 초등교육을 장려하는 것이며, 새천년개발목표 3은 성 평등을 촉진하고 여성에게 권한을 부여하는 것이다(U.N., 2015). 가장 빈곤한 가정의 소녀들은 교육에 있어 큰 장애물에 직면해 있으며, 이는 노동 시장에 접근하는 능력에 영향을 미친다.

사실상 교육은 지속 가능한 인간 발전을 위한 전제 조건으로 인식된다 (Matsuura, 2004; UNESCO, 2015). 이러한 계획은 여성에 대한 모든 형태 의 차별 철폐에 관한 협약(CEDAW; U.N., 1979, 제10조) 및 아동권리협약 (CRC; U.N., 1989, 제2조, 제28조) 등 성 평등에 관한 국제 인권 기준의 제정과 관련되어 있다.

새천년개발목표는 *형식적 평등*(교육 접근성 및 참여율의 평등)과 *실질 적 평등*(*교육의* 기회 균등 및 *교육을 통한* 기회 균등)을 통해 교육에서 성 평등을 실현하고자 했다(Subrahmanian, 2005). 쿠르디스탄에서는 교육 접근성 및 참여율의 형식적 평등을 보장하기 위한 몇 가지 조치를 하였다. 2006년부터 연합 쿠르디스탄 지방 정부는 표준 연령에 학교에 등록하지 않았거나 교육이 중단된 학생들이 속성 학습 프로그램을 통해 학교 교육을 계속 받거나 다시 시작할 수 있도록 하였다. 개혁 내용은 다음과 같다. "남학생의 입학 연령은 9세 이상 20세 미만이어야 하며, 여학생은 9세 이상 24세 미만이어야 한다(KRG, 2009, 제13조, 제15조)." 이는 여학생들 이 경험하는 전통적인 불이익을 인식하고(Griffiths, 2010; UNICEF, 2010; UNESCO, 2011) 여성이 학교를 이수할 수 있는 연령 범위를 확장함으로써 어느 정도 유연성을 부여한 것이다.

이 장에서는 인권과 인권 교육에 대한 전문가의 이해를 살펴봄으로써 교육 내에서 그리고 교육을 통해 *실질적인 평등*을 실현하는 데 인권 교육이 기여할 수 있는 부분에 중점을 둔다. *교육에 대한* 권리는 주로 여학생과 남학생의 동등한 등록률과 이수율에 대한 것이기 때문에 성 평등을 실현하는 데는 불충분하다. *교육에서의 권리*(성취 및 학습 결과 보장)와 *교육을 통한 권리*(학교 내외에서 권리를 주장하기 위해 지식과 기능을 활용하는 능력)에 초점을 맞춤으로써 여학생의 역량 강화(Wilson, 2003)와 학교 및 잠재적으로 더 넓은 사회에서의 형평성 향상에 초점을 맞출 수 있다. 이는 학습 내용, 교수법, 평가 방식, 또래 관계 관리, 학습 결과에 대한 검토를 통해 불평등과 차별 사례를 인식하고 극복하는 것을 의미한다 (Chan & Cheung, 2007). 실질적인 평등을 실현하려면 여학생과 남학생 모두의 교육 방식에 주의를 기울여야 한다.

이라크 쿠르디스탄에서의 다양성과 젠더

빈곤, 구조적 불평등, 역사적 불이익, 여성과 소수자에 대한 제도적 차별, 젠더 기반 폭력, 여성과 소녀들에게 부당하게 해를 끼치거나 영향을 미치는 전통적 관행 등이 광범위한 사회적 규범과 불평등을 생산하고 반영한다는 것은 널리 알려진 사실이다(Tomaševski, 2005). 다음은 쿠르디스탄-이라크의 인구 통계학적 특징에 대한 개요이다. 권리를 위한 투쟁은 다문화적 환경, 성 불평등, 경제적 격차가 증가하는 공동체 내에서 발생한다.

한 가지 과제는 다양성을 성공적으로 수용하는 것이다. 쿠르드족이 인구의 대다수를 차지하지만 이 지역은 오랫동안 종교적, 민족적, 언어적 다양성이 존재하는 것이 특징이다. 대다수의 쿠르드족은 수 세기 동안 소수의 아시리아인, 칼데아인, 투르크메니아인, 아르메니아인, 아랍인과 함께 살아왔다. 연합 쿠르디스탄 지방 정부에 따르면 이 지역의 인구는 약 500만 명이며 그중 50% 이상이 20세 미만이다. 정확한 인구 조사가 이루어지지 않았기 때문에 연합 쿠르디스탄 지방 정부가 관리하는 인구 중 쿠르드족의 비율이 어느 정도인지는 명확하지 않다. 추정치에 따르면 이라크 쿠르드족은 이라크 전체 인구의 25% 정도를 차지한다(Yildiz, 2004).

쿠르디스탄에는 다양한 언어와 종교가 존재한다. 쿠르드족, 이라크 투르크메니아인, 아랍인을 포함한 주민 대다수는 수니파 무슬림 전통을 따르고 있다. 수니파 무슬림 내에서도 종교적 신념을 가진 사람과 세속적인 입장을 취하는 사람 등 더 많은 다양성이 존재한다. 이 지역에는 또한 아시리아 기독교인, 시아파 무슬림, 예지디, 야르산, 만딘, 사박 신앙을 가진 사람들도 있다(Begikhani, Gill, & Hague, 2010). 연합 쿠르디스탄 지방 정부의 공식 언어는 쿠르드어24)와 아랍어이다.

바그다드 연방 정부와 키르쿠크를 포함한 아르빌 지방 정부 사이의 영토 분쟁은 소수자의 권익 보호를 보장하는 정치적 해결을 요구하기 때문에 다양성은 고도로 정치화되어 있다. 이러한 다양성은 학교를 포함한 공공 분야에서 실용적인 해결책을 요구하며, 학습자의 권리와 사회적 결과가 서로 대립될 수 있다. 예를 들어, 특정 언어 공동체를 위한 별도의 학교 교육을 통해 언어적 권리를 보장하는 것은 젊은이들이 함께 살아가는 방식에 영향을 준다.

또한 국가 내 이주로 인해 지역의 다양성이 증가했으며, 이주민 권리 보호로 인해 상황이 더욱 복잡해졌다. 이 장에서 보고된 연구가 수행되고 있을 당시 쿠르디스탄-이라크의 급속한 경제 발전은 전 세계의 노동

---

24) 이 지역에서는 두호크의 쿠르만지(Kurmanji)와 아르빌의 소라니(Sorani) 이 두 개의 쿠르드어 방언이 사용된다.

이주자와 불법 이민자(인신매매 피해자 포함)를 끌어들였고, 이들은 미등록 신분으로 취약한 상황에 놓여 있다(IOM, 2010a). 이들 중 다수는 이라크 다른 지역의 불안정으로 쿠르디스탄으로 유입된 새로운 인구였고, 다른 일부는 과거 분쟁을 피해 피난 온 이전부터 거주해온 주민들이다. 여기에는 이라크의 다른 지역에서 온 국내 실향민들(IDPs), 주변 국가에서 온 난민들과 이주민들, 더 넓은 범위의 디아스포라 출신의 고학력 엘리트를 포함한 귀국자들이 포함된다. 2012년 연합 쿠르디스탄 지방 정부는 시리아 전쟁을 피해 탈출한 난민들의 요구를 처리하기 위해 국제이주기구(IOM)에 보다 많은 지원을 요청했다. 일부 시리아 난민들은 수용소에 있지만, 다른 난민들은 가족과 지역사회의 지원을 받아 지역 전역에 흩어져 있다(IOM, 2012). 2015년 중반, 유엔 난민 고등판무관실(UNHCR)은 약 25만 2,000명(8만 9,000가구 이상)에 달하는 시리아 난민이 연합 쿠르디스탄 지방 정부 수용소에 있다고 보고했다(UNHCR, 2015).[25] 거의 같은 시기에 유엔 이라크 인도주의 조정관은 이라크 전역에서 정부군과 이슬람 국가(ISIL) 간의 폭력 사태로 인해 800만 명이 넘는 사람들의 생명을 구하기 위해 지원이 필요하다고 유럽 의회에 보고했다(U.N. Iraq, 2015). 이러한 상황에서 난민 수용소 밖에 있는 난민 아동들은 학교 교육을 받기 어려울 수 있다.

가부장제와 분쟁 후 혼란으로 특징지어지는 이라크 쿠르디스탄에서 성 평등은 중요한 문제이다(al-Ali & Pratt, 2011). 성 평등과 여성 및 소녀의 인권을 실현하기 위한 세 가지 과제는 여성에 대한 폭력, 전통 상속법(샤리아법과 남성을 선호하는 종교 공동체의 전통 상속 관행), 여학생의 낮은 학교

---

25) 이 통계에는 지역사회에 거주하며 가족이나 다른 지역 주민들과 함께 지내는 난민은 포함되지 않았다.

출석률이며 이들은 상호 연관되어 있다(Ahmad, Lybaek, Mohammed, & Osler, 2012).

지역 여성 단체와 국제 비정부기구가 젠더 기반의 폭력 문제를 해결하기 위해 노력한 결과, 가정 폭력 피해자를 지원하기 위한 여성 쉼터가 설립되었다(Begikhani 외, 2010). 그러나 법적으로는 보호받고 있지만 여전히 취약한 여성을 지원하지 못하는 사회적 실패에 대한 현지 언론의 논평도 있었다(Ahmad 외, 2012).[26]

이슬람(샤리아) 상속법에 따라 여성은 3분의 1, 남성은 3분의 2의 유산을 받을 수 있다. 그럼에도 불구하고 전통적으로 기혼 여성은 남편의 지원을 받을 것으로 예상되기 때문에 법원이 여성에게 유리한 판결을 하더라도 여성이 상속권을 주장하기 어려운 경우가 많다. 특히 농촌 지역의 많은 가정에서는 딸에게 재산을 상속하는 것을 부끄러운 일로 생각한다. 사실상 여성과 소녀들은 샤리아법에서 규정하는 불균등한 재산 분할조차도 거의 받지 못한다.

연구 당시 여성의 학교 출석률은 증가하고 있었으며, 두호크 지역은 쿠르드스탄과 이라크 전역에서 출석률이 가장 높고 남학생과 여학생 간의 격차가 가장 낮은 지역 중 하나였다(Griffiths, 2010; UNICEF, 2010). 지역 여성 권리 비정부기구의 Harikar(2011)는 시골 지역의 학부모들은 자기 딸을 여교사가 있는 학교에 보내고 싶어 하며, 두호크 지역에서는 여성 교사 수가 남성 교사 수를 넘어섰다고 이야기하였다(Ahmad 외, 2012).

---

26) 여성들은 쉼터에 대한 접근성이 부족할 수 있으며, 어떤 경우든 지원 부족으로 쉼터가 문을 닫을 수 있다. 일부 사람들은 쉼터가 위험에 처한 여성들을 가족에게 돌려보냈다고 주장한다.

아동 사이에 뿌리 깊은 불평등이 존재하는 쿠르디스탄에서는 학교 인권 교육을 통해 아동의 필요에 적합하며 아동이 자신의 권리를 주장할 수 있도록 돕는 것이 매우 중요하다. 성별에 따른 차별이든 민족, 종교, 기타 차이에 따른 차별이든 학교 안팎에 존재하는 불평등의 근원을 인정하고 해결하는 것이 필수적이다. 따라서 교육 평등을 위해서는 단순히 국제적 규약을 국가 정책으로 전환하거나 교육 개혁을 실행하는 것 이상의 노력이 필요하다. 이는 학생들에게 권한을 부여하기 위한 학교 내부의 정책과 관행을 포함하는 총체적인 접근 방식을 의미한다. 또한 이는 학교 안팎에서 지식을 권리 실천으로 전환할 수 있는 기회를 의미한다(Stromquist, 2006). 양질의 교육에 대한 이러한 총체적 접근 방식에는 정책 입안자와 시민 사회 모두의 진정한 헌신과 적극적인 참여가 요구된다(Wilson, 2003).

연구 방법 및 현장 연구

나는 이라크 쿠르디스탄의 사회 정의, 민주주의, 발전에 기여할 수 있는 인권 교육의 잠재력에 대한 교육자들의 관점을 알아보기 위해 2010년과 2012년 사이에 두호크와 아르빌을 방문하였다. 2014년에는 난민의 요구를 평가하기 위해 세 번째로 이 지역을 방문하였다. 두호크에서 연구팀의 일원으로 수업을 참관한 후 교사들과 인터뷰를 진행하였다.27) 아르빌에서

---

27) 데이터는 영국문화원의 DelPHE 프로그램이 지원하는 소규모 연구 개발 계획의 일환으로 수집되었다(영국문화원, 2010). 이 프로젝트의 논문인 INTERDEMOCRATE(교사 교육의 다문화 및 민주적 학습)는 Ahmad 외(2012)로 출판되었다. 이 프로젝트는 노르웨이 Southeast Norway 대학교와 이라크 Duhok 대학교 간의 오랜 파트너십을 기반으로 한다. 자료 수집에 도움을 준 연구 책임자 Lena Lybæk 박사와 프로젝트 위원 Niroj Ahmad, Adnam Ismail 및 Nadia Zako의 지원에 감사드린다.

는 대학원생 Chalank Yahya가 교사, 학교 교장, 교육 감독관 등 다양한 교육 전문가들의 인터뷰를 진행하였다. 여기에 보고된 내용은 공동 연구를 바탕으로 작성되었다(Osler & Yahya, 2013).[28]

총 15명의 교육자(여성 7명, 남성 8명)가 연구 참여에 동의하였다. 현장 연구는 다큐멘터리 자료, 번역된 초·중등학교 개혁(KRG, 2009)과 인권 교과서(Rauof, 2007)에 대한 연구를 바탕으로 이루어졌다. 모든 인터뷰는 현지 문화 규범과 관습에 정통한 연구원이 진행하였다. 인터뷰는 아랍어나 쿠르드어로 진행되었으며, 이후 영어로 번역되었다. 두호크 교사들은 2년 간의 연구 일환으로 두 학교에서 근무하고 있었다(Ahmad 외, 2012). 아르 빌에서의 연구 참여자는 개인적인 접촉과 눈덩이 표집을 통한 편의 표본으로 모집되었다. 두 지역의 연구에서 여러 가지 공통 주제들을 찾을 수 있다.

교육자의 관점

교육자들은 인권 교육에 대한 이해, 특히 다양성과 성 평등과 관련하여 자신들이 관찰한 것을 이야기하였다. 교육 개혁의 상황 속에서 교육이 이루어졌기 때문에 이를 반영하여 긴급한 사회 문제에 초점을 맞춘 참여자도 있었고, 교수 전략 및 학생 중심 교육과 인권, 시민성, 민주주의 교육 간의 관계에 초점을 맞춘 참여자도 있었다. 모든 이름은 가명 처리되었다.

---

28) 6장에 중요한 기여를 하고 또한 이 지역에 대한 이해에 도움을 준 Chalank Yahya에게 감사 인사를 전한다.

인권 교육에 대한 이해

일부 교육자들은 인권 교육의 필요성을 정치적 인정을 위한 쿠르드족의 투쟁과 연결 지었다. 그들은 소수자의 권리가 간과될 때 사회에서 발생하는 취약성에 관심을 기울였으며, 아동들이 쿠르드족의 역사를 알아야 한다고 생각하였다.

물론 인권과 인권 교육에 대해 알고 인식하는 것은 매우 중요합니다. 특히 우리 사회는 과거의 갈등과 침해의 경험으로 인해 우리의 권리에 대한 교육이 필요합니다… 우리 각자에게는 권리가 필요하며 자신의 권리와 권리를 주장하는 방법을 이해해야 합니다. 그러나 우리 교육 시스템에서 인권 존중은 그다지 강조되고 있지 않습니다. 이 분야에 대한 전문 지식이 부족하고 전문 교사도 없습니다… 당분간은 사회과 교사가 이 과목을 가르쳐야 합니다(Payman, 학교 조사관).

2009년 교육과정 개혁에서 인권 교육을 강조했음에도 불구하고 이에 대해 특별 교육을 받은 교사가 부족하였다. 참여자들은 교과서(특히 고학년용)가 무미건조하고 흥미롭지 않으며, 세계인권선언과 같은 국제 문서의 내용을 장황하게 열거하고 있지만 이러한 주제들에 대한 학생들의 접근 방법이나 학생과의 관련성에 대한 지침은 거의 없다고 답하였다. 그들은 가치보다는 지식에 대해 강조하고 있다고 말하였다.

내용이 매우 지루하고 제한적입니다. 인권 교육이 단순히 학생들의 지식 테스트를 위한 교과 과목으로 사용되지 않았다면 더 좋았을 것입니다(Ahlam, 고등학교 교사).

이 과목은 학생의 연령과 필요에 따라 모든 학년에서 계획되고 가르쳐야 합니다. 예를 들어 1~6학년 학생은 학교와 사회가 제공해야 하는 특정한 권리/필요를 가지고 있습니다. 특정 연령에서 인권과 자격에 대해 배우지 않으면 자신에게 이러한 권리가 있다는 것을 이해하지 못하거나 인식하지 못합니다… 아동들이 권리를 요구할 수 있도록 하는 것이 중요합니다 (Kawthar, 학교 조사관).

일반적으로 교육자들은 정의롭고 지속 가능한 사회를 만드는 데 있어 인권의 역할을 상당히 강조하였다. 그들은 인권의 중요성을 강조하면서도 현대 쿠르드 사회에서 일반적으로 인권을 이해하고 있는 방식 및 자신과 다른 교사들이 이에 대한 교육을 받지 못한 것을 우려하고 있었다.

저는 인권 교육과 민주주의라는 주제에 대해서는 그다지 자세히 알지 못합니다. 다만 제 딸이 이 과목을 수강했고, 제 입장에서는 학생들에게 이 과목을 가르치는 것이 중요하다고 생각합니다(Kamaran, 학교 조사관).

일반적으로 쿠르디스탄뿐만 아니라 중동 전역에서 우리는 우리의 권리에 대해 잘 알지 못합니다. 인권이 무엇을 의미하는지 잘 알지 못합니다. 따라서 인식 개선을 위한 캠페인이 필요합니다(Kawthar, 학교 조사관).

저는 '인권 교육'이라는 주제가 마땅히 받아야 할 관심과 발전을 받지 못하고 있다고 생각합니다… 교사와 학생들이 인권 기준에 따라 행동하는 것이 매우 중요하기 때문에 모든 학년에 포함되어야 합니다… 가장 중요한 것은 인권에 대해 책으로 배우는 것만으로는 충분하지 않으며, 인권을 실천할 수 있는 진정한 기회가 있어야 한다는 것입니다(Asem, 아랍어 교사).

9개 학교를 담당하는 학교 조사관인 Kamaran은 이러한 영역이 중요하다고 생각하면서도 담당 학교에서 가르치는 인권 교육과 시민권에 대해서는 상대적으로 거의 알지 못한다는 것을 인정하였다. 다른 참여자들 역시 교육과정에서 인권을 최소한으로 다루는 것을 비판하고 해당 분야에 대한 사회적 지식이 제한적이라는 점을 강조했다. 인권은 중요하지만 제대로 이해하지 못하고 있다는 것이 일반적인 인상이었다.

많은 참여자들은 인권 교육이 관련성이 있으려면 아동과 성인 모두 자신의 권리를 주장할 수 있는 위치에 있어야 한다고 제안하였다. 몇몇은 쿠르드 정부가 시민의 권리를 충분히 보장하지 못하고, 시민이 이러한 권리를 행사할 수 있도록 하는 데 실패했다는 점을 암묵적으로 비판하였다.

아동은 권위에 대해 배우지만, 아동의 권리를 옹호해야 하는 권위자(부모, 교사, 정부 관료)의 의무는 배우지 않는다. 아마도 이는 비판에 대한 정부의 반응을 반영한 것일 수 있다.

우리 아이들에게 책으로만 권리에 대해 가르치는 것만으로는 충분하지 않습니다. 개인으로서 학교 밖에서도 이러한 권리를 행사할 수 있어야 합니다. 그러나 현실에서는 우리가 알고 있지만 주장할 수 없는 권리가 많습니다. 이러한 주제를 정치적 차원으로 끌어올려 법률로 제정하는 것이 더 좋을 것입니다 (Kawthar, 학교 조사관).

일부 교육 기관에서는 인권 교육의 위상이 너무 낮아서 학교가 이 과목을 소홀히 하고 있다는 사실을 숨기기 위해 부패한 관행을 시행하기도 한다.

일부 인권 교육 교사는… 영어나 수학 등 다른 과목으로 수업을 대체하기도 합니다… 이 경우 인권 교육 과목은 시험 전 몇 번의 수업으로 제한되며 모든 학생이 자신의 권리를 잘 학습한 것처럼 평가됩니다(Fawzi, 고등학교 교사)!

인권 교육 실천하기

다수의 참여자들은 주제를 생생하게 전달하기 위해 그룹 활동, 스토리 활용, 비정부기구 참여 등 보다 적극적인 학습 방법을 제안하였다.

'적극적인 방법을 통해' 학생은 주제를 이해하고, 설명하고, 발표하고, 토론하는 데 활발하게 참여하며 학습 내용을 잘 기억할 것입니다(Tara, 초등학교 교사).

역할극을 사용할 때는 학생이 교사의 역할을 맡아 주제를 설명합니다. 이것은 학생들이 책임감을 갖게 하고 학습 성과가 향상됩니다(Loreen, 초등학교 교사).

학교 교장과 학교 조사관이었던 Foad는 인권과 같이 핵심적인 내용을 학습하는 데 있어서 학생이 실패의 경험을 가져서는 안 되기 때문에 교사들이 인권 교육과 관련된 시험을 반대하고 있음을 관찰하였다.[29] 그는 교사들의 주장에 강력히 반대하면서 과목 내용의 중요성과 시험이 주는 인식을 지적하였다.

권리가 거부된 곳에서 교육 권리 가르치기

교육자들이 제기한 구체적인 문제 중 하나는 사회와 학교 모두에서 권리가 거부되는 상황에서 권리를 가르치는 것이었다. 교육 시스템을 개혁하려는 노력은 빠르게 이루어졌지만, 많은 곳에서 학교 건축 프로그램과

---

[29] 학생이 인권이나 시민권에서 '실패'해서는 안 된다는 우려는 다양한 세계적 맥락에서 교육자들이 공감하는 문제이다. 따라서 교육자들이 자신의 평가 절차와 관행을 면밀히 검토할 필요가 있다.

기본 시설 제공이 개혁의 요구를 따라가지 못하였다.

> 현재 '교육 개혁' 과정이 많은 부족함 속에서 시행되고 있으며, 이로 인해
> 전문가, 학생 및 그 가족들 사이에 혼란과 혼동이 야기되고 있습니다… 현재
> 쿠르디스탄의 여러 도시와 지역에서 벌어지고 있는 학생 시위에 대해 들으셨을
> 겁니다. 이는 시스템에 대한 이해 부족과 '실패' 때문입니다… 그 결과, 우리는
> 몇 년 동안 거리에서 시위하는 학생들을 보고 있습니다(Payman, 학교 조사관).

한 학교의 교장은 관리자로부터 교사의 전문적 행동에 대한 연구를
중단하고 평등과 정의에 대해 눈을 감으라는 지시를 받았다고 말하였다.
눈을 감는 것은 아랍어로 wasta[30]라고 하며 이는 일상적인 부패 문화로
이어진다.

> 인권 규범은 학생뿐만 아니라 교직원에게도 적용되어야 합니다. 매우 자주,
> 상급자 중 누군가가 그렇게 하라고 지시했기 때문에 다음 단계로 넘어가는
> 것을 포기해야 합니다. 이는 인권 규칙의 진정한 이행과 평등에 위배됩니다
> (Sarkawt, 시골 학교 교장 대행).

마찬가지로 전문가들은 인권 교육이 아동에게만 국한되지 않고 지역사
회로 확장되는 것이 중요하다고 생각하였다. 한 전문가는 인권 교육이
단지 국제 표준을 준수하기 위해 도입된 것일 뿐이며, 진정한 사회 정의
목표가 명확하게 제시되지 않았다고 이야기하였다.

> 저는 인권 교육이 우리 현실에 맞지 않는다고 생각합니다. 우리 사회는 여전히
> 인권 규범에 담긴 메시지를 이해하기에는 준비가 되지 않은 부족/농업 체제에

---

30) wasta는 일반적으로 가족 및 부족의 소속이나 의무와 관련된 족벌주의 또는 부패의
    한 형태이다.

기반을 두고 있습니다… 저는 이것이 진정 사회적 이익보다는 정치적인 이익을 더 많이 가져온다고 생각합니다. 실제 사회 문제와 불의에 중점을 두고 다루지 않고, 우리가 인권 규범을 준수하고 있으며, 이를 학교 교육에 포함시켰다는 것을 단지 서구에 보여주기 위한 것입니다(Sawsan, 사회과 교사).

인권 교육 내용을 더욱 의미 있게 만들기 위해서는 보다 실용적인 활동을 추가해야 합니다. 예를 들어 학생들이 대학을 방문하고, 다양한 비정부기구를 방문하고, 다큐멘터리 영화나… 인권에 관한 이야기를 보는 것입니다… 학생들이 우리 지역의 인권 문제를 다룰 필요성을 인식할 수 있도록 인권 교육과 '인권' 단체를 연결하는 것이 중요합니다(Fawzi, 고등학교 교사).

인권 교육을 가르치는 교사는 지속적으로 교육을 받아야 합니다… 지역 대학이나 해외 인권 교육 전문가가 교사 연수를 제공하면 좋을 것 같습니다(Azad, 학교 조사관).

위에서 논의한 사례는 주로 광범위한 사회적 권리를 부정하는 것과 연관되지만, 개인적으로 인권 침해를 당한 경험이 있는 아동을 대응하는 것은 또 다른 과제이다. 아래 예시는 인권 교육을 아동의 일상생활과 연관시켜 교사가 아동 학대와 같은 민감한 문제를 다루는 데 도움을 주는 방법을 보여준다. 또한 아동에게 수업 중 표현의 권리(참여권)를 부여하는 것이 아동의 보호권 보장에 주는 이점을 알 수 있다.

때로 학생들은… 부모가 자신을 때리거나 언어적으로 인격을 훼손하는 등 가정에서 자신이 겪고 있는 인권 침해 사례를 제시하기도 합니다… 학생들에게 그러한 주제에 대해 살펴보고 사례를 토론하는 시간을 포함하여 자유롭게 참여할 수 있도록 합니다… 때로는 학생이 내용을 이해했다고 말하지만 가정에서는 실천되지 않습니다. 그러한 상황에서는 교장과 교육청에 알리고 가정

상황을 조사한 후 학부모를 학교에 초대하여 대화를 나눕니다… 인권 교육은 학생의 인격 형성에 기여할 수 있습니다. 다수의 아동들의 생각은 가정에서 존중되지 못합니다. 그들의 권리는 무시되거나 거부되거나 심지어 침해당할 수도 있습니다. 일부는 두려움에 감히 말을 하지 못할 수도 있습니다(Sherko, 초등학교 교사).

인권 교육, 젠더, 다양성

참여자들은 사회 정의를 논의할 때 민족이나 종교적 다양성보다는 젠더 문제에 관해 이야기하는 것을 선호하는 경향이 있었다. 다수는 역사적 갈등 상황을 직접적으로 언급했지만 이에 대해 자세히 설명하는 사람은 거의 없었다. 한 교사는 "파라다이스 서사"라고 부르는 것을 차용하며 (Ahmad 외, 2012) 쿠르디스탄의 수십 년간의 폭력을 부인하였다.

우리 사회에서 공존은 아주 먼 옛날부터 이어져 왔습니다. 국가와 인종, 종교에 차별이 존재하지 않으며, 역사가 이를 증명하고 있습니다… 우리는 교실에서, 이웃에서, 마을에서, 도시에서 늘 서로 사랑하고 너그럽게 대하는 형제였습니다(Tara, 초등학교 교사).

이러한 주장은 최근 쿠르드족 간의 갈등을 부정하는 쿠르디스탄-이라크의 광범위한 정치적 담론의 일부이다. 이 담론은 의심할 바 없이 쿠르드 민족주의와 공동의 정치적 운명에 대한 수사법의 일부이기는 하지만 아동들이 겪게 될 현실, 즉 갈등과 지속적인 불평등에 대한 가족과 지역사회의 논의를 부정하기 때문에 학교 교육 상황에서 여전히 심각한 문제가 된다. 이와 대조적으로, 다른 교사들은 다양성에 대해 실제적으로 대응하였다.

Halat는 "더 많은 정보를 가질수록 그 사람의 개성과 자신을 표현하는 능력이 더 강해지기 때문에" 다문화, 다종교 사회, 다양한 종교 및 문화에 대해 스스로가 무엇을 알고 있는지 알아내기 위해 아동들에게 질문을 던질 것을 제안하였다.

Kamaran은 학교 교육과 성 평등에 대한 자신의 생각과 그 안에서 교사의 책임에 대해 다음과 같이 길게 이야기하였다.

> 우리 사회가 관습과 전통에 강한 기반을 둔 폐쇄적인 사회라는 것은 의심할 여지가 없으며, 종교 또한 중요한 역할을 합니다. 제가 보기에 남성과 여성을 서로 가깝게 만들고 성 평등을 증진할 수 있는 유일한 방법은 학교를 통해서입니다. 우리 사회는 남성 중심 사회입니다. 남성이 권력을 가지고 있고 여성은 어느 면에서는 무시를 당하고 있습니다… 학교는 성 평등에 대한 일반적인 지식과 이것이 사회에서 갖는 이점을 증진시키는 데 중요한 역할을 합니다… 저는 모든 교사들의 책임감을 고취시키고 성 평등 인식을 통합하기 위해 문화 규범을 변화시키는 각자의 역할을 강조하려고 노력합니다.

그는 다른 많은 전문가들과 마찬가지로 성 평등을 위한 계획을 훼손하는 도전이나 보수 세력의 규모를 과소평가하지 않았으며, 포괄적인 인식 제고 전략과 법률 개혁으로 학교 교육이 보완되어야 한다고 생각하고 있었다.

> 우리는 부족주의가 전통 및 종교와 결합하여 쿠르드 사회에서 큰 역할을 한다는 사실을 인정해야 하며, 이는 모두 성 평등 개념에 반대됩니다. 여성은 2등급 시민으로 여겨지며 때로는 결혼을 통해 교환되는 상품으로 이용되기도 합니다(Kamaran, 학교 조사관).

연구 참여자 대부분은 학교가 성 평등 실현에 중요한 역할을 한다고 생각했지만, 인권 교육이 얼마나 기여할 수 있는지를 정확하게 설명할 수 있는 사람은 거의 없었다. 일부는 남녀 공학에 대해 개인적인 의구심을 가졌지만, 많은 참여자들은 시간이 지남에 따라 태도를 바꾸고 남녀 공학에 대한 지역사회의 신뢰를 구축하는 데 학교가 주도적인 역할을 할 수 있다고 생각하였다.

> 아주 어릴 때부터 아이들이 함께 공부하고 노는 데 익숙해지면… 여학생과 남학생이 함께 교류하고, 소통하며, 공부하는 것이 자연스러워지기 때문에 학교는 긍정적인 남녀 관계 형성에 중요한 역할을 합니다(Kawthar, 학교 조사관).

가족은 때때로 동반자가 아닌 장애물로 여겨지기도 하였다. Sherko는 다음과 같이 이야기하였다.

> 성 평등은 가정에서부터 시작되어야 합니다. 부모는 아들과 딸을 차별 없이 동등하게 대해야 합니다… 그러나 학부모는 학교 일에 간섭합니다… 딸이 수업 시간에 남학생 옆에 앉는다는 사실에 대해 학부모가 불평하는 것을 자주 듣습니다(Sherko, 초등학교 교사).

> 우리 문화는 아직 민감한 나이인 10대 남녀가 어울릴 수 있는 준비가 되어 있지 않습니다. 남녀 공학 학교의 교실 벽만 봐도 알 수 있습니다! 교실 벽은 남학생과 여학생 사이 사랑의 메시지로 가득 차 있습니다… 그들은 아직 서로를 형제-자매로 또는 친구로서 존중하는 방법을 이해하지 못합니다. 그 결과, 남녀 공학 학교 수는 계속 감소하고 있습니다. 교사들은 때때로 상황을 통제할 수 없으며 많은 부모들은 집에서 가깝더라도 딸을 남녀 공학 학교에 보내는 것을 반대합니다(Azad, 학교 조사관).

> 남녀 공학 교육은 유치원에서 시작해야 합니다. 중등학교나 대학에서는 이미

너무 늦습니다… 이 학군에서 유일한 남녀 공학인 우리 학교는 내년에 문을 닫고 남학생과 여학생이 분리될 것입니다… 농촌과 도시 간의 남녀 관계에는 큰 차이가 없습니다. 오히려 일부 농촌 지역에서는 남학생과 여학생이 더 자유롭게 교류할 수 있습니다. 예를 들어 봄에는 여학생과 남학생이 함께 소풍을 가는 것이 일반적입니다. 농사를 지을 때 남녀 간 상호 작용은 일상적으로 일어납니다. 도시 지역에는 교육 수준이 높은 사람들이 더 많지만, 남녀 관계는 생각만큼 자유롭지 않습니다(Hassan, 시골 학교 교장).

특정 상황에서만 남학생과 여학생이 자유롭게 어울릴 수 있는 남녀 관계의 부조화를 지적한 것은 Hassan만이 아니었다.

아직도 자녀를 남녀 공학에 보내는 것에 반대하는 가정이 많이 있습니다… 이것은 개념에 익숙해지는 문제입니다. 쿠르드 문화에서는 여자아이가 남자아이를 쳐다보는 것은 용납되지 않지만… 결혼식에서는 낯선 남자아이와 손을 잡고 춤을 추는 것이 평범한 일입니다. 후자의 관행은 일반적이며 문화적으로 허용됩니다(Fawzi, 고등학교 교사).

그러나 일부 교육자들은 동성 간의 친숙한 사회적 관계를 선호하면서도 이성 동료와의 평등에 기반한 참여를 거부하여 문제를 악화시키고 있는 것으로 보인다.

많은 학교에서 여교사와 남교사가 별도의 교무실을 사용하는 경우가 있습니다. 이것이 여전히 교사들 사이에서 지배적인 사고방식이라면 어떻게 학생들과 성 평등 문제를 다루거나 남녀 간의 상호 작용을 지원할 수 있을까요(Payman, 학교 조사관)?

나는 학교 방문을 통해 Payman이 말한 것을 확인할 수 있었다. 교사들은 여학생과 남학생이 학습 활동에 더 많이 협력하고 공동으로 참여해야 한다고 주장했지만, 자신들이 추구하는 것을 행동으로 실천하지 않으며 남성과 여성의 교무실을 분리하여 사용하고 있었다.

종교, 가치, 젠더

Fawzi는 자신의 오빠가 반 친구들과 어울리지 못하게 하자 이를 비관하여 자살한 한 학생의 충격적인 이야기를 들려주었다. 그는 이 사건이 여학생들의 능력에 대한 사회적 인식뿐만 아니라 가정과 학교 간의 의사소통에 근본적인 질문을 제기한다고 말했다.

> 어제 16~17세의 어린 여학생이 몸의 65%를 불태워 자살했습니다. 그녀의 오빠가 학교 밖 수업에 참여하는 것을 허락하지 않았기 때문입니다. 이는… 교육과정 활동을 파악하는 데 있어 학교와 가정 간의 의사소통과 협력이 부족함을 보여주는 전형적인 사례입니다… 성 평등은 여학생과 남학생의 역할에 대한 문화적 이해와 관련이 있으며, 이는 종교나 과학에 근거하지 않습니다… 이는 여학생의 잠재력과 행동에 대한 잘못된 인식의 예입니다 (Fawzi, 고등학교 교사).

Fawzi는 또한 부족주의의 지배력과 성 평등의 실현을 방해하는 이슬람 율법학자들의 영향력에 대해 우려를 표명하였다.

> 가장 큰 한계는 부족주의적 사고방식이 사회를 지배하고 있다는 점입니다. 우리 사회는 절실히 필요한 현대화를 적극적으로 받아들이지 않고 있습니다… 또 다른 중요한 문제는 충분한 교육을 받은 종교인이 부족하다는 것입니다… 사회에서 중요한 역할을 하는 이슬람 율법학자는 많지만, 코란의 진정한

의미를 이해할 만큼 충분한 교육을 받은 이슬람 율법학자는 거의 없습니다. 우리 종교는 여성과 남성의 동등한 권리를 허용하지만 이를 제대로 이해하지 못하고 있습니다. 솔직히 말하면 우리는 사회적 요구에 따라 종교 개혁을 준비하는 마음가짐이 필요합니다. 이것은 이슬람에서 허용됩니다. 하루에 다섯 번 하던 기도를 세 번으로 줄이자는 것이 아니라, 선지자가 살던 시대와 오늘날은 매우 다르다는 것을 이해해야 합니다(Fawzi, 고등학교 교사).

기독교인인 Sawsan은 다음과 같이 이야기하였다.

'우리는' 평등한 대우를 강조하는 우리의 종교적 이상과 성 평등을 연결시켜야 합니다. 이슬람교에서도 성 평등의 필요성을 강조합니다. 저는 선지자 무하마드가 성 평등을 강조한 이슬람의 역사를 가르쳤습니다(Sawsan, 사회과 교사).

마지막으로, 유엔 아동권리협약에 대해 잘 알고 있는 교육자는 거의 없었으며, 교재를 검토했을 때 아동 권리가 포함되어 있지 않다는 사실을 인지하지 못하는 것으로 나타났다. 교육자들은 민족적 다양성보다는 젠더에 대해 논의하는 것을 더 편하게 생각했지만, 다수는 학생들과 정치적, 종교적, 젠더와 관련된 것으로 해석될 수 있는 학급 토론은 문제가 있다고 이야기하였다.

우리 공동체에서는 오해가 매우 쉽게 일어납니다… 정치적, 종교적, 젠더 관련 문제에 대해 이야기하는 경우, 학급 토론은 역효과를 낳을 수 있습니다. 예를 들어, 수업 시간에 밸런타인데이에 관해 이야기한다면 오해를 불러일으킬 수 있으며… 심지어 가족들이 간섭할 수도 있습니다… 따라서 교실에서 젠더와 관련된 주제를 논의하는 것을 의식적으로 피하는 편입니다(Ahlam, 고등학교 교사).

앞으로 나아갈 길

쿠르드족 교육자들이 사회 정의와 아동 복지에 대해서 헌신하고 있다는 점은 큰 강점이었다. 그러나 불충분한 교육과 여성과 남성 사이에 상당한 불평등이 존재하는 사회 분위기로 인해 많은 어려움이 있었다. 그럼에도 불구하고 교사들은 종종 아동 권리를 옹호하였다.

교육과정에서 권리에 대한 지식에 중점을 두고 있지만, 국제 문서에 표현되고 정치적 미사여구로 반복되는 이상과 교사와 아동의 일상 현실 사이에는 차이가 있다. 학교에서 이루어지고 있는 인권 교육은 아동의 권리(특히 여학생의 권리)가 거부되는 상황과 보수적이고 가부장적인 가치가 강력하게 지배하는 가족 및 사회적 맥락에서 이루어진다.

중요한 것은 교사가 이에 대응할 수 있는 적극적인 방법에 대한 교육을 받으며, 권리와 문화적 규범 사이의 긴장과 아동의 권리 주장을 지원하는 방법에 대해 논의할 수 있는 기회가 필요하다는 것이다. 또한 아동의 일상 생활에서의 기본적인 인권 기준에 초점을 맞추어 부모와 지역사회 구성원을 대상으로 한 인식 제고가 필요하다. 교사에게는 양질의 교과서가 필요하며 교재, 교육학, 평가 절차가 인권 및 성 평등과 관련된 정책 목표를 지원할 수 있도록 인권 교육 평가를 심도 있게 고려해야 한다.

학생들이 인권에 대해 배웠음에도 불구하고 사회적 조건이 인권을 침해한다면 학생들은 무력감을 느낄 가능성이 높다. 학교라는 공동체 안에서 권리를 경험할 기회가 필요하다. 이라크 쿠르디스탄과 같이 분쟁이 끊이지 않는 사회에서는 권리 교육과 학습자 역량 강화에 특히 중점을 두어야 한다. 이는 학습자가 다른 사람, 특히 자신과 다른 사람들의 권리에 대해 책임감을 갖고 보호할 수 있는 기술을 배우고 성별, 민족, 종교 집단 간의 연대감을 형성하는 것을 의미한다. 이것이 바로 "세계시민주의 시민권을 위한 교육"을 구성하는 것이다(Osler & Starkey, 2005).

교육자들은 연대의 핵심 개념과 권리 실현에 있어 연대가 차지하는 역할에 대해 설명하였다. 연합 쿠르디스탄 지방 정부는 쿠르드족 연대를 장려하며 부족주의와 같이 권리를 훼손할 수 있는 다른 연대에 맞서고 있다. 쿠르드 민족주의와 정체성에 호소하는 것은 정치적 목적을 달성하고 단결을 장려하지만, 모든 사람이 쿠르드족은 아니며, 내부 이주로 다양성이 확대되고 불안과 전쟁의 위협이 증가함에 따라 상당수의 국내 실향민과 난민이 발생하기 때문에 이는 한계가 있다.

종교 및 부족 권력을 포함한 강력한 보수 세력이 결합하여 성 평등을 훼손하고 있다. 젠더는 민감한 논의의 영역이지만 종교적·민족적 다양성은 완전히 배제되는 경우가 많다. 효과적인 인권 교육을 위해서는 국제적 규범을 국가 정책으로 전환하는 것 이상의 노력이 필요하다. 인권 교육에는 학생들에게 권한을 부여하고 민감한 문제를 논의할 수 있는 언어를 제공하는 학교 수준에서의 정책과 실천이 포함되어야 한다.

인권을 옹호하는 것은 정부의 책임이며, 교육자들은 아동의 삶에서의 미사여구와 현실 사이의 간극을 목격하였다. 연구 참여자들은 학교에서의 인권 교육이 학교 밖에서의 여학생(및 소수자)의 권리에 대한 인식을 높이기 위한 조치에 충분한 관심을 기울이지 않은 채 이루어지고 있음을 주시하였다. 정부가 자신의 책임이나 책무 과정을 강조하는 경우는 거의 없으므로 인권 교육은 지역 및 국제 비정부기구와 협업하여 교사 연수를 실시하는 등 시민 사회와의 협력을 통해 가장 잘 실현될 수 있다. 인적 자원, 특히 민주주의와 개발 강화에 대한 여성과 소녀의 기여를 최대한 활용할 수 있어야 한다. 또한 이를 통해 여성 인권이 종교적 가르침에 위배된다고 주장하는 보수 세력에 간접적으로 대응할 수도 있다.

쿠르드족 교육자들의 복합적인 관점에서 볼 때 *인권에 관한, 인권의,
인권을 위한 교육*은 풀뿌리에서부터 가부장적 가치와 부족주의에 도전하
면서 성 평등을 강화할 수 있는 잠재력을 지닌다. 이러한 통합적인 접근법은
안정적인 민주주의 국가에서 인권 교육을 시행하려는 사람들에게도 도움
이 될 수 있다.

효과적인 정치적 지도력과 다양한 정책 분야에 걸친 법적 조항이 없는
인권 교육은 효과적이지 않다. 세속적인 관점도 포함하고 있는 다종교
사회, 특히 분쟁 이후의 상황에서, 정부뿐만 아니라 시민 사회에도 부여되
는 권리와 의무의 보편적 성격을 인식하는 것은 문화와 종교 경계를 넘어
연대와 결속을 촉진할 수 있는 잠재력을 가지고 있다. 정의롭고 평화로운
장기적인 미래를 위해 이러한 연대는 매우 중요하다.

이 글을 쓰는 시점에도 심각한 불안과 전쟁의 위협이 이 지역을 다시
뒤덮고 있다. 앞서 살펴본 바와 같이 안보는 인권 교육의 기본 개념이자
인권 보장의 전제 조건이다. 쿠르드족 교육자들이 언급하지 않았지만 전
세계적으로 변화를 가져올 수 있는 강력한 도구 중 하나이자 학교에서의
인권 교육에 상당한 잠재력을 가진 것은 아동권리협약이다. 7장에서는
아동권리협약과 교육에서의 아동 권리에 대해 살펴본다.

아동 권리: 프로젝트의 핵심

이제는 더 이상 Hillary Rodham Clinton이 1973년에 말했던 것처럼 "아동 권리는 정의를 찾는 슬로건이다."라고 주장할 수 없다(Rodham, 1973).[31] 아동을 대하는 태도와 아동기에 대한 우리의 이해는 상당히 달라졌다. 이러한 변화는 1989년의 유엔 아동권리협약에 기인한다. 이 협약은 거의 전 세계에서 비준되어 정책 결정에 직접적인 영향을 주었다.

아동은 일반적으로는 특별한 보호가 필요한 취약한 대상으로 인식되지만, 오늘날에는 "예비 시민"이 아닌 참여권을 가진 동료 시민으로 인식된다(Verhellen, 2000). 아동권리협약은 참여권뿐만 아니라 제공받을 권리와 보호받을 권리를 다루고 있다는 점에서 중요한 의미가 있다. 즉 시민적, 정치적 권리와 사회적, 경제적, 문화적 권리를 하나의 문서에 통합하고 있다.[32] 실제로 이 모든 인권은 서로 연결되어 있다. 예를 들어 교육받을

---

31) 사실 당시 Hillary Rodham Clinton은 '최상의 이익' 원칙을 적용하는 문제에서 아동이 심각한 위험에 처한 경우 국가 개입을 최소화해야 한다는 보수적인 입장을 취하고 있었다(Lindsey & Sarri, 1992).

32) 현실에서 모든 인권의 향유는 서로 연결되어 있다. 세계인권선언에서는 권리를 구분하지 않지만, 냉전 기간 동안 서방 시장경제 국가들은 시민적, 정치적 권리를 강조하는 경향이 있었고 동구권 국가들은 경제적, 사회적, 문화적 권리의 중요성을 강조하였다. 이러한

권리에 대한 접근은 일자리 확보에 중요하며, 기본적인 교육을 받지 못하거나 문해력이 없다면 정치 활동에 참여하거나 표현의 자유에 대한 권리를 행사하기 어려울 수 있다. 따라서 정치적, 시민적 권리는 물론 사회적, 문화적, 경제적 권리 역시 교육받을 권리와 연결되어 있다. 따라서 아동을 포함한 모든 인간의 권리를 고려할 때 '시민적, 문화적, 경제적, 정치적, 사회적 권리'에 대해 언급할 필요가 있다.

아동권리협약은 18세 미만의 아동과 청소년을 권리 보유자로 인정하며, 이들은 학교 교육에서 이러한 권리를 행사할 수 있는 권리를 가지고 있다. 교육을 통해 인권과 사회 정의를 실현하는 프로젝트의 성패는 정책 입안자들과 학교 현장에서 종사하는 교사 및 다른 전문가들이 아동의 인권, 특히 참여권에 대해 심도 있게 이해하고 적용하는 데 달려 있다.

아동권리협약의 주요 원칙 중 하나는 아동 최선의 이익이다. 이 원칙은 아동권리협약 이전부터 존재했지만, 이를 현대적으로 해석하는 것은 교육에서 아동의 권리를 이해하기 위한 핵심이다. 아동 최선의 이익을 실현하려면 반드시 아동의 참여가 필요하며 의사 결정 과정에서 아동의 의견을 고려해야 한다. 성인은 아동을 학습 과정을 이행하고 자신의 미래를 만들어 가는 주체성을 가진 동료 시민으로 인정하며 아동 최선의 이익 원칙을 적용하고 이를 우선적으로 고려해야 한다.

이 장에서는 아동에게 영향을 미치는 의사 결정 과정에 아동이 참여하고 개입하는 것이 어떻게 아동의 인권을 보호하고 더 큰 사회 정의 실현의 수단이 되는지를 살펴본다. 아동의 참여는 양질의 교육을 보장하기 위한

구분으로 인해 1966년 시민적 및 정치적 권리에 관한 규약(ICCPR)과 경제적, 사회적, 문화적 권리에 관한 규약(ICESCR) 두 가지 별도의 규약이 채택되었다. 오늘날에는 시민적, 문화적, 경제적, 정치적, 사회적 권리를 지칭하는 것이 일반적이다.

여러 장벽을 극복하려는 노력에 도움을 주기 때문에 핵심적이다. 아동과 청소년의 참여와 그들에게 영향을 미치는 결정에 대한 의견 표명은 단순히 공리주의적 목적이 아니라 아동권리협약 제12조에 명시된 권리이다. 이 점을 설명하기 위해 여기서는 내가 어린 시절에 받았던 학교 교육에 대해 간략하게 살펴보겠다. 이 이야기에 나타나는 사건들은 아동 권리가 널리 인식되기 전이지만 시민권과 여성의 권리가 폭넓게 인식되었던 1960년대에 일어났다. 그 당시에는 실제로는 아동 권리에 대한 논의가 진전되지 않았음에도 불구하고 일부 성인들은 아동 권리를 '슬로건'으로 사용하고 있었다(Osler & Starkey, 1996).

아동 중심 교육?

나는 런던 외곽에서 자랐고, 젊은 사람이 많고 인구가 빠르게 증가하는 신도시의 새로 지어진 학교에 다녔다. 나는 다섯 번째 생일을 몇 주 앞두고 학교에 입학하였다. 학교에는 밝고 바람이 잘 통하는 교실, 넓은 운동장과 놀이터가 있었다. 이는 그 당시 대부분의 학교가 19세기 후반 빅토리아 시대 건물을 보수하지 않은 채 사용하고 있던 것과는 완전히 대조적이었다. 교실 창문 너머로 보이는 풍경은 런던에서 가족 단위로 이주해온 새로운 주택 개발 지역이 아니라 숲과 들판이었다. 교사들은 학생들을 데리고 자연으로 산책을 나가곤 하였다.

밝게 빛나는 새 학교는 전후 영국의 교육 투자 계획의 일부였다. 1950년에서 1970년 사이 영국에는 매일 새로운 학교가 세워졌다(Saint, 1987). 내가 살았던 하트퍼드셔의 혁신적인 학교 건축 프로그램은 이를 잘 반영하고 있었다. 건축과 가구는 실험적이었고, 실내 장식은 21세기 초반에 디자

인된 가장 매력적인 교실에 있는 것과 비슷했다. 교실은 넓었고 사각형 모양의 교실 두 개가 붙어 있었다. 한 교실에는 학생들이 그룹으로 활동할 수 있는 육각형 테이블이 있었고, 다른 교실에는 장난감, 게임, 교실 도서관, 모래 상자와 같이 어린아이들을 위한 시설이 있었다. 강당은 체육관으로도 사용되었으며, 음악·체육·창작 예술 과목이 교육과정의 중요한 부분이었다. 교사들은 대체로 활기찼고, 아동 중심의 진보적인 교육 방식을 구현하기 위해 노력했으며, 학교 건물은 이를 뒷받침하도록 설계되었다.

나는 읽는 법을 배우고 싶어 하는 예리하고 열정적인 학생이었다. 그러나 학창 시절의 초기에는 나의 호기심과 흥분에, 그리고 나중에는 학교에서의 행복감에 부정적인 영향을 미친 일상적인 관행이 있었다. 우리는 당시 흔히 볼 수 있는 Janet & John 방식으로 책을 읽기 시작했는데, 이는 전통적인 백인 중산층 핵가족의 성적 고정관념을 가진 아이들의 명랑하고 밝은 사진을 보고 말하는 것이다. 이 가족은 나의 가족과는 완전히 달랐지만 나는 빠르게 학습하였다. 이 책들의 내용은 내가 기대했던 것만큼 흥미롭지는 않았지만 크게 문제 되지는 않았다. 일단 이 책들을 다 읽고 나면 더 재미있는 책과 이야기를 "자유롭게 선택"할 수 있었기 때문이다.

불행하게도 학생들은 한 책에서 다음 책으로 넘어가기 전에 교사의 책상 앞에 줄을 서서 큰 소리로 그 내용을 다시 읽어야 했다. 분명 이 시스템은 진도를 점검하고 기록하기 위한 것이었지만, 나는 매 수업 오래 기다리며 시간을 낭비했던 것으로 기억된다. 한번은 소리 내어 읽지 않고 다음 책으로 넘어가도 되는지, 줄을 서서 다른 책을 봐도 되는지 물었던 기억이 난다. "안 된다"는 단호한 대답은 선생님이 나를 신뢰하지 않는다고 느끼게 하였고, 독서에 능숙한 학생들에게 독서 수업은 책을 즐기는 것이 아니라 줄을 서는 것이라는 메시지를 강하게 남겼다.

여섯 번째 생일 무렵, 나는 학교 교육이 목적 없이 시간을 채우는 것이라는 사실을 알게 되었다. 교사는 많은 어린 학생들을 관리하는 데 체계적이고 능숙하였다. 그럼에도 불구하고 아동의 관점에 거의 관심을 기울이지 않았기 때문에, 교사나 다른 어른들이 정말로 아동 최선의 이익이라는 원칙에 따라 행동하고 있는지를 확인하기란 불가능하지는 않더라도 어려웠다. 모든 아동들을 똑같이 대우하는 것은 지금과 마찬가지로 형평성을 보장하지 못했고 단지 좌절감과 실망만을 안겨줄 뿐이었다. 널리 퍼져 있던 아동 중심 교육 개념은 자비로운 어른들이 아동 최선의 이익을 결정하고, 평등이라는 이름으로 아동들의 차이점을 간과하는 교육이었다.

하지만 나의 초창기 학교생활에서 훨씬 더 심각한 문제는 몇 년 후인 아홉 살 때 발생하였다. 같은 반 친구인 쌍둥이 형제가 계속해서 지각을 하였다. 나의 어머니는 그들의 가족 상황이 바뀌어 아버지와 새어머니가 함께 살고 있다고 설명해주셨지만, 아무도 근본적인 원인을 찾으려고 노력하지 않았다. 어쨌든 새로운 담임 선생님은 쌍둥이에게 지각에 대해 경고하였다. 하지만 이것은 쌍둥이의 아침 등교에는 거의 영향을 주지 않았다. 내 기억으로는 2년 동안 매일 아침 쌍둥이가 차례로 '슬리퍼'로 매를 맞는 의식으로 수업이 시작되었다. 이것이 두 소년에게 어떤 영향을 미쳤는지는 확실하지 않지만, 나에게는 두려운 일상이 되었고 학교생활에 대한 즐거움도 사라지게 되었다. 학교에서 나의 생존 전략은 모든 규칙에 겉으로는 순응하는 것이었고, 허용될 때만 의견을 제시하거나 참여하는 것이었다. 그 2년 동안 비난과 처벌에 대한 두려움이 모든 교실 활동을 지배했다고 느끼는 학생이 오직 나만은 아니었을 것이다.

안타깝게도 이러한 관행은 먼 과거의 일이 아니다. 영국에서 학교 체벌이 최종적으로 금지된 것은 그리 오래되지 않았다. 아동권리협약 제37조에서는 어떤 아동도 잔인하고 비인간적이거나 굴욕적인 대우나 처벌을 받아서는 안 되며, 학교 처벌은 "아동의 인간적 존엄성에 부합하는 방식으로 시행되어야 한다."고 명시하고 있다(제28조). 1987년에 마침내 영국의 공립학교와 정부 보조금을 받는 사립학교에서 체벌이 금지되었지만, 그 이전에도 개별 교사가 우리가 목격한 것과 같은 체벌을 하는 것은 허용되지 않았다. 이후 1999년(잉글랜드와 웨일스), 2000년(스코틀랜드), 2003년(북아일랜드)에 다른 사립학교에서 체벌이 금지되었다. 2005년에 기독교계 사립학교 교장들이 체벌 금지에 도전했지만 실패하였다.[33] 유엔 아동권리위원회(2006), 유럽 의회 의원총회(PACE, 2004), 미주 인권위원회(2009) 등 다양한 국제 인권 기구에서는 모든 종류의 체벌은 아동 인권 침해라고 명시한다. 대부분의 유럽과 한국에서는 체벌이 사실상 금지되어 있으며 캐나다, 남아프리카공화국, 뉴질랜드에서는 불법이다. 체벌이 금지된 국가에서도 아동이 목소리를 내지 못하고 부모가 체벌을 묵인하는 곳에서는 공식적 또는 비공식적으로 체벌이 지속되는 경우가 많다.

학교가 아동의 인권, 특히 아동의 참여권을 훼손할 수 있는 것은 평범하지만 문제가 되지 않는 일상적인 관행에서 비롯된다. 잠재적으로 유토피아적 인권 비전을 실현하는 핵심 수단이 될 수 있는 학교는 암묵적으로 기존의 불평등을 강화하고, 자신들이 섬기고 있다고 주장하는 사람들의 관점을 무시하며, 아동에 대한 폭력의 도구가 될 수 있다.

---

33) 이들은 유럽 인권협약 제9조에 따른 종교의 자유를 침해했다고 주장하였다. R(Williamson 대리) vs 교육고용부 장관 사건은 항소심에 상고되었다. 상원은 종교의 자유와 그 신념을 표현하는 자유 사이에는 차이가 있으며, 이러한 자유는 "민주 사회에서 타인(이 경우에는 아동)의 권리와 자유를 보호하기 위해" 제한된다고 판결하였다.

아동의 권리와 학교 폭력

학교 폭력은 다양한 형태로 나타날 수 있으며 신체적 폭력뿐만 아니라 대인 관계, 제도적, 구조적 폭력일 수도 있다. 다양한 폭력의 표현은 학생들 사이에서 불안감을 유발할 수 있다. 앞의 사례에서는 학급 전체가 조직적인 폭력을 경험했으며, 지각이 잦고 반항적인 두 명의 학생에게 가해진 모욕적인 체벌도 문제이다. 지금은 '학교 폭력'이라는 용어가 국제적으로 통용되고 있지만, 1990년대 후반까지만 해도 학자와 실무자들은 *반사회적 행동*이라는 용어를 보다 선호했다(Debarbieux, 2001). 영국에서 일반적으로 사용되는 용어 중 하나는 *적개심*이다. 이 용어는 반사회적이거나 불만을 품고 있다고 생각되는 개인이나 집단에 초점을 맞춘다. 문제의 원인을 개별 학생에게 초점을 맞추면 특정 문제가 있는 제도적 절차가 은폐될 수 있다.

여학생의 학교 배제 경험에 대한 연구(Osler, 2006; Osler, Street, Lall, & Vincent, 2002; Osler & Vincent, 2003)에 따르면 영국에서 남학생들은 징계 조치로 인해 학교에서 배제될 가능성이 더 높은 반면, 여학생들은 학업적·사회적·정서적 어려움을 겪어도 관심을 덜 받고, 학습 문제가 은폐되며, 지원받기도 어려운 것으로 나타났다. 청소년과 함께 일하는 전문가들은 학업 성취도 향상에 대한 압박을 받는 교사들이 남학생의 잠재적 불만에 초점을 맞추고, 여학생의 행동 규범에 대한 문제는 다른 사람의 학습을 방해할 가능성이 적다는 이유로 무시되는 경향이 있다고 지적한다. 한 교육심리학자는 연구팀에 다음과 같이 설명하였다.

제가 연구하는 학생이 있습니다… 그녀는 울고, 걱정하고, 숙제를 거부하는 등 정서적으로 매우 힘들어합니다. 학교에서는 그녀를 걱정하지만, 책상을 던지는 180cm 학생의 문제만큼 긴급하지는 않습니다(Osler, 2006, p.574).

여학생들 사이에서 간접적이고 심리적으로 괴롭히는 일이 "숨겨진 공격의 문화"(Simmons, 2002)로 이어져 상당수의 학생이 공포 속에서 생활하고 있다는 사실은 사이버 괴롭힘에 대한 연구를 포함하여 학교 폭력에 대한 연구(Cassidy, Faucher, & Jackson, 2013; Cassidy, Jackson, & Brown, 2009; Jackson, Cassidy, & Brown, 2009)를 통해 알 수 있다. 이러한 괴롭힘은 장기적으로 악영향을 미치지만, 성인들의 눈에는 거의 띄지 않는다. 좋은 시험 성적과 같이 학교의 외적 혜택에 주로 관심이 있는 학생들에게는 교사의 불리한 평가나 낮은 수준의 반으로 배치되는 것도 폭력의 한 형태가 될 수 있다.

Osler와 Vincent(2003)의 연구에서는 학교 폭력 문화를 해결하기 위해 정책 입안자와 교사가 처음에는 남학생, 그다음에는 여학생, 그리고 다시 남학생을 지원이 필요한 대상으로 보는 "젠더 시소"(Collins, Kenway, & McLeod, 2000)에서 벗어나 보다 복잡한 그림으로 이를 인식해야 한다고 주장한다. 성 평등과 정의 실현을 위해서는 단순히 성취도 자료와 배제율을 균등하게 맞추려고 노력할 것이 아니라 더욱 세밀한 방식으로 접근해야 한다. 학생의 관점에 중심을 두고 학교 문화의 일상적인 비인간성을 다루는 렌즈를 통하여 학생 자신의 경험을 바라보고, 비인간성과 학교 폭력 및 배제 사이의 연관성을 탐구할 수 있다. 국제 인권 기준에 따라 학생들의 관점에 중심을 두는 연구는 더욱 복잡한 "젠더 퍼즐"(Collins 외, 2000)과 관련이 있다. 이는 인종, 민족, 성, 빈곤 등의 문제가 반드시 선형적인 인과 관계로 나타나는 것이 아니라 청소년의 삶 속에서 서로 얽혀 있음을 인식하는 것이다.

성인 의사 결정권자가 청소년의 관점을 고려하도록 요구하는 아동권리 협약은 연구 설계(Emerson & Lundy, 2013; Osler, 2010b; Starkey, Akar,

Jerome, & Osler, 2014)뿐만 아니라 일상적인 교육 관행에도 적용될 수 있다. 즉 학생들은 연구 대상에서 벗어나 연구 설계에 참여할 기회, 즉 자료를 수집하고(따라서 새로운 기술을 갖추게 되고) 연구 결과를 해석, 발표, 공유할 수 있는 기회를 갖게 된다. 이러한 과정은 연구팀과 연구에 참여하는 학생에게 다양한 이점을 제공하며, 특히 다른 상황에도 적용할 수 있는 연구 기술을 학습할 수 있다는 점이 가장 큰 장점이다.

아동의 권리에 관한 유엔 협약

아동권리협약은 가장 널리 인정받는 유엔 인권조약으로, 194개 주권 국가 중 193개 국가가 협약 당사국이다. 예외적으로 미국은 1995년에 비준 의사를 밝힌 국가이다. 2008년 미국 대선 후보들은 한 청소년 토론회에서 다음과 같은 질문을 받았다. "대통령이 된다면 유엔 아동권리협약 비준을 추진하시겠습니까?" Barack Obama는 미국이 "무법 국가"인 소말리아와 마찬가지로 협약을 비준하지 않는 것은 "부끄러운 일"이라고 답했다.[34] 그는 아동권리협약을 검토하고 "인권 분야에서 미국의 글로벌 리더십을 회복할 것"을 약속했다(Obama, 2008). 다음 단계는 상원에 협약을 상정하는 것이며, 대통령 비준을 위해서는 상원의 동의가 필요하다.

아동권리협약의 취지와 조항에 대한 오해로 인해 미국 상원과 일부 대중들은 이를 강력하게 반대하였다. 미국기독교연합(Christian Coalition of America), 애국미국여성연합단체(Concerned Women for America), 이글 포럼(Eagle Forum), 국립가정교육센터(National Center for Home Education) 등 정치적으로 보수적인 미국 내 여러 단체가 아동권리협약에 반대했다.

---

34) 소말리아는 2015년 1월 아동권리협약을 비준하였다.

이들 단체는 아동권리협약을 위협으로 묘사하고 국가의 주권과 관련하여 근거 없는 우려를 제기한다. 이들은 아동권리협약이 부모의 권위를 약화하고, 개별 주(州)의 권리를 축소하며, 부모와 자녀의 관계를 약화하고, 낙태를 조장하고, 부모를 고소하게 될 것이라는 등 다양한 주장을 제기한다. 이들은 사실상 유엔이 미국 아동의 양육과 교육 방식을 결정하게 될 것이라고 주장한다. 보다 우호적인 정치 환경이 조성될 때까지 비준은 어려울 것으로 보인다.

이러한 주장과 생각은 국제 인권조약이 이행되는 방식에 대한 잘못된 생각과 오해에서 비롯된 것이다. 반대론자들이 비판하는 일부 조항은 사실 Reagan과 Bush 대통령 행정부 시절에 아동권리협약 초안 작성 과정에서 미국이 제안한 것으로, 미국 헌법에 따라 미국 아동들이 이미 누리고 있는 권리를 반영하고 있다. 그러나 이는 모든 아동이 헌법에 따라 보호받는다는 것을 의미하지는 않는다. 미국이 아동권리협약을 비준하게 되면 미국 시민권이 없이 미국에 살고 있는 아동들에게까지 권리가 확대되어 이에서 배제되어 왔던 아동들의 형평성을 보장할 수 있다.

아동권리협약은 18세 미만의 모든 청소년에게 적용된다. 이 협약은 국제법상 법적 구속력은 있지만, 외부의 통제 권한은 없다. 정부(비정부기구는 원하는 경우)는 정기적으로(일반적으로 5년마다) 아동권리위원회에 보고해야 한다. 정부와 비정부기구는 교육 분야에서 소외되고 취약한 아동과 청소년의 필요를 고려하여 유아기부터 고등교육 및 직업 수준까지 아동이 권리를 누릴 수 있는 법률, 정책 및 기타 조치에 대한 최신 정보를 요구하는 지침에 따라 협약 이행의 진전 상황을 보고해야 한다. 아동권리협약 제44조에 따라 보고하는 것이 의무이며, 교육받을 권리(제28조), 인권교육과 시민 교육을 포함한 교육의 목표와 질(제29조), 원주민 및 소수 민족 아동의 문화적 권리(제30조)의 내용을 포함해야 한다.

아동권리위원회는 비정부기구의 추가 보고서를 환영한다. 비정부기구들은 종종 아동들과 협의하여 위원회에 제출할 자료를 작성한다. 비정부기구들의 보고서는 정부가 작성한 답변서와 함께 아동권리위원회에 제출된다. 이를 통해 정책 시행과 잠재적으로 나타날 수 있는 간극에 대해 다각적인 시각을 얻을 수 있다. 이후 위원회는 청문회를 열어 정부 관계자에게 진행 상황에 대해 질문하고 다른 당사자에게 조언을 구하기도 한다. 이 과정이 끝나면 위원회는 최종 논평을 발표한다. 아동위원회의 논평은 다소 간략하며 구체적인 관심 초점은 국가마다 상당히 다를 수 있어 인권 교육과 관련하여 국가 간 진행 상황을 체계적으로 비교할 수는 없지만(Gerber, 2013) 그럼에도 불구하고 시민 사회가 인권과 관련하여 나타나고 있는 진전 상황을 판단하고 아동 권리 옹호에 참여할 수 있는 기준을 제시한다.

다른 많은 국가와 마찬가지로 미국에서도 이러한 조약은 집행력이 없으므로 의회 또는 주 입법부에서 제정된 국내법을 통해서만 이행될 수 있다. 국가가 아동권리협약을 비준하면 협약의 특정 조항을 거부하거나 명확하게 할 수 있다. 따라서 유엔이나 아동권리위원회는 국가의 주권을 훼손하지 않는다. 이 조약을 비준함으로써 미국 연방 정부는 특정 조항을 이행할 의무를 갖게 된다.

아동의 폭력·학대·위험한 고용·착취·납치·인신매매로부터의 자유, 적절한 영양 섭취, 무상으로 제공되는 의무 초등교육, 적절한 건강관리, 성별·인종·문화적 배경과 관계없는 평등한 대우, 사상의 자유, 자신에게 영향을 미치는 사안에 대해 의견을 표현할 권리, 여가·놀이·문화·예술에 대한 접근성 등이 아동권리협약의 주요 관심사이다. 아동 인권 아젠다는 아동의 시민적, 정치적 권리뿐만 아니라 경제적, 사회적, 문화적 권리를 포괄한다.

아동 인권 아젠다는 매우 정교하며, 국제법에 성문화되었으며, 아동권리협약의 조항들은 법적 체계와 국내 정책에 통합되어 전 세계 각국 정책으로 제정되었다. 사실상 거의 보편적으로 채택된 아동권리협약은 각국이 아동을 동료 시민이자 동등한 존엄성을 지닌 권리 보유자로 인정하는 법적 체계를 개발하고 정책을 시행하는 데 도움을 주었다. 이는 아동을 부모의 소유물로만 여겼던 법적 체계와 아동기에 대한 사회적 개념에서 벗어나 아동을 권리 보유자로 바라보는 데 있어 중요한 진전이다. 아동사회학 분야의 학자들은 이러한 개념들을 지속적으로 연구하고 있다(Qvortrup, Corsaro, & Honig, 2009).

이전 장에서 논의한 바와 같이 아동권리협약에 명시된 시민적, 정치적, 사회적, 경제적, 문화적 권리는 서로 연관되어 있다. 기본적인 경제적·사회적 필수품이 부족한 아동은 정치적 권리를 주장하기 어렵고, 정치적 자유가 없는 아동은 경제적·사회적 권리를 주장하기 어렵다. 전 세계적으로 비준된 아동권리협약은 정부의 아동 인권 이행 과정을 측정할 수 있는 기준을 제공하고 있다. 아동권리협약은 강력한 표준 설정 도구이자 아동의 이익을 대표하는 비정부기구들이 보다 큰 사회 정의 투쟁을 위해 사용할 수 있는 도구이기도 하다.

이상과 현실의 간극 좁히기

1989년에 아동권리협약이 채택된 후, 뉴욕에서 열린 세계아동정상회의(World Summit for Children)에서 선포된 아동의 생존, 보호 및 발달에 관한 세계 선언(UNICEF, 1990)은 전쟁과 침략의 결과로 "집과 고향을 떠나야 하는 난민과 추방된 아동"(제4조)을 포함하여 가장 취약한 아동의 필요에 초점을 맞추고 있다. 선언문은 "모든 어린이에게 더 나은 미래를 제공하는 것보다 더 고귀한 일은 없다"(제25조)고 결론 내리고 있다. 유엔 정상회의(United Nations Summit)에서 세계 지도자들은 교육 분야에 대해 다음과 같이 선언하였다.

> 우리는 문맹률을 줄이고 배경과 성별에 관계없이 모든 아동에게 교육 기회를 제공하며, 아동이 직업 훈련을 통해 생산적인 고용과 평생 학습 기회를 가질 수 있도록 준비시키고, 지지와 보살핌을 받을 수 있는 문화적 및 사회적 환경 속에서 성인으로 성장할 수 있도록 노력할 것이다(제6조).

세계교육포럼(World Education Forum)이 다카르 행동 강령(UNESCO, 2000)과 인천 선언(UNESCO, 2015)에서 채택한 '모두를 위한 교육 아젠다'(World Conference on Education for All, 1990)는 소수 언어와 소수 민족, 이주민, 원주민, 장애인, 거리의 아이들, 분쟁의 희생자 등 소외된 아이들을 포함한 모든 아동에게 양질의 보편적 초등교육을 실현하기 위한 국제 사회의 노력을 강조한다.

1990년에는 국제 협력을 통한 아동 권리 증진에 우호적인 국제적 분위기가 조성되었다. 1990년대 이후 경제 위기, 전쟁, 안보라는 명목으로 인권에 대한 약속이 무너지면서 아동 권리 증진에 대한 낙관론은 약화되었다. 부유한 국가의 교육 관계자들은 일반적으로 국제 경쟁에 초점을 맞추며, 자국의 아동들이 PISA 시험 점수로 대표되는 국제 교육 성과 순위에서 뛰어나야 한다는 정부의 관심을 반영하였다. 학자들은 국내에서 출생한 학생들의 시험 결과에 이민자 학생들이 미치는 영향에 초점을 맞추고 있다(Brunello & Rocco, 2013). 이러한 연구는 더 큰 사회 정의에 이바지할 수 있는 잠재력을 지니지만, 이미 혜택을 받은 사람들을 더욱 성장하게 하고 공정한 결과를 얻을 수 있는 기회를 축소하는 데 사용될 수도 있다.

국제 협력에 대한 현재의 논쟁은 테러 방지 조치의 필요성을 강조하는 반면 삶을 변화시키고 권리를 보장하는 교육의 잠재력은 강조하지 않는다(Coppock, 2014). 2015년에는 101만 1,712명의 이주민이 지중해를 건너 이탈리아, 그리스, 스페인, 몰타에 도착하였으며 이 과정에서 3,770명이 사망하였다(국제이주기구 IOM, 2015). 이 수치는 2015년 전 세계 이주민 사망자 수의 약 4분의 3에 해당한다. 2015년에 약 3만 5,000명의 이주민이 육로를 통해 유럽에 도착하였다. 유럽으로 망명을 신청하는 사람들과 그 여정에서 사망한 상당수는 시리아와 이라크 출신이다. 2015년 7월 기준 레바논에 117만 명, 튀르키예에 180만 명, 요르단에 60만 명 이상의 시리아 난민이 있다. 이라크에는 25만 명의 시리아 난민이 있으며, 이들 대부분은 이라크 쿠르디스탄 자치 지역에 거주하고 있다. 이라크의 상황은 약 300만 명의 국내 실향민으로 인해 더욱 복잡해졌으며, 이들 중 상당수가 쿠르디스탄 지역으로 피난을 떠났다. 시리아 내에도 760만 명의 난민이 있다.

1990년 보편적 초등교육에 대한 열망이 있은지 약 25년이 지난 지금, 중동의 분쟁으로 아동들은 교육받을 권리를 박탈당하고 있다.

> 불과 몇 년 전까지만 해도 보편적 교육 목표에 근접해 있던 이 지역은 오늘날 무력 분쟁의 직·간접적인 영향을 받는 국가가 되어 1,300만 명 이상의 아동들 이 학교에 다니지 못하는 비참한 상황에 직면해 있다(UNICEF, 2015, p.3).

Martha Fineman(Fineman, 2008; Fineman & Grear, 2016)은 인권을 옹호하기 위해 "보편적 인간 취약성"이라는 개념을 도입하여 취약성과 의존성이 인간 조건에 내재해 있다고 가정하고, 21세기 사회 정의를 달성하기 위해서는 *보다 적극적으로 대응하는 국가*가 필요하다고 주장한다

176

(Fineman, 2010, p.260). 그녀는 인간의 의미를 정의하기 위해 존엄성이나 자유와 같은 추상적이고 논쟁의 여지가 있는 원칙에 의존하기보다는 신체적, 물질적, 제도적 맥락이 논의에 포함될 수 있도록 비판적 법률 연구를 발전시켰다.

Fineman은 *육체적인* 존재로서 인간은 보편적이고 개별적으로 평생토록 상처, 피해 및 의존성에 있어 항상 취약하다고 주장한다(Fineman, 2016). 불사신의 상태는 존재하지 않기 때문에 회복 탄력성의 가능성만 존재할 뿐이다. 우리는 회복 탄력성을 가지고 태어나지 않기 때문에 사회적 제도와 관계를 통해 회복 탄력성을 만드는 자원을 확보해야 한다. 취약성에 적응하고, 이를 개선하고, 보상하고, 억제할 수 있는 충분한 자원이 있을 때 우리는 회복 탄력성을 획득할 수 있다.

Fineman의 관점에서 보자면 인간의 취약성으로 인해 교육을 포함한 모든 사회 제도와 관계에서 규칙이 필요하다. 규칙은 집단(이 경우 학교 공동체)의 이익을 위해 개인을 제약하는 역할을 한다. 국가의 역할은 법을 통해 사회적으로 필요하고 정당한 규칙이 정의되고 시행되도록 하는 것이다. 따라서 규칙을 제정하고 시행함에 있어서 국가가 구체화된 존재이자 사회적 관계에 내재한 법적 주체의 요청에 대응할 것이 요구된다. 즉 회복 탄력성은 국가와 다양한 제도가 기반을 조성하여 모든 사람이 보호받고 참여할 수 있을 때 가능하다. 이를 위해서는 사회 제도와 사회적 관계의 운영에 대한 인식과 모니터링, 그리고 그 안에서 특권과 불이익이 발생하는 방식에 주의를 기울여야 한다. 이러한 관점에서 볼 때 경제적, 사회적, 문화적 권리뿐만 아니라 시민적, 정치적 권리를 포함한 모든 권리는 국가의 적극적이고 책임 있는 대응을 필요로 한다.

이러한 분석은 취약성을 약자의 경험으로 제한하고 인간의 동정심에 기반하도록 하는 논쟁에서 벗어나 인류가 공유하는 특징으로 취약성을 보며 정치적 대응이 필요하다는 관점에서 접근한다. 우리의 공동 관심사는 국가적 행동과 대응을 통해 인간의 취약성이 회복 탄력성으로 전환되는 것이다. 물론 국가의 책임을 강조한다고 해서 국가에 책임을 요구하는 적극적인 시민 사회의 필요성이 사라지는 것은 아니다. 사회 정의 문제를 해결하기 위해 모든 국가가 함께 협력하고 공동 책임을 져야 한다는 주장은 설득력이 있다. 즉 Fineman의 논지를 국가의 경계를 넘어 확장하려면 세계시민주의적인 이해가 필요하다.

교육은 다른 권리에 대한 접근을 가능하게 하는 권리이다(McCowan, 2013). 그러나 여전히 전 세계 약 6,000만 명의 아동들이 교육받지 못하고 있다. 학교 교육에 거의 누구나 보편적으로 접근할 수 있는 부유한 국가에서도 소외된 아동들은 자신의 필요에 적합한 양질의 교육을 받을 권리를 주장하기 위해 계속하여 투쟁하고 있으며(Osler & Osler, 2002), 이는 아동권리협약(제17조, 제29조, 제30조, 제31조)의 문화적 권리 보장과 관련이 있다. 이 장의 마지막 절에서는 학교에서의 아동권리협약의 이행과 아동의 삶에서 더 큰 사회 정의를 실현할 수 있는 가능성에 대해 살펴본다.

아동 인권과 민주 시민 교육

유엔 아동권리협약은 시민으로서의 아동의 지위를 확인하고, 아동과 청소년에게 참여권과 준비 및 보호에 관한 권리를 제시하고 있다. 세계화 시대에 많은 학자들은 시민 교육을 민족 국가의 틀 내에서만 생각하거나, 학교의 모든 학생이 국가의 시민이 되거나 시민이 되기를 갈망한다고 가정하는 것이 더 이상 적절하지 않다고 주장한다(Banks 외, 2005; Osler

& Starkey, 2005).

시민권은 *지위, 감정, 실천*으로 이해될 수 있다(Osler & Starkey, 2005). 모든 학생이 반드시 자신이 공부하는 국가에서 시민(즉 국적)의 *지위*를 갖는 것은 아니지만, 그에 수반되는 권리와 함께 모든 학생은 인권의 보유자 라는 지위를 갖는다. 시민권의 지위, 감정, 실천은 서로 연관되어 있다. 무국적자는 거의 항상 매우 취약한 상태에 놓여 있지만, 공식적인 시민권 (국적)이 없다고 해서 반드시 시민권과 공동체에 대한 소속감을 *느끼지* 못하는 것은 아니다. 소속감은 개인의 안정감과 비차별적 분위기에 따라 달라진다. 시민권의 *실천*이나 지역사회의 삶과 일에 참여하는 것이 반드시 시민권 상태에 달려 있는 것은 아니다. 예를 들어 지역사회 푸드뱅크에서 일하는 것은 국적에 상관없는 "시민권 행동"(Isin & Neilsen, 2008)이다. 그럼에도 불구하고 개인이 지역사회에 참여하고 시민권 행사에 참여할 권한이 있다고 느끼는 정도(Isin & Neilsen, 2008) 또는 시민권 *실천*은 개인이 시민권과 소속감을 느끼는 정도에 따라 영향을 받을 수 있다.

지위만을 강조하는 것이 아닌 지위, 감정, 실천 모두에 초점을 맞춘 시민 교육은 학습자의 다양한 정체성을 포괄할 수 있다. 교육자들은 국가 시민 교육과 일반적으로 '글로벌 시민 교육'으로 알려진 교육 중 하나를 선택할 필요가 없다. 시민권의 지위, 감정, 실천은 지역 수준에서 세계적 수준까지 다양한 차원에서 살펴볼 수 있다. Osler와 Starkey(2005)는 이를 인권에 기반한 "세계시민주의 시민권을 위한 교육"이라고 표현한다. 학습 자는 이러한 모든 차원에서 다른 사람들과 동질감을 갖는다. 모든 차원의 사람들과의 연대감은 인권의 핵심 개념이다. 인권 프로젝트 그 자체는 세계시민주의적이다. 세계시민주의 시민권을 위한 교육을 위해서는 국가 자체를 세계시민주의적으로 재구성해야 한다.

마찬가지로 국민과 국민이 아닌 사람들 간의 권력 관계를 다루고 국경을 넘어서 불평등, 권력, 연대를 고려하기 위해 국가를 초월한 다문화 교육 접근 방식은 글로벌화된 세계에서 더욱 적합하다. 국제 이주로 인해 많은 도시에서 "초다양성(super-diversity)"(Vertovec, 2007)이 나타나고 있다. 인권은 학생들이 권력을 비판적으로 검토하고 지역에서 전 세계에 이르기까지 다양한 차원의 다른 사람들과의 연대를 발전시키고 글로벌 문화 간 참여를 촉진할 수 있는 체계를 제공한다.

유엔 아동권리협약 제29조는 인권과 평화를 위한 교육에 대한 권리를 명시하고 있다. 제29조는 "인권과 기본적 자유 및 유엔 헌장에 명시된 원칙에 대한 존중"을 제시하고 있다. 특히 모든 아동을 위한 교육 목표를 제시하고 지역사회, 국가, 더 넓은 세계의 다른 사람들과 평화롭게 공존하기 위한 교육을 증진해야 하는 국가의 의무를 제시하고 있다. 이는 학습자의 가족 문화와 가치, 그리고 개인이 살고 있는 국가의 문화와 가치에 대한 존중을 증진하는 다문화 교육에 대한 권리이다. 제29조에 명시된 바와 같이 이러한 교육은 "모든 민족, 인종, 국가, 종교 집단" 간의 평화, 관용, 이해를 증진해야 한다. 최소한 제29조는 교사와 청소년 모두가 인권에 대해 잘 알고 있다는 것을 의미한다. 또한 다문화 국가의 모든 청소년이 자신과 다른 배경을 가진 아동 및 청소년과 어느 정도 교류하고 통합하며, 아동의 가정 문화와 아동의 정체성을 존중하는 교육이 이루어진다는 것을 의미한다. 또한 인종적, 종교적, 언어적 소수 민족 또는 원주민 출신 아동이 자신의 문화를 향유하고 종교와 언어를 실행할 수 있는 권리를 명시한 제30조는 학교 교육에 직접적인 영향을 미친다.

Grover(2007)는 완전한 교육 분리가 이루어지고 있는 곳에서는 제29조에 제시된 관용을 위한 교육을 증진할 수 없다고 주장한다. 그녀는 "평화를 위한 교육을 위해서는 국가가 다양한 인종, 종교, 문화, 언어 집단의 학생들에게 일정 수준의 교육 통합을 의무화해야 한다는 점을 인정해야 한다"고 결론 내렸다(p.60). 분쟁 후 많은 사회에서는 언어, 종교, 인종에 따라 아동을 분리하는 교육 시스템을 고안하였다. 유럽의 보스니아 헤르체고비나의 학교 시스템과 북아일랜드의 학교 시스템이 그 예이다.

주로 종교적 종파에 따라 분리된 학교 시스템을 유지하고 있는 북아일랜드는 Grover(2007)에 따르면 제29조의 필수 기준을 맞추지 못한다. 그러나 영국의 다른 많은 지역과 미국, 특히 학교 교육에서 시장 세력과 학교 교육에서 '부모의 선택'에 중점을 둔 도시에서는 아동들이 사회 계층, 인종, 종교적 소속에 따라 나뉜다. Grover의 평가에 따르면 사실상 분리된 학교 시스템은 평화와 정의를 위한 교육을 가능하게 하는 최소한의 요건에 불충분하다.

현재 아동의 교육받을 권리는 입법 및 사법적으로 종종 '부모의 자유권' (부모의 희망에 따라 자녀를 교육할 수 있는 권리)으로 해석되는 경우가 많다. Grover(2007)는 이러한 해석이 아동의 권리에 반하며 "소수자 교육이라는 개념이 *완전히 분리된 학교 시스템*으로 잘못 해석되는 경우가 많다." 고 주장한다(p.61). 그녀는 전 세계의 국가에서 "교육적 맥락에서 서로 자유롭게 결사할 수 있는 소수자 및 비소수자 아동의 법적 권리를 입법부와 법원 모두에서 자주 무시한다."고 지적한다. 즉 아동이 함께 교육받을 권리보다 "부모의 자유권" 또는 부모의 의사에 따라 자녀의 교육을 선택할 수 있는 권리가 더 우선시되는 것처럼 보인다.

성 평등과 소수자의 권리를 포함하여 교육에서 사회 정의를 실현한다는 것은 단순히 국제 문서를 국가 정책으로 전환하거나 교육 개혁을 시행하는 것 이상을 의미한다. 이는 학습자에게 자신의 권리에 대한 지식을 제공하고 학습자의 권리를 주장할 수 있는 기술을 갖출 수 있도록 학교 교육과 교육과정을 설계하는 것을 의미한다.

교육 내 권리 평가

교사와 학생은 소속하고 있는 학교의 아동권리협약 기준 준수 정도를 평가할 수 있다. Hugh Starkey와 Osler는 교사, 학교 지도자 및 관리자가 학교 관행의 아동권리협약 준수 여부를 검토하는 일련의 교육적 원칙을 개발하였다. 원칙은 다음과 같다. 존엄성과 안전(제8조, 제11조, 제12조, 제19조, 제20조, 제23조~제26조 등 다양한 조항), 공포로부터의 자유(전문, 제19조, 제23조, 제28조2, 제29조), 참여(제12조, 제13조, 14조, 제15조, 제31조), 정체성과 포용성(전문, 제2조, 제7조, 제8조, 제16조, 제23조, 제28조, 제29조, 제31조), 자유(제12조, 제13조, 제14조, 제15조), 정보에 대한 접근(제17조), 프라이버시(제16조)이다(Osler & Starkey, 2010, pp.135-137).

교사와 학생 모두가 활용할 수 있는 도구로써 부록 C에 제시된 '학교 환경은 모든 사람이 자신의 권리를 누릴 수 있는 기회를 제공합니까?' 설문지가 있다. 이 설문지를 통해 학교가 모든 아동에게 접근성, 수용성, 적응성을 어느 정도 제공하는지 살펴볼 수 있다(Tomaševski, 2001; 표 2.1 참조). 특히 국제적으로 합의된 기준, 즉 아동권리협약의 기준에 대한 수용성(교육과정과 교육)과 적응성(소수자의 요구 사항 해결)에 중점을 두고 교사와 학생들이 자신의 학교에 대해 살펴보도록 한다. 교사와 학생은 함께 이 설문지를 활용하여 아동권리협약의 조항을 고려하고, 학교 교육의 다양한 측면을 인권 기준과 비교하여 비판적으로 검토할 수 있다. 설문지는 권리의 세 가지 주요 범주인 제공, 보호, 참여에 대한 것이다. 설문지는 일련의 문장으로 구성되어 있으며, 각 문항은 아동권리협약의 하나 이상의 조항과 연결되어 있다. 예를 들어 "학생 신문은 다른 출판물과 마찬가지로 법의 적용을 받지만 추가적인 검열은 받지 않는다(제13조)."와 같다. 연구 참여자들은 자신의 경험을 바탕으로 각 기준이 항상 실현되는지, 가끔 실현되는지, 아니면 전혀 실현되지 않는지 판단한다. 이 도구를 사용하여 학생들은 개별적으로 또는 짝이나 모둠을 구성해 자신의 학교 교육과정을 검토할 수 있다.

설문을 완료한 후 학생과 교사는 학교 교육에 대한 서로 다른 반응과 관점을 비교할 수 있다. 이 설문지는 아동권리협약을 제시할 뿐만 아니라 성인-아동 간 권력 관계(Osler, 2010b; Osler & Starkey, 2010)와 민주 시민을 위한 교육에서 학교의 역할에 대한 도전적인 질문을 제기한다. Banks와 그의 동료들(2005)은 글로벌 시대에서 시민을 교육하는 것에 대한 또 다른 원칙을 제시했다. "학생들에게 민주주의와 민주주의 제도에 대한 지식을 가르치고 *민주주의를 실천할 기회를 제공해야 한다*"(p.5). 이는 학생들이 학교 내 민주적 의사 결정 과정에 참여할 수 있는 길을 열어준다. 아동권리협약 제12조는 아동과 청소년이 자신에게 영향을 미치는 결정과 관련하여 의견을 표현할 기회를 가져야 하며, 이러한 의견이 의사 결정 과정에서 "적절한 비중을 차지하도록 해야 한다"고 명시하고 있다.

두 번째 단계로, 학생들은 *"학교 환경은 모든 사람이 자신의 권리를 누릴 수 있는 기회를 제공합니까?"*와 같은 설문 문항을 아동권리협약과 비교하여 살펴보면서 설문지를 개발한 연구진들이 협약에서 설문 문항을 어떻게 도출했는지를 생각해볼 수 있다. 이러한 활동을 통해 학생들은 아동권리협약에 대한 지식과 함께 협약이 학교의 일상적인 과정에 적용되는 방법을 알 수 있다.

요약

이 장에서는 Hillary Rodham Clinton이 아동의 권리를 하나의 슬로건으로 여겼던 1960년대와 1970년대 초반부터(Rodham, 1973) 아동의 권리가 어떻게 변화하여 전 세계적으로 중요한 영향력을 발휘하게 되었는지를 살펴보았다. 또한 아동권리협약이 교육 정책과 실천에 미친 중요성과 영향력에 대해 살펴보았다.

미국에서는 아동권리협약에 대한 여러 가지 근거 없는 믿음이 존재하지만, 거의 전 세계적으로 비준된 아동권리협약과 아동의 시민적, 문화적, 경제적, 정치적, 사회적 권리를 하나의 도구로 통합하는 방식은 아동의 삶에 긍정적인 변화를 가져올 수 있는 특별한 도구가 된다. 또한 교사와 학생은 물론 시민 사회의 다른 구성원들은 교육 구조와 교육과정을 강화하여 아동과 청소년의 목표를 효과적으로 달성할 수 있다.

아동권리협약은 아동 보호와 복지, 교육 제공, 시민으로서 아동과 청소년의 역할에 대한 논쟁의 중심에 아동의 권리가 자리 잡는 데 기여하였다. 오늘날 아동기에 대한 이해와 예비 시민이 아닌 시민으로서 아동의 역할을 인식하는 것은 학교에서의 학생 참여권에 대한 논의에 영향을 미쳤다. 이는 사회과 교육 및 시민 교육 교육과정 개발에 특히 중요한 의미를 갖는다.

아동의 권리, 특히 아동의 학교에서의 참여권을 이해하지 못한다면 더 넓은 세상에서 평화와 정의를 실현한다는 인권의 유토피아적 비전(Osler

& Starkey, 2010; Starkey, 2012)은 심각하게 훼손될 것이다. 다음 장에서는 교육 프로젝트에서 세계시민주의적 비전의 중요성과 학교와 교사 교육에서 인권 담론과 실천에 대해 주목하여 세계시민주의적 이상과 학교의 일상적인 현실 사이의 격차를 보다 효과적으로 줄일 수 있는 방법에 대해 살펴볼 것이다.

세계시민주의적인 미래를 다시 상상하기

국제 사회의 관점에서 인권은 개인을 보호하고 권한을 부여하기 위해 고안된 법적 체계로 이해된다. 인권의 구조와 제도에 대해 배우는 것은 특권층이든 소외 계층이든 모든 사람들이 연대의 정신으로 자신과 타인을 위한 권리를 주장할 수 있게 한다. 그러나 보다 근본적인 차원에서 인권은 억압에 저항하려는 인간의 욕구를 표현하는 것이다. 억압에 저항하려는 욕구는 한 문화나 전통에 속하지 않는다는 점에서 보편적이다.

정의에 대한 개념은 시간과 공간에 따라 다르지만 정의를 위한 투쟁은 인류 공통적으로 나타난다. 학자들이 현대의 인권 프로젝트에 대해서 논의할 때 유럽 계몽주의로 이어지는 하나의 전통을 통해 거슬러 올라가는 반면, 전 세계 활동가들은 각 지역의 전통과 신념을 현대의 인권 기준에 연관지을 수 있다. 이런 의미에서 인권 프로젝트의 근원보다는 정의를 위해 투쟁하는 사람들이 인권을 사용하여 자신의 대의를 강화하는 것이 더 중요한 것처럼 보인다. 서로 다른 언어들이 다른 어휘를 차용하는 것과 마찬가지로, 각 문화는 발전 과정에서 다른 문화를 활용한다. 이 책에서 살펴본 바와 같이 핵심적인 문제는 문화적 차이가 아니라 지역에서 전 세계에 이르기까지 모든 수준에서 공동체 내부와 공동체 간 나타나는 비대칭적인 권력 관계이다. 누구든 어디서든 권리를 위한 투쟁의 체계로서 국제 사회의 인권 비전에 호소할 수 있다. 이것이 바로 인권에 대한 세계시민주의적 비전이자 세계시민주의적 약속이다.

사람들이 권리를 주장하려면 자신에게 권리가 있다는 것을 알아야 한다. 이것이 인권 교육의 출발점이다. 그러나 권리는 투쟁 없이 실현되는 경우가 거의 없다. 따라서 두 번째 단계는 학습자가 권리를 주장할 수 있는 기술을 갖추도록 하는 것이다. 지식이나 지식과 기술의 결합만으로 끝낼 수는 없다. 인권에 대한 지식에는 더 큰 정의에 대한 비전을 공유하는 것이 포함된다. 학습자가 기술을 갖추는 것은 그들이 보다 정의로운 사회를 형성하고 실현하기 위해 다음 단계로 나아갈 수 있는 행동 기술을 익히는 것을 의미한다. 나는 이 비전과 보다 정의로운 사회를 상상하는 도전에 대해 이야기하고자 한다. 이 점에서 나는 학습자에 대한 교사의 도덕적 의무로부터, 불공정한 세계를 살아가는 교사가 갖는 정치적 책임으로 관점을 전환하고자 한다. 이탈리아 시민 몇 명이 밀라노 중앙역에서 난민을 만났을 때 벌어진 정치적 행동의 사례를 통해 이를 설명하고자 한다.

교육 및 정치적 행위

2015년 11월에 나는 다큐멘터리 영화 <On the Bride's Side> (Augugliaro, del Grande, & al Nassiry, 2014)의 특별 상영회에 참석한 후 영화감독 중 한 명인 저널리스트 Gabriele del Grande와 질의응답 세션에 참석하였다. 이 영화는 2013년 어느 가을 오후, 이탈리아 밀라노 중앙 기차역에서의 우연한 만남의 결과로 제작되었다. Gabriele del Grande, 시인 Khaled

Soliman al Nassiry, 번역가 Tareq al Jabr 세 친구가 만나 커피를 마시며 이야기를 나누던 중 Abdallah라는 팔레스타인 청년이 이들이 아랍어로 대화하는 것을 들었다. 그는 세 친구에게 스웨덴행 기차가 어느 승강장에서 출발하는지 물었다. 세 사람은 Abdallah를 대화에 초대하였다. 다소 소박한 질문에서 Abdallah를 스웨덴으로 데려가 영화를 만들자는 아이디어가 발전 하였다.[35]

Abdallah는 2013년 10월 11일 지중해 섬인 람페두사에서 발생한 난파선 의 생존자 중 한 명이었다. 그는 동료 여행객 250명이 익사하는 것을 목격했으며, 그중에는 자신과 친밀한 관계를 맺었던 어른들과 아이들이 포함되어 있었다.

그의 이야기를 들은 세 친구는 영화감독인 친구 Antonio Augugliaro에게 연락했다. 이들은 2주 동안 Abdallah와 시리아 전쟁에서 탈출한 다른 네 명과 함께 유럽을 가로질러 스웨덴까지 약 3,000km를 운전할 계획을 세웠 고, 발각을 피하기 위해 우회 경로를 선택하기도 했다. 그들은 국경 경찰이 결혼식을 앞둔 신부에게는 검문을 하지 않을 것이라고 생각하고 가짜 결혼식으로 위장하기로 했다. 유럽 여권을 소지한 팔레스타인 친구인 Tasneem Fared의 도움을 받아 전통적인 흰색 드레스를 입은 신부로 위장하 고, 하객 역할에 동의한 여러 친구들과 영화 제작진은 불확실하고, 지치지 만 감동적이며, 여러모로 위험한 스웨덴으로 여행을 떠났다.

2013년 11월 14일 이탈리아인, 팔레스타인인, 시리아인 등 23명의 사람 들은 실제 결혼식에 참석하는 것처럼 단정한 옷차림으로 밀라노역에 모여 지중해 사람들의 협력과 연대를 보여주기 위한 여행을 떠났다. Gabriele

---

[35] 밀라노에서 스웨덴 수도인 스톡홀름까지 스위스, 독일, 덴마크를 거쳐 최소 네 번의 기차 환승을 통해 약 30시간이 소요된다.

del Grande가 강조하듯, 유럽 각국 정부가 시리아에서 탈출한 난민들에게 유럽으로의 안전한 통로를 보장하고 망명을 약속했다면 Abdallah처럼 1,000달러씩을 지불하고 지중해를 건너 죽음의 여정을 할 필요는 없었을 것이라는 내용이 이 영화의 핵심이다. 물론 분쟁은 미국을 비롯한 많은 국가들이 관련되어 있어 쉽게 해결될 수 있는 문제가 아니다. 그러나 죽음의 여정을 떠날 수밖에 없는 사람들을 구할 수 있는 방법은 존재했다.

밀라노에서 스웨덴으로 가는 4일간의 여정은 고대 산길을 걸어 프랑스를 건너고, '결혼 파티'가 이루어지는 동안 프랑스, 독일, 룩셈부르크, 덴마크를 가로질러 여러 경찰 고속도로 검문소를 피하는 것이었다. 영화에서는 프랑스 마르세유와 독일 보훔, 룩셈부르크를 거쳐 덴마크 코펜하겐에 도착한 후 스웨덴 말뫼까지 철도로 이동해 스톡홀름에서 마지막 여정을 끝마친다.

다양한 유럽 시민들은 용기 있는 시민 불복종 행동으로 이들을 지지하였다. 마르세유에서는 난민과 영화 제작자들에게 연대를 표현하기 위해 지지자들이 파티를 열었고, 실제 필요한 인원보다 더 많은 시민들이 여행자들에게 숙소를 제공하였다. 이들은 여러 나라에서 맺은 우정을 바탕으로 자신들의 꿈을 실현할 수 있었다. Gabriele del Grande의 설명에 따르면, 이들은 유럽연합이 지원하는 에라스무스 프로그램36)에 따라 유럽 전역의 대학교를 이동할 수 있는 혜택을 받은 '에라스무스 세대'로, 유사한 생각을 가진 동료들로 구성된 유럽 네트워크를 가지고 있다.

이 네트워크를 통해 그들은 지원과 조언, 환대를 받았으며 마르세유에서의 파티 장면은 흡사 실제 결혼식과 같아 보였다. 파티에서는 래퍼가 꿈인

---

36) 에라스무스(Erasmus) 프로그램은 유럽의 교육, 훈련, 청소년 및 스포츠를 지원하는 EU 프로그램이다.(역자 주)

난민 소년 Manar가 하객들의 흥을 돋운다. Manar는 난민으로서 자신의 경험과 팔레스타인 고향에서 추방된 이전 세대의 경험을 연결하여 지금은 존재하지 않는 이전 집의 열쇠를 간직하며 귀환의 꿈을 간직한 자신의 조부모에 대한 이야기를 랩으로 풀어낸다.

영화감독은 이 영화를 다음과 같이 설명한다.

> 이 영화는 다큐멘터리이자 정치적 행위입니다… 우리는 스웨덴에 가야만 했기 때문에 촬영은 항상 정치적 행위였고, 단지 영화만을 위한 것은 아니었습니다… 우리가 큰 위험과 큰 꿈을 공유하고 있다는 사실은 우리를 필연적으로 하나로 묶어주었습니다. 그리고 이 경험은 또한 우리가 사물을 보는 방식을 바꾸었고, 피해의식의 함정에 빠지지 않고 두려움의 괴물을 꿈의 영웅으로, 추한 것을 아름다운 것으로, 숫자를 이름으로 바꿀 수 있는 언어로, 그리고 국경에 대한 새로운 인식을 가능하게 도와주었습니다.

이 다큐멘터리와 그 안에 담긴 이야기는 감독, 결혼식 하객으로 가장한 사람들, 여정에서 도움을 준 사람들 등 다양한 구성원들이 세계시민주의적인 행동과 인권을 실천한 사례이다. 난민들과 연대를 보인 모든 사람들은 자신들의 고향인 밀라노, 이탈리아, 유럽, 지중해 지역을 다양성이 인정되고 두려움이 없으며, 국적, 종교, 이외 기타 다른 특성보다 인류애가 우선되는 세계시민주의적 공간으로 생각하였다.

이 목표를 실현하기 위해 동참하고, 영화를 제작하고, 난민들이 목적지에 도달할 수 있도록 지원하는 데 참여한 사람들은 스스로 변화했다. 그들은 유럽과 외부 및 내부 국경에 대한 인식을 재고할 수 있었다. 영화는 관객에게 무엇을 생각해야 하는지를 강요하지는 않지만 유럽인이 된다는 것은 무엇인지, 국경이 무엇을 의미하는지, 현재와 과거에 대해 우리가 무엇을 가르쳐야 하는지 등 많은 질문들을 유발했다. 이러한 질문들이 모두 새로운 것은 아니며 또한 아직 완전히 해결된 것도 아니지만, 새로운 통찰력을 얻게 된 것은 분명하다.

이것은 지역 및 유럽 차원의 시민 행동이었으며, 이러한 행동에 참여한 사람들은 법을 위반하는 위험을 감수하면서까지도 자신의 노력을 기록하였다. 영화의 기록 및 배포 과정 자체가 난민의 어려움에 대한 인식을 높이는 데 도움이 되기 때문에 교육적이라고 생각될 수 있을 것이다. Gabriele del Grande는 정부가 법을 어긴 것에 대해 책임을 묻지 않은 이유 중 하나는 크라우드소싱을 통해 영화의 완성과 배급을 지원한 많은 지지자들이 있었기 때문이라고 말한다. 이는 확실히 이탈리아와 유럽 전역의 난민에 대한 연민과 관심을 보여준다. 그러나 Gabriele del Grande는 영화 제작이 갑자기 결정된 것은 아니라고 말한다. 제작에 참여한 많은 사람들은 이전에도 난민들을 집으로 데려가 며칠 밤을 쉬게 한 경험이 있었다.

교사는 19세기 미국 노예 제도에서 탈출한 많은 사람들이 북쪽으로 안전하게 이동하여 캐나다로의 자유로운 여정을 가능하게 한 지하 철도, 비밀 경로의 네트워크, 은신처, 연대하여 행동하는 사람들과 같이 억압을 피해 탈출한 사람들을 지원하기 위한 과거의 노력과 이 영화와의 유사점을 살펴볼 수 있다. 이 영화의 제작팀은 법이 실행 불가능할 뿐만 아니라 부당하고 비인간적이라고 생각하여 무시하기로 결정하였다. 교사는 학생들로 하여금 역사적 투쟁을 검토하여 현재의 투쟁과 연관짓도록 하고, 정의를 위한 역사적인 투쟁이 완전히 성취된 것이 아니라 지속적인 과정으로 나타난다고 생각하도록 해야 한다. 그렇게 하지 않는다면 우리가 이전 세대보다 도덕적, 정치적으로 우월하다는 식의 불완전하고 부정확한 세계

관을 제시하게 될 것이다.

세계시민주의적인 미래 비전을 상상하고 재구성하기는 어렵지만 이는 필수적인 교육의 과제이다. 모든 수준의 교육에서 학생들이 이 비전, 즉 유토피아에 기여할 수 있도록 하는 것은 공동의 과정이다. 개인의 노력만으로는 보다 더 정의로운 사회에 도달할 수는 없지만, 연대의 정신으로 투쟁할 만한 가치가 있다. 이런 의미에서 교육의 과정은 학생과 교사 등 학습 공동체 구성원 모두의 삶에 대한 정치적 개입이라 볼 수 있을 것이다.

브라질의 소외된 학습자를 연구한 Paulo Freire(1970)는 "은행 모델(banking model)"과 같이 학습자를 지식의 수용자로 보지 않고, 지식의 창출 과정에 참여하는 사람들로 보는 "억압받는 사람들의 교육학(pedagogy of the Oppressed)"을 발전시켰다. Freire는 대화란 학습자가 자신의 이해를 발전시키는 것뿐만 아니라 자기 삶의 경험을 바탕으로 변화를 만들어내는 학습자 공동체에 대한 것이라고 주장한다. 따라서 소외된 배경이든 특권을 가진 배경이든 모든 학생들은 오늘날 인권에 대해 학습해야 한다. 4장에서는 학습자가 알려지지 않은 이야기나 자신의 이야기를 포함한 내러티브를 살펴봄으로써 어떻게 새로운 지식을 생성하고, 기존 지식에 미묘한 차이와 복잡성을 추가하고, 잠재적으로 세상을 보는 기존 방식을 뒤집을 수 있는지 살펴보았다.

특히 학습자들이 공식적인 학교 교육을 통해 변화를 만들어내는 것은 여전히 상당히 어렵다. 영화 <On the Bride's Side>는 교육자들이 교육 자체를 시민권 행위로만 볼 것이 아니라 교육에 도덕적 차원뿐만 아니라 정치적 차원이 있음을 인정할 것을 요구한다. 이것은 정치적 행위이다. 사회 정의에 대해 중립적인 입장이란 있을 수 없다. 행동하지 않는 것은 불평등과 부당함을 지지하고 유지하는 것이다. Kumashiro(2012)는 "가르침에는 의도한 교훈과 의도하지 않은 교훈이 모두 포함되며, 억압이 생명력을 얻고 강화되는 것은 종종 의도하지 않은 숨겨진 교훈에서 비롯된다"(p.111)고 주장한다. 억압에 반대하는 교육을 실천하기 위해서는 교사의 자기 인식이 필요하며, 이는 교육을 정치적 행위로 인식하는 단계이다. 일부 교사들은 정치적 교화를 우려하여 정치적 행위로서의 가르침이라는 개념을 꺼릴 수도 있지만 교육을 정치적 행위로 인식하는 것, 다시 말해 교사의 자기 인식은 Freire가 문제 삼은 은행식 교육의 과정을 피하기 위한 필수 단계이다. 사실 암기식 학습, 무비판적 암기, 교과서 지식의 흡수라는 은행식 교육과정이 학습자들을 교화시키는 것이다.

인권 교육을 위한 대안적 공간이 많이 필요하며, 특히 대학 교육을 받는 사람들에게는 더욱 필요하다. 전통적으로 인권 교육은 로스쿨에서 이루어졌기 때문에 주로 법조계에서 경력을 쌓으려는 사람들에만 한정되어 학습이 이루어졌다. 이로 인해 인권 교육은 일반적으로 특정 직업군에만 국한되어 왔을 뿐만 아니라, 이 직업군조차도 인권에 대한 학제적 접근이나 법조인이 아닌 사람들과 함께 인권을 탐구할 기회가 없었다. 다른 직업군, 특히 언론인들은 보다 넓은 사회에서 인권이 이해되거나 오해받는 방식에 막강한 영향을 미치고 있으므로 인권 교육이 필요하다. 전문적인 요구에 맞춘 특정 직업적 인권 교육이 필요한 것이다. 또한 인권 학습은 학제 간 활동이며 학생들이 지금, 여기에서 연관시켜야 하는 활동이기 때문에, 인권 교육은 이상적으로는 다양성을 고려하여 특정 직업 정체성뿐만 아니라 사회, 문화적 정체성 또한 다루어야 한다. 2장에서 강조했듯이 인권 교육은 그 자체로 인간의 권리이며, 따라서 모든 사람에게 적용되는 보편적 권리이다. 이러한 권리를 실현하기 위해서는 인권 교육이 가능한 모든 공간이 탐색되어야 한다. 교사는 인권과 사회 정의를 탐구하기 위한 새로운 공간을 개척하는 것 외에도 이미 존재하는 공간을 활용하여 불평등한 세상과 불평등한 공동체에서 다양한 학습자의 요구가 보다 수월하게 충족될 수 있도록 변화시켜야 한다.

전 세계 많은 지역에서 대학생들이 시민 학습에 참여할 것을 권장하고 기대한다. 이와 동시에 전 세계 초등학교와 중등학교에서 아동과 청소년을 대상으로 하는 민주 시민 교육에 대한 국가 및 국제적 차원의 관심이 다시 높아지고 있다(Banks, 2004; Cogan & Derricott, 2000; Council of Europe, 2002, 2011; European Commission, 1997; Osler & Starkey, 1999; Parker, 2003; Torney Purta, Lehmann, Oswald, & Schulz, 2001; Torney-Purta, Schwille, & Amadeo, 1999). 학교와 대학에서의 시민 학습 기회는 상호 보완적이다. 이는 학교에서의 민주주의를 강화하고 지역사회의 민주적 관행 및 절차 개선에 기여할 수 있다. Osler와 Starkey(2006)가 다음과 같이 주장한 바와 같이 이러한 교육 목표는 중요하다.

> 기존 민주주의 국가와 동유럽, 중유럽, 라틴아메리카 등 신생 민주주의 국가 모두에서 민주주의는 본질적으로 취약합니다. 민주주의는 적극적인 시민의 참여에 달려 있는데, 이는 단지 투표가 아니라, 지속 가능하며 응집력 있는 공동체의 발전과 참여를 통해 가능합니다(p.433).

시민들이 기여하는 공동체의 발전은 민주주의에 필수적일 뿐만 아니라 효과적인 학습과 시민권 및 정치 행위로서의 교육에도 필수적이다.

시민 교육 프로그램은 학습자들이 자연적으로 속해 있다고 생각하는 국가적 영역에서, 지역, 세계, 또는 다른 소속의 범위로 이동하고 있다. '세계시민주의 시민권을 위한 교육'을 지원하기 위해 다양한 단계의 교육에 적용될 수 있는 시민 학습 체계에 대해 살펴보는 것은 중요하다(Osler, 2011b; Osler & Starkey, 2003, 2005).

세계시민주의 시민권을 위한 교육은 학습자가 지역, 국가, 국제 등 다양한 범위에서 시민 참여를 할 수 있도록 지원하고 다양한 범위 간의 상호 연관성을 이해하는 것을 목표로 한다. 시민 교육은 학습자가 지식과 기술을 비롯해 공통의 인류애와 세계적 상호 연결성을 인식할 뿐만 아니라 학습자의 다양한 동질성과 정체성을 인정하면서 더 큰 사회 정의를 증진하기 위해 행동할 수 있는 성향을 갖출 수 있도록 해야 한다. Castles(2004)가 주장한 바와 같이 "각 개인이 단지 하나의 민족 국가의 시민이라는 원칙은 국경을 넘나들며 다양한 방식으로 여러 곳에 소속되어 있는 수백만 명의 사람들에게는 더 이상 현실과 부합하지 않는다(p.18)." 따라서 국가 차원에만 초점을 맞춘 시민 교육 프로그램은 더 이상 적절하지 않다.

이전 장에서 주장했듯이, 사회 정의 차원을 무시한 교육 프로그램은 중립적이지 않고 기존의 불이익을 더욱 악화시킬 가능성이 높다. Sensoy와 DiAngelo(2012)가 지적한 것처럼, 매우 불평등한 세계와 분열되고 계층화가 심한 사회에서 "우리 각자가 이러한 시스템을 차단하기 위해 노력할 것인지 아니면 무시함으로써 이러한 시스템의 존재를 지지할 것인지에 대한 선택권을 가지고 있다. 중립적인 영역은 없다(p.xxii)." 따라서 교사는 시민 교육에서 중립적일 수 없다.

세계시민주의 시민권을 위한 교육은 필연적으로 사회 정의를 실현하는 것이다. 그러나 연구자들이 주장한 바와 같이(Sensoy & DiAngelo, 2010; Sleeter, 2005, 2015), 부적절한 이론화는 사회 정의를 촉진하려는 교사의 노력을 약화시켜 의도하지 않은 결과를 초래할 수 있다. 대학들이 시민 교육 프로그램에서 실현하고자 하는 바를 살펴보고, 이러한 프로그램들이 시민 개념 및 시민권 개념 변화와 어떻게 관련되는지를 고려하는 것이 중요하다.

교육, 시민권의 변화, 인권

미국대학협회(AACU)는 효과적인 시민 교육의 구성 요소를 검토하기 위해 시민 학습과 민주적 참여에 관한 국가 태스크 포스를 구성했다. 태스크 포스는 행동을 위한 교육이 매우 중요하며 학습의 구성 요소에는 다음과 같은 목표가 포함되어야 한다고 결론 내렸다.

- 입헌 민주주의를 구성하는 정치 시스템과 변화에 영향을 미치는 정치적 수단에 대한 지식
- 미국과 전 세계의 다양한 문화와 종교에 대한 지식
- 비판적 탐구 및 추론 능력
- 차이점에 대한 숙고와 연관성 구축
- 다양한 관점과 문화를 수용할 수 있는 열린 마음과 역량
- 시민 문제 해결 능력 및 경험
- 공손함, 윤리적 정직성, 상호 존중(National Task Force..., 2012, p.4)

태스크 포스는 미국 대학생의 70%가 어떤 형태로든 자원봉사, 지역사회 봉사 또는 봉사 학습에 참여하고 있으며, 이중 약 절반은 학점이 인정되는 봉사 학습 활동에 참여한다고 보고했다(National Task Force..., 2012). 또한 봉사 학습이 다양한 시민 교육의 결과와 긍정적인 관련이 있지만, 시간이 지남에 따라 시민 학습의 효과가 강력하지 않다는 사실도 발견하였다.

봉사 학습이 불우 이웃에 대한 자선이나 선의를 장려하는 활동을 넘어 학생들이 동료 인류와의 연대를 장려하는 활동으로 확장될 수 있는 체계가 필요하다. 인권 체계는 연대를 촉진하는 활동과 학습이 이루어지기 위한 강력하고 견고하며 통합적인 토대를 제공할 수 있다. 이상적으로 보았을 때, 학생들은 정의를 위한 지역적 투쟁과 인권 증진을 위한 세계적 노력을 연관지을 수 있어야 한다. 이를 통해 가까운 곳에서 벌어지는 부정의를 비판적으로 바라볼 수 있으며, 권리가 외교 정책 개입을 위한 담론이나 정당화 수단으로만 사용되지 않도록 할 수 있다. 인권 체계는 다양한 시민 교육에 일관성을 부여하고, 고등 교육기관이 학생들을 지원하여 학생들이 국가 내에서 민주주의와 정의를 증진하고 강화할 수 있도록 한다.

유럽 국가들(유럽평의회 회원국 47개국, 그중 28개국은 EU 회원국임)은 인권에 대한 수사적 약속과 법적 구속력이 있는 약속을 체결하였다. 유럽평의회는 인권을 증진하고 보호하기 위해 존재하며, 모든 회원국은 1950년 인권, 민주주의, 법치를 보호하기 위해 마련된 조약인 유럽 인권협약(ECHR)을 비준하였다. 이 협약은 시민권 유무와 관계없이 해당 국가의 관할권 내에 거주하는 모든 사람을 대상으로 한다. 그럼에도 불구하고 2장에서 살펴본 바와 같이 유럽 내의 민주 시민 교육과 인권 교육을 지원하기 위한 구체적인 약속은 국가별로 다소 차이가 있다.[37]

---

37) 2006년 스페인 의회는 권고안 CM/Rec(2010)7(유럽평의회, 2010)에 따라 "시민권과 인권을 위한 교육"을 도입한 교육법 2/2006을 승인하였다. 이 법은 모든 사람을 위한 사회적, 시민적 역량을 의무 교육에 포함시켰다. 이후 가톨릭교회 계파, 민중 정당, 우익 언론이 이 과정을 반대하면서 법안 폐지 운동을 하였다. 스페인 대법원은 이 프로그램이 합법적이고 정당하다고 판결했지만, 2011년 선거에서 민중 정당이 집권한 후 유럽 전역에서의 캠페인에도 불구하고 인권 교육과 민주 시민 교육에 대한 제안은 교육 개혁법에 의해 폐지되었다(Fundación Cives, 2013). 2000년에 영국에서는 정당을 초월한 지원으로 시민 교육이 학교에 도입되었다. 2010년 보수당 주도의 연립정부가 선출된 후, 시민

동시에 21세기에 이르러 약 20년 동안 유럽은 교육을 통해 인권 문화를 활성화하는 데 있어 여러 과제에 직면하고 있다. 이러한 도전 대부분은 다른 지역에도 적용된다. 한 가지 도전은 민주주의 원칙과 양립할 수 없는 인종 차별주의와 이슬람에 대한 혐오 견해를 표명하는 극우 활동가들의 위험과 관련이 있으며, 이는 포퓰리즘적 미사여구를 남발하는 고위 정치지도자들로 인해 더욱 악화되었다(Council of Europe's Group of Eminent Persons, 2011; Osler, 2015a&b).

교육자들과 광범위한 사회 정책 수립에 관여하는 모든 사람들이 직면한 두 번째 과제는 최근 유럽에서 발생하는 이주의 성격과 관련된다. 오늘날은 국가 공동체가 점점 더 다양해지고, 새로운 이민자들이 더 이상 국가와 오랜 식민지 또는 다른 방식으로 역사적 관계를 맺고 있는 지역과 반드시 연결되지 않는다는 "초다양성"(Vertovec, 2007)의 시대이다. 2004년 EU 출범 이후 동쪽에서 서쪽으로 상당한 이주가 이루어졌으며, 서유럽 국가들은 지중해를 건너거나 시리아와 북아프리카에서 육로를 통해 도착하는 수많은 미등록 이주민과 망명 신청자 문제에 직면해 있다.38) 이들을 구제하고 이들의 요구를 해결하기 위한 적절한 조치를 취하지 않는 서유럽 정부의 늑장 대응으로 유럽의 인권 기준과 정치 기구의 실효성에 의문이 제기되고 있다.

이러한 상황에서 시민 교육과 인권 교육을 수행하는 교사는 학습자들이 이주와 인구 통계 변화에 대한 국제 및 국가 정책의 대응을 이해하고 이에 참여하도록 하며, 이주자들이 떠나온 지역과 유럽 간의 상호 연결성을

교육은 더 이상 우선순위가 아니게 되었고, 시민 교육에 집중하는 학교에서만 시행되었다.
38) 국제이주기구(IOM)의 실종 이주자 프로젝트(2015)에 따르면 2014년 한 해 동안 3,279명의 이주민이 바다를 통해 유럽에 도착하려다 사망하였다.

가르칠 중요한 책임이 있다. 학생들은 유럽 국가와 이주민 및 난민들이 탈출한 지역 간의 계층화되고 종종 불평등한 관계, 식민지 역사와 최근의 분쟁, 자원 및 무역 기회에 대응하여 개발된 정책을 통해 매개되는 관계 등을 조사할 필요가 있다.

유럽 전역의 학교와 대학에서 교육자들이 직면하고 있는 세 번째 중요한 과제는 극단주의에 대한 정부의 계획과 관련이 있다. 교육자들은 극단주의 의 위험성을 알리고, 위험에 처한 사람들의 정보를 당국에 보고해야 한다. 특히 학교 교사들은 극단주의의 위험으로부터 아동들을 보호해야 한다 (Coppock, 2014). 예를 들어, 노르웨이의 오슬로 지방 자치 단체는 사회 수업을 통해 극단주의에 맞서기 위한 프로젝트에 참여하였다. 이것은 급진 주의에 대항하기 위한 광범위한 정부 전략의 일부인 교육 계획으로 학교는 경찰과 협력하였다. 이 계획의 목적은 단순히 극단주의에 반대하는 것이 아니라 "교사가 *유해한 극단주의의 증거를 포착할 수 있도록 하는 것*"이다 (Slettholm, 2015). 그러한 '증거'가 발견되면 어떤 일이 일어날지는 확실하 지 않다.

영국에서는 2000년부터 2011년까지 6개의 주요 영국 반테러 법안이 통과되었다. 이 법안들은 '예방(Prevent)'으로 알려진 교육적 차원의 정부의 반테러 전략과 연계되어 있다. 정부의 반테러 전략의 일환으로 학교와 대학이 행동하도록 되어 있다. 2011년 당시 보수당 교육부 장관은 영국 교육부 내에 극단주의 방지 부서를 설치하여 반테러 전략의 교육적 측면을 강화하려고 하였다. 그는 학교 수석 조사관에게 "극단주의자들과 수용할 수 없는 그들의 메시지로부터 아동들을 보호하도록" 지시했다(Gove, 2011). 경찰의 역할과 교사의 역할이 혼동되고 얽혀 있는 상황에서 학생과 그들의 가족, 그리고 학교 간의 신뢰는 약화된다. 교육부는 극단주의에 대한 회복 탄력성을 가르치는 접근 방식의 사례로서 언론의 재현과 허위·과장된 선전을 해체하는 것과 같은 수업을 제시했지만, 그 계획에서 교사에 대한 지원은 거의 없었다(Bonnell 외, 2011). 훈련과 지원 없이 Prevent를 이행하려는 학교의 노력은 아동권리협약 제13조(표현의 자유) 및 제14조(사상, 양심 및 종교의 자유)와 같은 아동의 권리를 훼손할 위험이 있다(U.N., 1989).

교육 정책 담론은 종교적 신앙과 같은 특성에 상관없이 젊은이들이 서로 연대하여 각종 급진주의에 대항하는 인권 교육을 개발하기보다는 (Coppock, 2014), 직간접적으로 무슬림 아동과 청소년의 교육을 안보, 극단주의, 급진주의와 연결시켜 다루기 시작하였다(Davies 2008a, 2008b).

극단주의 위험으로부터 청소년을 보호하는 데 초점을 맞추는 언론은 소수 집단 청소년과 주류 집단 청소년 간에 나타나는 학업 성취 격차와 일반적으로 나타나는 더 넓은 사회 전반의 차별에 대한 우려를 경시할 수 있다. 교사들 역시 학업 성취 격차를 줄여서 사회 정의를 실현해야 하는 임무에 집중할 수 없다. 보안 기관이나 경찰이 반극단주의 프로그램에 관여하는 경우 교육적 목표는 안보 문제보다 후순위로 밀릴 위험이 있다. 이는 정부의 잘못된 계획일 수 있으며, 사회의 결속력을 강화하기보다는 오히려 약화시킬 수도 있다. 예를 들어, 영국 정부는 이슬람 테러리즘의 위협에만 집중하여 극우 인종 차별주의와 외국인 혐오 아젠다를 간과하였다(Osler, 2011a). 이러한 정책에 따라 무슬림 아동에 초점을 맞추는 것은 아동권리협약 제2조 차별 금지에 위배될 수 있다.

미국대학협회 태스크 포스가 제시한 효과적인 시민 교육의 구성 요소는 인권 체계를 통해 강화될 수 있다. 동시에 교육자들은 불평등하고, 분열되고, 계층화된 사회 내에서 시민권 및 인권과 관련된 복잡한 질문들을 지역,

국가, 또는 세계적 맥락에서 다룰 필요가 있다. 또한 표면적으로는 사회통합을 지원하고 급진주의에 도전하기 위해 고안한 정책이 오히려 학생의 인권과 유럽평의회 원칙을 약화시킬 위험이 있으므로 유럽의 교사와 학생들은 이에 이의를 제기할 필요가 있다.

유럽 전역에서 다양한 인종, 문화, 민족, 종교, 언어 집단을 대상으로 한 시민 교육은 유럽의 인권 수사학과 '그들'과 '우리'의 정치 담론 사이의 간극으로 인해 여러 가지 도전에 직면해 있다. 이 담론은 특히 소수 무슬림 문화권 공동체와 관련하여 '우리의' 주류 가치와 '그들의' 가치를 구별한다. 학교와 대학은 명백히 세속적이지만 결코 중립적이지는 않은 학교 제도 내에서 학생들의 종교적 정체성을 인정해야 하는 또 다른 어려움에 직면해 있다(Osler, 2007; Berkeley, 2008). 이는 테러 공격에 대한 대중, 정치 및 언론의 대응으로 인해 더욱 복잡해졌다. 예를 들어, 2015년 1월 11일 파리에서 테러범에게 맞서 행진한 사람들의 주요 메시지는 인권을 표현의 자유와 동일시함으로써 종교의 자유, 차별 금지, 안보 및 소수자 보호와 같은 현재 위협받고 있는 다른 권리들은 무색하게 만들었다.

인권과 행동을 위한 교육

이전 장들에서 교육을 통한 사회 정의 실현을 위해서는 인권 교육이 필요하지만, 이것만으로는 충분하지 않다는 것을 살펴보았다. 국제 인권 제도에 대한 회의론이 커지고 있지만, 그렇다고 정의를 위한 대중의 투쟁에서 인권 담론의 힘이 약화되는 것은 아니다(Hopgood, 2013). 인권 교육이 불평등에 맞서는 일상적인 투쟁을 지원하고 세계의 정의와 평화에 기여하기 위해서는 인권 교육에 대한 더 많은 이론화가 필요하다. 그리고 이를 가능하게 하는 몇 가지 지표를 앞서 제시하였으며, 이것은 학교 교육과정에 포함될 필요가 있다.

미국대학협회는 행동을 위한 시민 교육을 지지한다(National Task Force..., 2012). 이와 비슷한 맥락에서, 이 장은 지역에서부터 세계에 이르기까지 다양한 범위의 시민 교육이 인권에 기반을 두어야 하며, 사회 정의를 실현할 수 있도록 적절히 이론화되어야 하고, 민주주의를 강화하기 위한 장기적인 기술과 성향을 학생들이 습득할 수 있어야 한다고 주장한다.

또한 효과적인 시민 교육은 학생들의 자아 정체성 및 선경험과 관련된 학습 형태를 의미하며, 학습은 이를 확장하는 과정에서 이루어져야 한다. 7장에서 강조했듯이 Osler와 Starkey(2005)는 시민권을 지위, 감정, 실천으로 특징지었다. 국적을 넘어 시민권을 바라보는 것은 중요하다. 국가는 여전히 중요하지만, 세계시민주의로 재구성될 필요가 있다. 세계시민주의 시민권을 위한 교육은 학습자를 인권의 보유자(지위)로서 참여시키고, 소속감을 느끼도록 지원하며(감정), 변화를 만들 수 있도록 행동(실천)을 위한 기술을 갖추도록 해야 한다.

인권은 세계 각국과 국제 사회에서 더불어 살아가는 원칙이자 교육을 뒷받침하는 원칙으로 인식되고 있다. 민주 사회에서 교육을 도덕적 책임뿐만 아니라 정치적 책임으로 인식하는 교사는 이러한 맥락에서 더욱 힘을 얻게 된다. 세계시민주의적인 인권 비전에 기반한 교육을 통해 학생들의 권리가 존중되고, 그들의 정체성이 인정되며, 지역부터 전 세계에 이르기까지 모든 범위의 상호 연결에 대한 이해가 확장된다. 이렇게 구성된 교육은 참여적이고 학생 중심의 교육, 인권과 정의를 위한 진정한 투쟁에 기반을 둔 학제 간 노력을 의미한다. 이는 국가를 포용하면서도 국가를 넘어서는 세계시민주의적 비전에 기초한 인류의 상호 의존성에 대한 이해를 바탕으로 한다. 이는 국제 인권 체계에 대한 지식을 의미하기도 하지만, 억압에 저항하고 더 큰 정의를 위해 노력하는 인간의 열망을 지지하고 유지하는 교육을 의미하기도 한다.

세계인권선언

전 문

모든 인류 구성원의 천부의 존엄성과 동등하고 양도할 수 없는 권리를 인정하는 것이 세계의 자유, 정의 및 평화의 기초이며,

인권에 대한 무시와 경멸이 인류의 양심을 격분시키는 만행을 초래하였으며, 인간이 언론과 신앙의 자유, 그리고 공포와 결핍으로부터의 자유를 누릴 수 있는 세계의 도래가 모든 사람들의 지고한 열망으로서 천명되어 왔으며,

인간이 폭정과 억압에 대항하는 마지막 수단으로서 반란을 일으키도록 강요받지 않으려면, 법에 의한 통치에 의하여 인권이 보호되어야 하는 것이 필수적이며, 국가 간에 우호 관계의 발전을 증진하는 것이 필수적이며,

국제연합의 모든 사람들은 그 헌장에서 기본적 인권, 인간의 존엄과 가치, 그리고 남녀의 동등한 권리에 대한 신념을 재확인하였으며, 보다 폭넓은 자유 속에서 사회적 진보와 보다 나은 생활수준을 증진하기로 다짐하였고,

회원국들은 국제연합과 협력하여 인권과 기본적 자유의 보편적 존중과 준수를 증진할 것을 스스로 서약하였으며,

이러한 권리와 자유에 대한 공통의 이해가 이 서약의 완전한 이행을 위하여 가장 중요하므로,

이에,

국제연합총회는,

모든 개인과 사회 각 기관이 이 선언을 항상 유념하면서 학습 및 교육을 통하여 이러한 권리와 자유에 대한 존중을 증진하기 위하여 노력하며, 국내적 그리고 국제적인 점진적 조치를 통하여 회원국 국민들 자신과 그 관할 영토의 국민들 사이에서 이러한 권리와 자유가 보편적이고 효과적으로 인식되고 준수되도록 노력하기 위하여, 모든 사람과 국가가 성취하여야 할 공통의 기준으로서 이 세계인권선언을 선포한다.

제 1 조

모든 인간은 태어날 때부터 자유로우며 그 존엄과 권리에 있어 동등하다. 인간은 천부적으로 이성과 양심을 부여받았으며 서로 형제애의 정신으로 행동하여야 한다.

제 2 조

모든 사람은 인종, 피부색, 성, 언어, 종교, 정치적 또는 기타의 견해, 민족적 또는 사회적 출신, 재산, 출생 또는 기타의 신분과 같은 어떠한 종류의 차별 없이, 이 선언에 규정된 모든 권리와 자유를 향유할 자격이 있다. 더 나아가 개인이 속한 국가 또는 영토가 독립국, 신탁통치 지역, 비자치 지역이거나 또는 주권에 대한 여타의 제약을 받느냐에 관계없이, 그 국가 또는 영토의 정치적, 법적 또는 국제적 지위에 근거하여 차별이 있어서는 아니된다.

제 3 조

모든 사람은 생명과 신체의 자유와 안전에 대한 권리를 가진다.

제 4 조

어느 누구도 노예 상태 또는 예속 상태에 놓여지지 아니한다. 모든 형태의 노예 제도와 노예 매매는 금지된다.

제 5 조

어느 누구도 고문, 또는 잔혹하거나 비인도적이거나 굴욕적인 처우 또는 형벌을 받지 아니한다.

제 6 조

모든 사람은 어디에서나 법 앞에 인간으로서 인정받을 권리를 가진다.

제 7 조

모든 사람은 법 앞에 평등하며 어떠한 차별도 없이 법의 동등한 보호를 받을 권리를 가진다. 모든 사람은 이 선언에 위반되는 어떠한 차별과 그러한 차별의 선동으로부터 동등한 보호를 받을 권리를 가진다.

제 8 조

모든 사람은 헌법 또는 법률이 부여한 기본적 권리를 침해하는 행위에 대하여 권한 있는 국내 법정에서 실효성 있는 구제를 받을 권리를 가진다.

제 9 조

어느 누구도 자의적으로 체포, 구금 또는 추방되지 아니한다.

제 10 조

모든 사람은 자신의 권리, 의무 그리고 자신에 대한 형사상 혐의에 대한 결정에 있어 독립적이며 공평한 법정에서 완전히 평등하게 공정하고 공개된 재판을 받을 권리를 가진다.

제 11 조

1. 모든 형사 피의자는 자신의 변호에 필요한 모든 것이 보장된 공개 재판에서 법률에 따라 유죄로 입증될 때까지 무죄로 추정받을 권리를 가진다.
2. 어느 누구도 행위시에 국내법 또는 국제법에 의하여 범죄를 구성하지 아니하는 작위 또는 부작위를 이유로 유죄로 되지 아니한다. 또한 범죄 행위시에 적용될 수 있었던 형벌보다 무거운 형벌이 부과되지 아니한다.

제 12 조

어느 누구도 그의 사생활, 가정, 주거 또는 통신에 대하여 자의적인 간섭을 받거나 또는 그의 명예와 명성에 대한 비난을 받지 아니한다. 모든 사람은 이러한 간섭이나 비난에 대하여 법의 보호를 받을 권리를 가진다.

제 13 조

1. 모든 사람은 자국 내에서 이동 및 거주의 자유에 대한 권리를 가진다.
2. 모든 사람은 자국을 포함하여 어떠한 나라를 떠날 권리와 또한 자국으로

돌아올 권리를 가진다.

제 14 조

1. 모든 사람은 박해를 피하여 다른 나라에서 비호를 구하거나 비호를 받을 권리를 가진다.
2. 이러한 권리는 진실로 비정치적 범죄 또는 국제연합의 목적과 원칙에 위배되는 행위로 인하여 기소된 경우에는 주장될 수 없다.

제 15 조

1. 모든 사람은 국적을 가질 권리를 가진다.
2. 어느 누구도 자의적으로 자신의 국적을 박탈당하지 아니하며 자신의 국적을 변경할 권리가 부인되지 아니한다.

제 16 조

1. 성인 남녀는 인종, 국적 또는 종교에 따른 어떠한 제한도 없이 혼인하고 가정을 이룰 권리를 가진다. 그들은 혼인에 대하여, 혼인 기간 중 그리고 혼인 해소시에 동등한 권리를 향유할 자격이 있다.
2. 혼인은 장래 배우자들의 자유롭고 완전한 동의하에서만 성립된다.
3. 가정은 사회의 자연적이고 기초적인 단위이며, 사회와 국가의 보호를 받을 권리가 있다.

제 17 조

1. 모든 사람은 단독으로 뿐만 아니라 다른 사람과 공동으로 재산을 소유할

권리를 가진다.

2. 어느 누구도 자의적으로 자신의 재산을 박탈당하지 아니한다.

제 18 조

모든 사람은 사상, 양심 및 종교의 자유에 대한 권리를 가진다. 이러한 권리는 종교 또는 신념을 변경할 자유와, 단독으로 또는 다른 사람과 공동으로 그리고 공적으로 또는 사적으로 선교, 행사, 예배 및 의식에 의하여 자신의 종교나 신념을 표명하는 자유를 포함한다.

제 19 조

모든 사람은 의견의 자유와 표현의 자유에 대한 권리를 가진다. 이러한 권리는 간섭 없이 의견을 가질 자유와 국경에 관계없이 어떠한 매체를 통해서도 정보와 사상을 추구하고, 얻으며, 전달하는 자유를 포함한다.

제 20 조

1. 모든 사람은 평화적인 집회 및 결사의 자유에 대한 권리를 가진다.
2. 어느 누구도 어떤 결사에 참여하도록 강요받지 아니한다.

제 21 조

1. 모든 사람은 직접 또는 자유로이 선출된 대표를 통하여 자국의 정부에 참여할 권리를 가진다.
2. 모든 사람은 자국에서 동등한 공무담임권을 가진다.
3. 국민의 의사가 정부 권능의 기반이다. 이러한 의사는 보통·평등 선거권

에 따라 비밀 또는 그에 상당한 자유 투표 절차에 의한 정기적이고 진정한 선거에 의하여 표현된다.

제 22 조

모든 사람은 사회의 일원으로서 사회보장을 받을 권리를 가지며, 국가적 노력과 국제적 협력을 통하여, 그리고 각 국가의 조직과 자원에 따라서 자신의 존엄과 인격의 자유로운 발전에 불가결한 경제적, 사회적 및 문화적 권리들을 실현할 권리를 가진다.

제 23 조

1. 모든 사람은 일, 직업의 자유로운 선택, 정당하고 유리한 노동 조건, 그리고 실업에 대한 보호의 권리를 가진다.
2. 모든 사람은 아무런 차별 없이 동일한 노동에 대하여 동등한 보수를 받을 권리를 가진다.
3. 노동을 하는 모든 사람은 자신과 가족에게 인간의 존엄에 부합하는 생존을 보장하며, 필요한 경우에 다른 사회보장 방법으로 보충되는 정당하고 유리한 보수에 대한 권리를 가진다.
4. 모든 사람은 자신의 이익을 보호하기 위하여 노동조합을 결성하고, 가입할 권리를 가진다.

제 24 조

모든 사람은 노동시간의 합리적 제한과 정기적인 유급휴가를 포함하여 휴식과 여가의 권리를 가진다.

제 25 조

1. 모든 사람은 의식주, 의료 및 필요한 사회복지를 포함하여 자신과 가족의 건강과 안녕에 적합한 생활수준을 누릴 권리와, 실업, 질병, 장애, 배우자 사망, 노령 또는 기타 불가항력의 상황으로 인한 생계 결핍의 경우에 보장을 받을 권리를 가진다.
2. 어머니와 아동은 특별한 보호와 지원을 받을 권리를 가진다. 모든 아동은 적서에 관계없이 동일한 사회적 보호를 누린다.

제 26 조

1. 모든 사람은 교육을 받을 권리를 가진다. 교육은 최소한 초등 및 기초 단계에서는 무상이어야 한다. 초등교육은 의무적이어야 한다. 기술 및 직업교육은 일반적으로 접근이 가능하여야 하며, 고등교육은 모든 사람에게 실력에 근거하여 동등하게 접근 가능하여야 한다.
2. 교육은 인격의 완전한 발전과 인권과 기본적 자유에 대한 존중의 강화를 목표로 한다. 교육은 모든 국가, 인종 또는 종교 집단 간에 이해, 관용 및 우의를 증진하며, 평화의 유지를 위한 국제연합의 활동을 촉진하여야 한다.
3. 부모는 자녀에게 제공되는 교육의 종류를 선택할 우선권을 가진다.

제 27 조

1. 모든 사람은 공동체의 문화생활에 자유롭게 참여하며 예술을 향유하고 과학의 발전과 그 혜택을 공유할 권리를 가진다.
2. 모든 사람은 자신이 창작한 과학적, 문학적 또는 예술적 산물로부터

발생하는 정신적, 물질적 이익을 보호받을 권리를 가진다.

제 28 조

모든 사람은 이 선언에 규정된 권리와 자유가 완전히 실현될 수 있도록 사회적, 국제적 질서에 대한 권리를 가진다.

제 29 조

1. 모든 사람은 그 안에서만 자신의 인격이 자유롭고 완전하게 발전할 수 있는 공동체에 대하여 의무를 가진다.
2. 모든 사람은 자신의 권리와 자유를 행사함에 있어, 다른 사람의 권리와 자유를 당연히 인정하고 존중하도록 하기 위한 목적과, 민주 사회의 도덕, 공공질서 및 일반적 복리에 대한 정당한 필요에 부응하기 위한 목적을 위해서만 법에 따라 정하여진 제한을 받는다.
3. 이러한 권리와 자유는 어떠한 경우에도 국제연합의 목적과 원칙에 위배되어 행사되어서는 아니된다.

제 30 조

이 선언의 어떠한 규정도 어떤 국가, 집단 또는 개인에게 이 선언에 규정된 어떠한 권리와 자유를 파괴하기 위한 활동에 가담하거나 또는 행위를 할 수 있는 권리가 있는 것으로 해석되어서는 아니된다.

B

유엔 아동권리협약 요약

서문39)

유엔 아동권리협약은

- 국제연합의 기본 원칙과 세계인권선언과 같이 인권 관련 조약과 선언의 특정 조항을 상기한다.
- 아동이 지닌 취약성 때문에 특별한 보살핌과 보호가 필요하다는 사실을 재확인하고,
- 가족의 일차적인 돌봄 및 보호 책임, 아동에 대한 법적 및 기타 보호의 필요성, 아동 공동체의 문화적 가치 존중의 중요성, 아동의 권리 실현을 위한 국제 협력의 중요한 역할에 대해서 특별히 강조한다.

---

39) 이 요약문은 아동권리연맹(Children's Rights Alliance)의 유엔 아동권리협약 요약 (Summary of the UN Convention on the Rights of the Child, July, 2013)에서 발췌한 것이다. 이 비공식 요약본은 법적 효력이 없다. 유엔 아동권리협약에 대해 더 깊이 있게 연구하고자 한다면 유엔에서 제공하는 전문을 참고하기 바란다(United Nations, 1989).

제1조: 아동의 정의

아동은 18세 미만의 모든 사람을 말한다.

제2조: 차별 금지

협약의 모든 권리는 예외 없이 모든 아동에게 적용되며, 협약 당사국(이하 당사국)은 부모나 후견인의 지위로 인해 야기되는 차별을 포함하여 어떤 형태의 차별로부터도 아동을 보호할 의무가 있다.

제3조: 아동을 위한 최선의 이익

아동에 관한 모든 활동에 있어서 아동의 최선의 이익이 고려되어야 한다.

제4조: 권리의 실현

당사국은 이 협약에서 인정된 권리를 실현할 의무가 있다.

제5조: 부모의 감독과 아동의 능력 발달

당사국은 아동의 능력 발달에 적절한 방식으로 아동을 양육하는 데 있어서 부모나 확대가족 또는 기타 후견인의 권리와 책임을 존중할 의무가 있다.

제6조: 생존과 발전

아동은 생명에 관한 고유의 권리를 가지고 있으며, 당사국은 가능한 한 최대한도로 아동의 생존과 발달을 보장해야 할 의무를 지닌다.

제7조: 이름과 국적

아동은 출생 후 즉시 등록되어야 하며, 출생 시부터 성명권과 국적 취득권을 가진다. 또한, 자신의 부모를 알고 부모에 의해 양육될 권리를 가진다.

제8조: 정체성 보존

당사국은 아동의 정체성(성명, 국적 및 가족관계)과 관련되는 기본적인 요소를 보호하며, 필요한 경우 신분을 회복하기 위한 보호를 제공할 의무가 있다.

제9조: 부모로부터의 분리

아동은 부모와의 분리가 아동의 최상의 이익을 위하여 필요한 경우가 아니라면 부모와 함께 살 권리가 있다. 부모의 일방 또는 쌍방으로부터 분리된 경우 아동은 부모와 면접 교섭을 유지할 권리를 가진다.

제10조: 가족의 재결합

아동과 부모가 떨어져 다른 나라에 살고 있는 경우 당사국은 가족의 재결합을 위해 돕거나 가능하게 해야 할 의무가 있다. 부모와 다른 국가에 사는 아동은 부모와 개인적 관계 및 직접적인 면접 교섭을 유지할 권리를 가진다.

제11조: 아동의 불법 해외 이송 및 미귀환

당사국은 부모나 제3자에 의한 아동의 불법 해외 이송 및 미귀환을 방지하고 구제하기 위한 조치를 취해야 한다.

제12조: 아동의 선택

아동은 본인에게 영향을 미치는 모든 문제에 있어서 자신의 견해를 표현하고, 의견이 고려될 권리를 가지며, 이는 아동의 연령과 성숙도에 따라 정당한 비중이 부여되어야 한다.

제13조: 표현의 자유

아동은 타인의 권리를 침범하지 않는 한 정보를 획득하고 전달하며, 자신의 사상을 표현할 자유권을 가진다.

제14조: 사상, 양심과 종교의 자유

아동은 적절한 부모의 지도와 국내법에 따라 사상, 양심과 종교의 자유를 누릴 권리가 있다.

제15조: 결사의 자유

아동은 모임을 조직할 권리를 가지며, 타인의 권리를 침해하지 않는 한 제한이 가해져서는 안 된다.

제16조: 사생활의 보호

아동은 사생활, 가족, 가정, 또는 통신에 대해 간섭을 받지 아니하며, 명예훼손이나 비방으로부터 보호받을 권리를 가진다.

제17조: 적합한 정보에의 접근

당사국은 다양한 대중매체가 제공하는 정보와 자료에 접근할 수 있도록 보장해야 하며, 아동 복지에 해로운 정보와 자료로부터 아동을 보호하기 위한 적절한 지침을 개발해야 한다.

제18조: 부모의 책임

당사국은 부모 쌍방이 또는 법적 후견인이 아동의 양육과 발전에 공동 책임을 진다는 원칙을 인정하고 촉진하기 위한 의무를 지닌다. 당사국은 부모 또는 후견인에게 적절한 지원을 제공해야 한다.

제19조: 학대나 유기로부터의 보호

당사국은 모든 형태의 학대나 유기적 대우로부터 아동을 보호할 의무를 가진다. 또한 아동 학대의 사례를 조사하고, 학대를 받은 아동에 대해 필요한 지원을 제공해야 할 의무가 있다.

제20조: 가족이 없는 아동에 대한 보호

당사국은 가족이 없는 아동에게 특별한 보호를 제공해야 하며, 아동의 문화적 배경을 고려하여 이들에게 대안적인 양육 위탁, 기관 등과 같이 적절한 아동을 위한 보호의 대안을 확보해야 한다.

제21조: 입양

입양 제도를 인정하거나 허용하는 국가에서, 당사국은 아동의 최선의 이익이 고려되도록 보장해야 하며, 아동을 위해 필요한 모든 안전 장치와 관할 당국의 승인이 함께 이루어져야 한다.

제22조: 난민 아동

난민으로서의 지위를 구하거나 난민으로 인정되는 아동에게는 특별한 보호가 이루어져야 한다. 당사국은 그러한 보호와 지원을 제공하기 위해 다른 기구들과 함께 협력할 의무가 있다.

제23조: 장애 아동

정신적 또는 신체적 장애가 있는 아동은 가능한 한 전면적인 사회 참여와 개인적 발전의 달성을 이룰 수 있도록 돕는 특별한 보호, 교육, 훈련을 제공받을 권리가 있다.

제24조: 건강과 보건 서비스

아동은 도달 가능한 최상의 건강 수준을 향유하고 질병의 치료와 건강 회복을 위한 서비스에 접근할 수 있는 권리를 가진다. 당사국은 보건 서비스를 제공함에 있어서 일차 및 예방적 보건 의료와 공중 보건 교육에 특히 중점을 두어야 한다.

제25조: 시설 아동에 대한 정기적 실태 조사

당사국은 건강의 관리, 보호, 또는 치료의 목적으로 관계 당국에 의해 양육 지정 조치된 아동이 양육 지정과 그 밖의 모든 사정을 정기적으로 심사받을 권리를 가진다.

제26조: 사회 보험

아동은 사회 보험의 혜택을 받을 권리를 가진다.

제27조: 빈곤으로부터 자유로운 성장

아동은 적절한 생활수준을 누릴 권리를 가진다. 부모는 이를 제공할 일차적 책임을 지며, 당사국은 부모가 이 권리를 실현하는 것을 지원할 의무를 지닌다.

제28조: 교육

아동은 교육받을 권리를 지닌다. 당사국은 초등교육을 모든 이들에게 의무적으로 무료로 제공해야 하며, 여러 형태의 중등교육의 발전을 장려하고, 모든 아동의 이용 및 접근이 가능하도록 할 의무가 있다. 학교 규율은 아동의 인간적 존엄성과 합치하는 방식으로 운영되어야 한다.

제29조: 교육의 목적

교육은 아동의 인격, 재능을 계발, 성인으로서의 적극적인 삶을 위한 준비, 기본적 인권에 대한 존중의 장려, 아동의 문화적, 국가적 가치와 타인의 문화 및 국가적 가치에 대한 존중의 발달, 자연환경에 대한 존중의 진전을 목표로 해야 한다.

제30조: 소수 집단과 원주민 아동

소수 집단과 원주민 아동은 자신 집단의 문화를 향유하고, 고유의 종교를 신앙하고 실천하며, 고유의 언어를 사용할 권리를 가진다.

제31조: 휴식과 여가, 문화적 활동

아동은 휴식하고 여가를 즐기며, 놀이와 오락 활동에 참여하며, 문화생활과 예술에 자유롭게 참여할 수 있는 권리를 지닌다.

제32조: 아동 노동

당사국은 아동의 건강, 교육, 또는 발달에 부정적인 영향을 미치는 노동의 수행으로부터 아동을 보호할 의무가 있다. 또한 최저 고용 연령의 규정, 고용 조건에 대한 적절한 규정을 마련할 의무가 있다.

제33조: 마약 남용

아동은 마약과 향정신성 물질의 불법적 사용으로부터 보호받으며 이러한 물질의 불법적 생산과 거래에 아동이 이용되지 않도록 보호받을 권리가 있다.

제34조: 성 착취

아동은 매춘 및 음란물 관련 행위를 포함하여[40] 모든 형태의 성적 착취와 성적 학대로부터 보호받을 권리가 있다.

제35조: 아동 매매, 인신 매매 및 납치

당사국은 어떤 형태의 아동의 약취 유인이나 매매 또는 거래를 방지하기 위한 의무가 있다.

---

40) 2000년 유엔총회에서 아동의 매매·성매매 및 아동 음란물에 관한 아동권리협약 선택의정서 (Optional Protocol to the Convention on the Rights of the Child on the Sale of Children, Child Prostitution and Child Pornography)가 채택되었다. 이 의정서는 아동 매매, 아동 매춘 및 아동 포르노의 판매를 금지하고, 당사국이 아동 피해자의 권익을 보호하기 위해 적절한 조치를 채택하도록 요구한다.

제36조: 기타 형태의 착취

아동은 아동 복지의 어떤 측면에 대해서라도 해로운 기타 모든 형태의 착취로부터 보호받을 권리를 가진다.

제37조: 고문과 자유의 속박

당사국은 어떤 아동도 고문 또는 기타 잔혹하거나, 비인간적이거나 굴욕적인 대우나 처벌, 사형, 종신형, 불법적인 체포나 자유의 박탈을 당하지 않을 것을 보장할 의무가 있다. 자유를 박탈당한 아동은 인도주의와 인간 고유의 존엄성에 대한 존중에 입각하고 연령상의 필요를 고려하여 처우되어야 한다. 구금된 아동은 성인으로부터 격리되어야 하며, 가족과의 접촉을 유지할 권리와 법률적 또는 기타 적절한 구조에 접근할 권리를 가진다.

제38조: 무력 분쟁

당사국은 아동과 관련이 있는 무력 분쟁의 상황에 있어서 적용 가능한 국제 인도법의 규칙을 존중하고 보장할 의무를 진다. 당사국은 15세에 달하지 아니한 아동이 적대 행위에 직접 참여하거나 징병하지 않도록 보장해야 한다. 당사국은 무력 분쟁의 영향을 받는 아동의 보호 및 배려를 확보하기 위해 실행 가능한 모든 조치를 취해야 한다.[41]

---

41) 아동의 무력 충돌 참여에 관한 아동권리협약 선택의정서(The Optional Protocol to the UN Convention on the Rights of the Child on the Involvement of Children in Armed Conflict)는 2000년 5월 25일 유엔총회에서 공식적으로 채택되었다. 이 의정서는 무력 분쟁 참여, 강제 징집, 무장 단체의 무력 분쟁에 대한 모집의 최소 연령을 18세로 규정하고 있다.

제39조: 재활적 치료

당사국은 모든 형태의 유기, 착취 또는 학대, 고문, 굴욕적인 대우, 또는 무력 분쟁으로 인해 희생된 아동의 신체적, 심리적 회복 및 사회 복귀를 촉진시키기 위한 모든 적절한 조치를 취할 의무가 있다.

제40조: 청소년 사법 정의 운용

범죄 혐의를 받거나 범죄를 저지른 것으로 인정된 아동은 인권을 존중받을 권리가 있으며, 특히 변호 준비 및 진술에 대한 법률 또는 기타 지원을 포함하여 적법 절차의 모든 측면으로부터 혜택을 받을 권리가 있다. 당사국은 적절하고 바람직스러운 경우 아동을 사법 절차에 의존하지 않는 대안적인 조치를 촉진할 의무가 있다.

제41조: 기존 규정에 대한 존중

협약을 비준한 당사국 국내법에서 정한 기준이 더 높은 경우, 또는 기타 적용 가능한 국제협약에서 설정된 기준이 아동의 권리에 관한 협약의 규정보다 높을 경우, 더 높은 기준이 적용된다.

제42조-제45조의 내용은 협약 준수 여부를 모니터링하고 촉진하는 방법을 정의한다.

제42조

당사국은 이 협약을 성인과 아동 모두에게 널리 알릴 의무를 진다.

제43조와 제44조

협약을 비준한 당사국은 협약이 발효한 후 2년 이내와 그 후 5년마다 협약에서 인정한 권리의 실행에 대한 보고서를 제출해야 한다. 이 보고서는 당사국의 협약 이행의 진전을 검토하기 위해 당사국이 선출한 18명의 아동 권리 전문가로 구성된 유엔 아동권리위원회에 제출된다. 당사국은 자국의 활동에 대한 보고서를 자국 내 일반에게 널리 활용 가능하도록 해야 한다.

제45조

"이 협약의 효과적인 이행을 촉진하고 이 분야에서의 국제 협력을 장려하기 위하여" 국제노동기구, 세계보건기구, 유엔 난민기구, 유네스코, 유엔 아동기금과 같은 유엔 전문기구가 협약의 이행에 대한 국제보고서 작성 과정에 참여할 수 있다. 비정부기구 또한 아동권리위원회에 관련된 정보를 제출할 수 있다. 위원회는 이 협약의 최적 이행에 대한 자문을 얻기 위해 유엔 전문기구와 비정부기구를 초청할 수 있다.

제46조-제54조

제46조-제54조의 조항은 협약이 발효되는 조건을 정의한다.

C

학교 환경은 모든 사람이 자신의 권리를 누릴 수 있는 기회를 제공합니까?

조항			
	가끔씩	항상	전혀
1. 학생과 교사는 유엔 아동권리협약에 대해 배우고 이 협약이 학교에 미치는 영향을 고려할 기회를 가집니다(제29조).			
2. 여학생과 남학생은 모든 과목과 수업에 동등하게 접근할 수 있습니다(제2조, 제28조, 제29조).			
3. 모든 문서는 학교 구성원의 문화적 차이를 고려합니다(제2조, 제28조, 제29조.1c, 제30조).			
4. 국가 역사 교육은 여성과 소수자, 그리고 그들의 역사 설명에 상당한 비중을 두고 있습니다(제2조, 제13조, 제28조, 제29조.1c, d, 제30조).			
5. 스포츠 자원(장비, 활동, 사용 시간 포함)에 여학생과 남학생은 동등하게 접근할 수 있습니다(제2조, 제28조, 제31조).			
6. 비용 납부 능력에 관계없이 학교에서 주관하는 특별 활동에 누구나 참여할 수 있습니다(제2조, 제28조, 제31조).			
7. 장애인이 학교를 이용할 수 있습니다(제2조, 제23조, 제28조).			

8. 학생들이 종교 교육을 거부할 수 있도록 교과 과정을 편성하고 이를 알리고 있습니다(제14조).

9. 학생의 이름을 정확하게 기록하고 발음하도록 주의를 기울입니다(제7조).

10. 정기적인 출석을 보장하기 위해 노력합니다(제28조).

11. 학교는 학생들이 미술, 음악, 연극을 통해 자신을 표현할 기회를 제공합니다(제13조, 제14조, 제29조, 제31조).

보호

12. 신체적 상해를 입히지 않도록 주의합니다. 예를 들면 다음과 같습니다.
    a. 성인이 학생을 때리는 것은 허용되지 않습니다.
    b. 학생이 성인을 때리는 것은 허용되지 않습니다.
    c. 학생들이 서로를 때리는 것은 허용되지 않습니다.

13. 학생의 사물함은 사유 재산으로 간주됩니다(제16조).

14. 적절한 경우, 학교가 보관하는 학생 개인 파일을 해당 학생과 학부모가 열람할 수 있습니다. 필요한 경우 파일을 확인하고 수정할 수 있습니다(제5조, 제16조, 제17조, 제18조).

15. 개인적이든 업무적이든 모든 파일의 내용은 해당 학생과 학부모의 허가 없이 제3자에게 전달할 수 없습니다(제15조, 제16조, 제18조).

16. 학교 파일에서 정보를 받는 모든 사람은 기밀 유지에 대한 의무에 동의합니다(제16조).

17. 인종 차별적, 성 차별적, 차별적인 종류의 포스터, 이미지 또는 그림은 학교 어느 곳에도 게시할 수 없습니다(제2조, 제17조, 제29조.1b, c, d).

18. 사람들은 특히 자신과 다르게 보이는 사람들에 대해 관용을 베풀도록 서로를 격려합니다(제29조).

19. 학생의 퇴학이나 징계로 이어질 수 있는 사건이 발생할 경우 공정한 청문회를 개최합니다. 모든 관련자가 청문회에 참석합니다(제28조 2항, 제40조).

20. 규칙 위반으로 기소된 학생은 유죄가 입증될 때까지
    무죄로 추정되며 수업을 계속 받을 수 있습니다(제28조
    2항, 제40조).

21. 학생이 다른 사람의 권리(학생 또는 성인)를 침해한 경우
    이를 배상해야 합니다(제2조, 제19조).

22. 학생의 권리를 침해한 성인도 이를 배상해야 합니다(제2
    조, 제19조).

참여

23. 학생은 학교 수업에서 교사의 의견과 상관없이 자신의
    정치적, 종교적 또는 기타 의견을 표현할 자유가 있습니
    다(제12조, 제13조, 제14조, 제17조).

24. 학생 신문은 다른 출판물과 마찬가지로 법의 적용을
    받지만 추가적인 검열은 받지 않습니다(제13조).

25. 청소년은 학교 당국이 학교의 모든 학생을 대표하는
    것으로 인정하는 독립적인 학생회를 만들었거나 만들
    수 있습니다(제15조).

26. 학습자가 학교생활을 개선하기 위해 불만을 제기하거나
    제안할 수 있는 공식적, 비공식적 장치가 있습니다(제12
    조, 제13조).

27. 청소년은 성인과 동등하게 존중받을 권리가 있습니다(제
    12조, 제19조, 제29조.1c).

28. 학생과 성인(학부모, 교사, 행정 직원 포함)은 학교 교육
    의 질에 대해 협의합니다(제5조, 제12조, 제18조).

29. 선출된 학생회가 있습니다(제12조, 제13조, 제15조, 제
    17조).

30. 학생들은 학교 운영위원회에 대표로 참여합니다(제12
    조).

출처: 변화하는 시민성: 교육에서의 민주주의와 포용, 변화하는 시민성: 교육에서의 민주주의
    와 포용 부록 4, A. Osler and H. Starkey, 2005, Maidenhead, United Kingdom: Open
    University Press/McGraw Hill, pp.195-198.

약어 목록

AACU	Association of American Colleges and Universities
ANC	African National Congress
CEDAW	Convention on the Elimination of Discrimination Against Women 1979
CERD	International Convention on the Elimination of All Forms of Racial Discrimination 1965
CESCR	International Covenant on Economic, Social and Cultural Rights 1966
CRC	UN Convention on the Rights of the Child 1989
DIHR	Danish Institute for Human Rights
ECHR	European Convention on Human Rights 1950
EDC	Education for Democratic Citizenship
EFAGMR	Education for All Global Monitoring Report
EU	European Union
HCZ	Harlem Children's Zone
HRE	Human Rights Education
ICCPR	International Covenant on Civil and Political Rights 1966
IOM	International Organisation for Migration

KDP	Kurdistan Democratic Party
KRG	Kurdistan Regional Government
LDS	Church of Jesus Christ of Latter Day Saints (Mormon Church)
LGBT	Lesbian, gay, bisexual, and transgender
MDG	Millennium Development Goal
PACE	Parliamentary Assembly of the Council of Europe
PUK	Patriotic Union of Kurdistan
UDHR	Universal Declaration of Human Rights 1948
UN	United Nations
UNESCO	United Nations Educational, Scientific, and Cultural Organization
UNICEF	United Nations International Children's Emergency Fund
WIDE	World Inequality Database on Education
WHO	World Health Organization

참고 문헌

Ahmad, N., Lybæk, L., Mohammed, I., & Osler, A. (2012). Democracy and diversity: Teaching for human rights and citizenship in post-conflict Iraqi Kurdistan. *Race Equality Teaching, 30*(3), 28–33.

al-Ali, N., & Pratt, N. (2011). Between nationalism and women's rights: The Kurdish women's movement in Iraq. *Middle East Journal of Culture and Communication, 4,* 337–353.

Alexander, M. (2012). *The new Jim Crow: Mass incarceration in the age of color blindness.* New York, NY: The New Press.

Appiah, K. A. (2006). *Cosmopolitanism: Ethics in a world of strangers.* New York, NY: Norton.

Archer, L. (2003). *Race, masculinity, and schooling: Muslim boys and education.* Maidenhead, United Kingdom: Open University Press.

Arendt, H. (1968). *The origins of totalitarianism.* San Diego, CA: Harcourt.

Arthur, J. (2015). Extremism and neo-liberal education policy: A contextual critique of the Trojan horse affair in Birmingham schools. *British Journal of Educational Studies, 63*(3), 311–328. doi:10.1080/00071005.2015.1069258

Au, W. (2009). High-stakes testing and discursive control: The triple bind for non-standard student identities. *Multicultural Perspectives,*

11(2), 65–71.

Augugliaro, A., del Grande, G., & al Nassiry, K. S. (2014). *On the bride's side* [Film notes]. Retrieved from www.iostoconlasposa.com/en/

Avery, P. G., Levy, S. A., & Simmons, A.M.M. (2013). Deliberating controversial public issues as part of civic education. *The Social Studies, 104*(3), 105–114. doi: 10.1080/00377996.2012.691571

Baildon, M., & Sim, J. B.-Y. (2010). The dilemmas of Singapore's national education in the global society. In A. Reid, J. Gill, & A. Sears (Eds.), *Globalization, the nation-state, and the citizen: Dilemmas and directions for civics and citizenship education* (pp.80–96). New York, NY: Routledge.

Bajaj, M. (2011). Human rights education: Ideology, location, and approaches. *Human Rights Quarterly 33*(2), 481–508.

Bangstad, S. (2015). The racism that dares not speak its name: Rethinking neonationalism and neo-racism. *Intersections: East European Journal of Society and Politics, 1*(1), 49–65.

Banks, J. A. (2002). Race, knowledge construction, and education in the USA: Lessons from history. *Race, Ethnicity and Education, 5*(1), 7–27.

Banks, J. A. (2004). Teaching for social justice, diversity, and citizenship in a global world. *The Educational Forum, 68,* 289–298.

Banks, J. A. (Ed.). (2009). *The Routledge international companion to multicultural education.* New York, NY: Routledge.

Banks, J. A. (2014). *An introduction to multicultural education* (5th ed.). Boston, MA: Pearson.

Banks, J. A., & Banks, C.A.M. (Eds.). (2004). *Handbook of research on multicultural education* (2nd ed.). San Francisco, CA: Jossey-Bass.

Banks, J. A., & Banks, C.A.M. (Eds.). (2010). *Multicultural education: Issues and perspectives* (7th ed.). Hoboken, NJ: Wiley.

Banks, J. A., Banks, C.A.M., Cortes, C. E., Hahn, C., Merryfield, M., Moodley, K., . . . Parker, W. C. (2005). *Democracy and diversity: Principles and concepts for educating citizens in a global age.* Seattle, WA: Center for Multicultural Education, College of Education, University of Washington. Retrieved from depts.washington.edu/centerme/DemDiv.pdf

Baptist, W., & Bricker-Jenkins, M. (2002). A view from the bottom: Poor people and their allies respond to welfare reform. In R. Albelda & A. Withorn (Eds.), *Lost ground* (pp.195–210). Cambridge, MA: South End Press.

Barton, K. & Levstik, L. (2013).*Teaching history for the common good.* New York, NY: Routledge.

Baxi, U. (1996). "A work in progress?": The United Nations report to the United Nations Human Rights Committee. *Indian Journal of International Law, 38,* 34–53.

BBC News. (2010, September 13). NBA star John Amaechi in bar access row. Retrieved from www.bbc.co.uk/news/mobile/uk-england-manchester-11287865

Begikhani, N., Gill, A., & Hague, G. (with Ibraheem, K.). (2010). *Honour-based violence (HBV) and honour-based killings in Iraqi Kurdistan and in the Kurdish Diaspora in the UK* [Final report]. Bristol, United Kingdom: Centre for Gender and Violence,

Bristol University. Retrieved from http://www.roehampton.ac.uk
/uploadedFiles/Pages_Assets/PDFs_and_Word_Docs/Staff_Profiles
/Aisha-Gill/Report_HBV_IK_UK_KurdishDiaspora_MCopy_
December_webcirculationonly.pdf

Bell, J. S. (2002). Narrative inquiry: More than just telling stories. *TESOL Quarterly, 36*(2), 207–213.

Berkeley, R. (2008). *Right to divide? Faith schools and community cohesion.* London, United Kingdom: Runnymede Trust.

Bernath, T., Holland, T., & Martin, P. (2002). How can human rights education contribute to international peace-building? *Current Issues in Comparative Education, 2*(1), 14–22.

Bhabha, H. J. (2003). On writing rights. In M. Gibney (Ed.) *Globalizing rights: The Oxford amnesty lectures* (pp.162–183). Oxford, United Kingdom: Oxford University Press.

Bhabha, H. J. (2004). *The location of culture* (2nd ed.). New York, NY: Routledge.

Bhopal, K. (1998). South Asian women in east London: religious experience and diversity. *Journal of Gender Studies, 7*(2), 143–156.

Bhopal, K. (2004). Gypsy travellers and education: Changing needs and changing perceptions. *British Journal of Educational Studies, 52*(1), 47–64.

Bicknell, J. (2004). Self-knowledge and the limitations of narrative. *Philosophy and Literature, 28*(2), 406–416.

Bjornstol, E. P. (2009). Human rights law education in China. *Web Journal of Current Legal Issues, [2009]*(1). Retrieved from www.bailii.org/

uk/other/journals/WebJCLI/2009/issue1/bjornstol1.html

Bonnell, J., Copestake, P., Kerr, D., Passy, R., Reed, C., Salter, R.,... Sheikh, S. (2011). *Teaching approaches that help to build resilience to extremism among young people* (DFE-RR119). London: Department for Education.

Bowring, B. (2012). Human rights and public education. *Cambridge Journal of Education, 42*(1), 53‒65.

Brabeck, M. M., & Rogers, L. (2000). Human rights as a moral issue: Lessons for moral educators from human rights work. *Journal of Moral Education, 29*(2), 167‒182.

Brah, A., & Phoenix, A. (2004). Ain't I a woman? Revisiting intersectionality. *Journal of International Women's Studies, 5*(3), 75‒86.

British Broadcasting Corporation (BBC) (2013). Martin Luther King: I have a dream re-visited. *BBC News Magazine.* August 27. Retrieved from http://www.bbc.co.uk/news/magazine-23853578

British Council. (2010). DelPHE-Iraq. Retrieved from www.britishcouncil. org/delphe-iraq.htm

Bromley, P. (2009). Cosmopolitanism in civic education: Exploring cross-national trends. *Current Issues in Comparative Education, 12*(1), 33‒34.

Brossard Børhaug, F. (2012). How to better combine equality and difference in French and Norwegian anti-racist education? Some reflections from a capability point of view. *Journal of Human Development and Capabilities, 13*(3), 397‒413.

Brunello, G., & Rocco, L. (2013). The effect of immigration on the school performance of natives: Cross country evidence using PISA test scores. *Economics of Education Review, 32,* 234–246.

Bryan, A. (2009). The intersectionality of nationalism and multiculturalism in the Irish curriculum: Teaching against racism? *Race, Ethnicity and Education, 12,* 297–317.

Bunch, C., & Frost, S. (2000). Women's human rights: An introduction. In C. Kramarae & D. Spender (Eds.), *Routledge international encyclopedia of women: Global women's issues and knowledge.* New York, NY: Routledge.

Butler, J. (2006). *Precarious life: The powers of mourning and violence.* New York, NY: Verso.

Carter, C., & Osler, A. (2000). Human rights, identities, and conflict management: A study of school culture as experienced through classroom relationships. *Cambridge Journal of Education, 30*(3), 335–356.

Cassidy, W., Faucher, C., & Jackson, M. (2013). Cyberbullying among youth: A comprehensive review of current international research and its implications and application to policy and practice. *School Psychology International, 34*(6), 575–612.

Cassidy, W., Jackson, M., & Brown, K. (2009). Sticks and stones can break my bones, but how can pixels hurt me? Students' experiences with cyber-bullying. *School Psychology International, 30,* 382–482.

Castles, S. (2004). Migration, citizenship, and education. In J. A. Banks (Ed.), *Diversity and citizenship education: Global perspectives* (pp.17–48). San Francisco, CA: Jossey-Bass.

Cha, Y., Wong, S., & Meyer, J. W. (1992). Values education in the curriculum: Some comparative empirical data. In J. W. Meyer, D. H. Kamens, & A. Benavot (Eds.), *School knowledge for the masses* (pp.139–151). Washington, DC: Falmer Press.

Chan, A.W.H., & Cheung, H. Y. (2007). How culture affects female inequality across countries: An empirical study. *Journal of Studies in International Education 11*(2), 157–179.

Chilcott, L. (Producer), & Guggenheim, D. (Director). (2011). *Waiting for "Superman"* [Motion picture]. Los Angeles, CA: Walden Media & Participant Media.

Claire, H. (2005). "You did the best you can": History, citizenship and moral dilemmas. In A. Osler (Ed.), *Teachers, human rights and diversity: Educating citizens in multicultural societies.* Stoke-on-Trent, United Kingdom: Trentham.

Cogan, J. J., & Derricott, R. (2000). *Citizenship for the 21st century: An international perspective on education.* London, United Kingdom: Kogan Page.

Collins, C., Kenway, J., & McLeod, J. (2000). Gender debates we still have to have. *Australian Educational Researcher, 27*(3), 37–48.

Connelly, F. M., & Clandinin, D. J. (1990). Stories of experience and narrative inquiry. *Educational Researcher, 19*(5), 2–14.

Coppock, V. (2014). "Can you spot a terrorist in your classroom?" Problematising the recruitment of schools to the "war on terror" in the United Kingdom. *Global Studies of Childhood, 4*(2), 115–125.

Council of Europe. (1950). *Convention for the protection of human rights and fundamental freedoms* (European Convention on Human Rights). Strasbourg, France: Council of Europe. Retrieved from http://www.echr.coe.int/Documents/Convention_ENG.pdf

Council of Europe, Committee of Ministers. (1985). *Recommendation No. R (85) 7, of the committee of ministers to member states on teaching and learning about human rights in schools.* Retrieved from www.coe.int/t/dg4/education/historyteaching/Source/Results /AdoptedTexts/Rec(85)7_en.pdf

Council of Europe. Committee of Ministers. (2002). Recommendation of the committee of ministers to member states on education for democratic citizenship. Strasbourg, France: Council of Europe. Retrieved from https://wcd.coe.int/ViewDoc.jsp?id=313139&Site =CM

Council of Europe, Committee of Ministers. (2010). *Recommendation CM/Rec (2010)7 of the committee of ministers to member states on the council of Europe charter on rducation for democratic citizenship and human rights education* (adopted by the Committee of Ministers on 14 May 1985 at the 385th Meeting of Minsters' Deputies). Strasbourg, France: Council of Europe. Retrieved from wcd.coe.int/ViewDoc.jsp?id=1621697

Council of Europe, Group of Eminent Persons. (2011). *Living together: Combining diversity and freedom in 21st-century Europe* (Report of the Group of Eminent Persons of the Council of Europe). Strasbourg, France: Council of Europe.

Cox, L., & Thomas, D. Q. (2004). *Close to home: Case studies of human rights work in the United States.* New York, NY: Ford Foundation.

Crenshaw, K. W. (1989). Demarginalizing the intersection of race and sex: A Black feminist critique of antidiscrimination doctrine, feminist theory, and antiracist politics. *University of Chicago Legal Forum, 140,* 139–167.

Davies, L. (2008a). *Educating against extremism.* Stoke-on-Trent, United Kingdom: Trentham.

Davies, L. (2008b). Gender, extremism, and security. *Compare, 38*(5), 611–623.

Debarbieux, E. (2001). Scientists, politicians, and violence: On the road to a European scientific community to tackle violence in schools. In E. Debarbieux & C. Blaya (Eds.), *Violence in schools: Ten approaches in Europe* (pp.11–25). Issy-les-Moulineaux, France: ESF.

Decara, C. (2013). Mapping of human rights education in Danish schools (summary report in English). Copenhagen: Danish Institute for Human Rights. http://www.humanrights.dk/files/media/dokumenter/udgivelser/mapping_of_hre_in_danish_schools.pdf [The full study is available in Danish at http://www.menneskeret.dk/udgivelser/udredninger]

Delanty, G. (2003). Citizenship as a learning process: Disciplinary citizenship versus cultural citizenship. *International Journal of Lifelong Education, 22*(5), 597–605.

Denning, S. (2001). The springboard: How storytelling ignites action in knowledgeera organizations. *Journal of Organizational Change Management, 14*(6), 609–614.

Dewey, J. (2002). Democracy and education: An introduction to the philosophy of education. In S. J.Maxcy (Ed.), *John Dewey and American education* (vol. 3). Bristol, UK: Thoemmes. (Original work published 1916)

DiAngelo, R., & Sensoy, O. (2010). "OK, I get it! Now tell me how to do it!" Why we can't just tell you how to do critical multicultural education. *Multicultural Perspectives, 12*(2), 97–102.

Donnelly, J. (2013). *Universal human rights in theory and practice.* Ithaca, NY: Cornell University Press.

Education Act. (1998). Act of 17 July no. 61 relating to primary and secondary education and training (the Education Act). Reformulated with amendments as of 19 December 2008. Norway. Retrieved from http://www.ub.uio.no/ujur/ulovdata/lov-19980717-061-eng.pdf

Education for All Global Monitoring Report (EFAGMR). (n.d.). World Inequality Database on Education (WIDE). Paris: UNESCO. Retrieved from www.education-inequalities.org/

Eidsvoll 1814 (n.d.) Retrieved from http://www.eidsvoll1814.no/?aid=9060947

Emerson, L., & Lundy, L. (2013). Education rights in a society emerging from conflict: Curriculum and student participation as a pathway to the realization of rights. In B. B. Swadener, L. Lundy, J. Habashi, & N. Blanchet-Cohen (Eds.), *Children's rights and education: International perspectives* (pp.19–38). New York, NY: Peter Lang.

Eriksen, T. H. (2012). Xenophobic exclusion and the new right in Norway. *Journal of Community and Applied Social Psychology, 22*(3), 206–209.

Eriksen, T. H. (2013) *Immigration and national identity in Norway.* Washington, DC: Migration Policy Institute.

European Commission. (1997). *Education and active citizenship in the European Union.* Brussels, Belgium: Commission of the European Communities.

Feteke, L. (2012). The Muslim conspiracy theory and the Oslo massacre. *Race and Class, 53*(3), 30–47.

Figueroa, P. (2004). Multicultural education in the United Kingdom: Historical development and current status. In J. A Banks & C.A.M. Banks (Eds.), *Handbook of research on multicultural education* (2nd ed., pp.997–1026). San Francisco, CA: Jossey Bass.

Fineman, M. A. (2008). The vulnerable subject: Anchoring equality in the human condition. *Yale Journal of Law and Feminism, 20*(1), 1–24.

Fineman, M. A. (2010). The vulnerable subject and the responsive state. *Emory Law Journal, 60,* 251–275.

Fineman, M. A. (2016). Equality, autonomy and the vulnerable subject in law and politics . In M. A. Fineman & A. Grear (Eds.), *Vulnerability: Reflections on a new ethical foundation for law and politics* (pp.13–28). Abingdon, United Kingdom & New York, NY: Taylor and Francis.

Fineman, M. A., & Grear, A. (2016). Vulnerability as heuristic: An invitation to future exploration. In M. A. Fineman & A. Grear (Eds.), *Vulnerability: Reflections on a new ethical foundation for law and politics* (pp.1–12). Abingdon, United Kingdom: Taylor and Francis.

Flanagan, O. J. (1992). *Consciousness reconsidered*. Cambridge, MA: MIT Press.

Flowers, N. (2004). How to define human rights education? A complex answer to a simple question. In V. Georgi & M. Seberich (Eds.) *International Perspectives in Human Rights Education*. Gutersloh, Germany: Bertelsmann Foundation Publishers.

Foster, S. J. (2006). Whose history? Portrayal of immigrant groups in U.S. history textbooks: 1800-present. In S.J. Foster & K.A. Crawford (Eds.), *What shall we tell the children? International perspectives on school history textbooks* (pp.155–178). Greenwich, CT: Information Age Publishing.

Foucault, M. (1995). *Discipline and punishment: The birth of the prison*. New York, NY: Vintage Books.

Frankenberg, E., & Lee, C. (2003). Charter schools and race: A lost opportunity for integrated education. *Education Policy Analysis Archives, 11*(32). Retrieved from epaa.asu.edu/ojs/article/view/260

Freire, P. (1970). *Pedagogy of the oppressed*. London, United Kingdom: Penguin Books.

Fundacion Cives. (2013, January). *Memorandum to the Council of Europe regarding the Spanish government's project to remove democratic citizenship and human rights education in school curriculum*. Madrid, Spain: Author. Retrieved from www.fundacioncives.org/images/noticias/mas_informacion/files/44.pdf

Gay, G. (2010). *Culturally responsive teaching: Theory, research, and practice* (3rd ed.). New York, NY: Teachers College Press.

Gerber, P. (2013). *Understanding human rights: Educational challenges for the future.* Cheltenham, United Kingdom: Edward Elgar.

Gillborn, D., & Mirza, H. (2000) *Educational Inequality: mapping race class and gender.* London, United Kingdom: Ofsted.

Gobbo, F. (2011). Intercultural education and intercultural learning in Europe. In J. A. Banks (Ed.), *Encyclopedia of diversity in education* (Vol. 2, pp.1217–1220). Los Angeles, CA: Sage.

Golding, V. (2014). Museums and truths: The elephant in the room. In A. B. Fromm, V. Golding, & P. B. Rekdal (Eds.), *Museums and truth* (pp.3–28). Newcastle upon Tyne, United Kingdom: Cambridge Scholars.

Gonzalez, N., Moll, L. C., & Amanti, C. (Eds.). (2005). *Funds of knowledge: Theorizing practices in households, communities, and classrooms.* New York, NY: Routledge.

Gostin, L. O., & Friedman, E. A. (2015). A retrospective and prospective analysis of the west African Ebola virus disease epidemic: Robust national health systems at the foundation and an empowered WHO at the apex. *The Lancet, 38(*9980), 1902–1909. doi:10.1016/S0140 -6736(15)60644-4

Gove, M. (2011). *Preventing extremism in schools and protecting children from extremist views.* Letter from Secretary of State for Education to Her Majesty's Chief Inspector of Schools.

Government of Norway (2013). Centenary of women's right to vote in Norway 1913-2013. Norwegian Embassy, Canada. 11 January. Retrieved from http://www.emb-norway.ca/News_and_events/News /Centenary-of-Womens-Right-to-Vote-in-Norway-1913-2013/

#.UlStub5wYic

Grant, C., & Sleeter, C. E. (1986). Race, class, and gender in education research: An argument for integrative analysis. *Review of Educational Research, 56,* 195–211.

Grant, C., & Sleeter, C. E. (1988). Race, class, and gender and abandoned dreams. *Teachers College Record, 90*(1), 19–40.

Grant, C. A., & Zwier, E. (2011). Intersectionality and student outcomes: sharpening the struggle against racism, sexism, classism, ableism, heterosexism, nationalism, and linguistic, religious, and geographical discrimination in teaching and learning. *Multicultural Perspectives, 13*(4), 181–188.

Griffiths, M. (2010). *Girls education in Iraq.* Retrieved from irak.alterinter. org/IMG/pdf/UNICEF_Girls_Education_in_Iraq_2010.pdf

Grover, S. (2007). Children's right to be educated for tolerance: Minority rights and the law. *Education and Law, 19*(1), 51–70. doi:10.1080/ 09539960701231272

Gullestad, M. (2002). Invisible fences: Egalitarianism, nationalism and racism. *Journal of the Royal Anthropological Institute, 8*(1), 45–63.

Gullestad, M. (2004). Blind slaves of our prejudices: Debating "culture" and "race" in Norway. *Ethnos: Journal of Anthropology, 69*(2), 177–203.

Hall, S. (2002). Political belonging in a world of multiple identities. In S. Vertovec & R. Cohen (Eds.), *Conceiving Cosmpolitanism.* Oxford, United Kingdom: Oxford University Press.

Harber, C. R. (2004). *Schooling as violence.* Abingdon, United Kingdom:

Routledge.

Harikar. (2011). Enhance Women Rights Education, Heritage and Life in Dohuk and Nineveh Governorates. Retrieved February 27, 2012, from www.harikar.org/index.php?page=view&id=68

Harlem Children's Zone (HCZ). (n.d.). *The HCZ Project: 100 blocks, one bright future.* Retrieved from www.hcz.org/about-us/the-hcz -project

Heater, D. (2002). *World citizenship: Cosmopolitan thinking and its opponents.* London, United Kingdom: Continuum.

Held, D. (1997). Globalization and cosmopolitan democracy. *Peace Review, 9*(3), 309–314. doi:10.1080/10402659708426070

Henry, A. (2010). Race and gender in classrooms: Implications for teachers. In J. A. Banks & C.A.M. Banks (Eds.), *Multicultural education: Issues and perspectives* (7th ed., pp.183–207). Hoboken, NJ: Wiley.

Hill Collins, P. (1990). *Black feminist thought: Knowledge, consciousness and the politics of empowerment.* New York, NY: Routledge.

hooks, b. (1981). *Ain't I a woman: Black women and feminism.* Boston, MA: South End Press.

Hopgood, S. (2013). *The endtimes of human rights.* Ithaca, NY: Cornell University Press.

Inter-American Commission on Human Rights, Rapporteurship on the Rights of the Child. (2009). *Report on corporal punishment and human rights of children and adolescents.* Retrieved from www.cidh. org/Ninez/CastigoCorporal2009/CastigoCorporal.1eng.htm

International Organization for Migration (IOM). (2010a, January–March).

Victiems of trafficking are safely brought home. IOM Mission in
Iraq. *IOM Iraq Newsletter,[2010]*, 2. p5. Retrieved from www.iom.
int/jahia/webdav/shared/shared/mainsite/activities/countries/docs/i
om_iraq_vol210_newsletter.pdf

International Organization for Migration (IOM). (2010b, June 12). *Northern
Iraq seeks more aid for Syrian refugees* [Press release]. Retrieved
August 12/ 2012, from www.iom.int/jahia/Jahia/media/press-
briefingnotes/pbnAF/cache/offonce/lang/en?entryId=31884

International Organization for Migration (IOM). (2012, June 11). Northern
Iraq seeks more aid for Syrian refugees. [Press release] Retrieved
from www.iom.int/news/northern-iraq-seeks-more-aid-syrian-refugees

International Organization for Migration (IOM). (2015). *Missing migrants
project. http://doe.iom.int/docs/Flows%20Compilation%202015
%20Overview.pdf*

Isin, E. F., & Neilsen, G. M. (2008). *Acts of citizenship.* New York, NY:
Palgrave Macmillan.

Jackson, M., Cassidy, W., & Brown, K. (2009). "you were born ugly and
youl die ugly too": Cyber-bullying as relational aggression. *In
Education, 15*(2), 68–82.

Josefsen, E. (2010). *The Saami and the national parliaments: Channels
for political influence.* Geneva, Switzerland and New York, NY:
Inter-Parliamentary Union (IPU) & United Nations Development
Programme (UNDP). http://www.ipu.org/splz-e/chiapas10/saami.pdf

Josselson, R. (Ed.). (1996). *Ethics and process in the narrative study of
lives.* Newbury Park, CA: Sage.

Keet, A. (2006). *Human rights education or human rights in education: A conceptual analysis* (Unpublished doctoral dissertation). University of Pretoria, Pretoria, South Africa.

Keet, A. (2012). *Human rights education: A conceptual analysis.* Saarbrucken, Germany: Lambert.

Kumashiro, K. K. (2012). Anti-oppressive education. In J. A. Banks (Ed.), *Encyclopedia of diversity in education* (Vol.1., pp.111−113). Thousand Oaks, CA: Sage.

Kurdistan Regional Government (KRG). (2009) *Basic Education School System. Secondary Education School System.* Kurdistan Region -Iraq, Council of Ministers, Ministry of Education. School System. (Official translation in English).

Kymlicka, W. (1996). *Multicultural citizenship: A liberal theory of minority rights.* Oxford, United Kingdom: Oxford University Press.

Kymlicka, W. (2003). Multicultural states and intercultural citizens. *Theory and Research in Education, 1*(2), 147−169.

Ladson-Billings, G. (1995). But that's just good teaching! The case for culturally relevant pedagogy. *Theory into Practice, 34*(3), 159−165.

Laqueur, W., & Rubin, B. (1979). *The human rights reader.* New York, NY: Meridian.

Larrabee, M.J. (1993). Gender and moral development: a challenge for feminist theory. In M.J. Larrabee (Ed.), *An ethic of care: Feminist and interdisciplinary perspectives.* New York, NY: Routledge.

Lelic, S. (2001). Fuel your imagination: KM and the art of storytelling. *Inside Knowledge, 5*(4). Retrieved from www.ikmagazine.com/xq

/asp/sid.0/articleid.07FC4A03-F54E-491F-ACE7-D44DE201C33
/eTitle.Fuel_your_imagination_KM_and_the_art_of_storytelling
/qx/display.htm

Levstick, L. (2000). Articulating the silences: teachers' and adolescents' conceptions of historical significance. In P. Stears, P. Seixas, & S. Weinberg (Eds.), *Knowing, teaching, and learning history* (pp.284 –305). New York, NY: New York University Press with American Historical Association.

Lile, H. K.(2011). FNs barnekonvensjon artikkel 29(1) om formalet med opplæring: En rettssosiologisk studie om hva barn lærer om det samiske folk. [UN Convention on the Rights of the Child Article 29(1) the purpose of education: A sociological study of what children learn about the Sami people]. PhD thesis, University of Oslo. Retrieved from http://www.jus.uio.no/smr/forskning/arrangementer /disputaser/hadi_lile.html

Lindsey, D., & Sarri, R. (1992). What Hillary Rodham Clinton really said about children's rights and child policy. *Children and Youth Services Review, 14*, 473–483.

Lister, R. (1997). *Citizenship: Feminist perspectives.* Basingstoke, United Kingdom: Macmillan.

Lister, R. (2013). "Power not pity": Poverty and human rights. *Ethics and Social Welfare, 7*(2), 109–123.

Loa, L.-S. (2010, September 13). Teachers create human rights lessons for contest. *Taipei Times,* p.3. Retrieved from www.taipeitimes.com /News/taiwan/archives/2010/09/13/2003482761/1

Lundy, L. (2007) "Voice" is not enough: conceptualizing Article 12 of the United Nations Convention on the Rights of the Child. *British Education Research Journal* 33(6), 927–942.

Mandela, N.R. (1994). *Long walk to freedom*. London, United Kingdom: Little, Brown and Company.

Mann, M. (2004). "Torchbearers upon the path of progress": Britain's ideology of a "moral and material" progress in India. An introductory essay. In H. Fischer-Tine & M. Mann (Eds.), *Colonialism as civilizing mission. Cultural ideology in British India* (pp.1–28). London, United Kingdom: Wimbledon Publishing.

Martin, R. J. (2004). Charter school accessibility for historically disadvantaged students: The experience in New Jersey. *St. John's Law Review, 78*(2), 327–384.

Martin, S., & Feng, A. (2006). The construction of citizenship and nation building: The Singapore case. In G. Alred, M. Byram, & M. Fleming (Eds.), *Education for intercultural citizenship: Concepts and comparisons* (pp.47–66). Clevedon, United Kingdom: Multilingual Matters.

Matsuura, K. (2004). Why education and public awareness are indispensable for a sustainable future. In UNESCO, *Educating for a sustainable future: Commitments and partnerships*. Proceedings of the high -level conference on education for sustainable development at the World Summit on Sustainable Development. September 2–3 2002, Johannesburg, South Africa.

Mayo, C. (2010). Queer lessons: Sexual and gender minorities in multicultural education. In J. A. Banks & C.A.M. Banks (Eds.), *Multicultural education: Issues and perspectives* (7th ed.) (pp.209–227). Hoboken,

NJ: Wiley.

McCowan, T. (2012). Human rights within education: Assessing the justifications. *Cambridge Journal of Education, 42*(1), 67–81. doi:10.1080/0305764X.2011.651204

McCowan, T. (2013). *Education as a human right: Principles for a universal entitlement to learning*. London, United Kingdom: Bloomsbury.

McDowall, D. (2003). *A modern history of the Kurds*. London, United Kingdom: I. B. Tauris.

Mertus, J., & Flowers, N. (2008). *Local action, global change: A handbook on women's human rights*. Boulder, CO: Paradigm.

Mikkelsen, R., Fjeldstad, D. T., & Lauglo, J. (2011*). Morgendagens amfunnsborgere Norske ungdomsskoleelevers prestasjoner og svar pa spørsmal i den internasjonale demokratiundersøkelsen ICCS* [Tomorrow's citizens. Norwegian high school students' performance and responses in the international democracy ICCS study] (International Civic and Citizenship Education Study 2009, Acta Didactica Oslo 2/2011). Oslo, Norway: Department of Education and School Research, University of Oslo.

Minow, M. (1999). Reforming school reform. *Fordham Law Review, 68*(2), 257–298.

Mohanty, C. T. (1984). Under western eyes: Feminist scholarship and colonial discourses. *Boundary, 12/13, 3*(1), 333–358.

Muižieks, N. (2013). Report of Council of Europe Commissioner for Human Rights, following his visit to Greece, from 28 January to 1 February 2013. CommDH (2013) 6. 16 April. Council of Europe, France:

Strasbourg. Retrieved from https://wcd.coe.int/ViewDoc.jsp?id=2053611

Munoz Ramirez, A. (2014, June 25). *Education for citizenship and human rights and the impact of neoconservative-Catholic influences in Spain.* Paper presented at Buskerud and Vestfold University College, Norway.

Murphy-Shigematsu, S. (2012) *When half is whole: Multiethnic Asian American identities.* Stanford, CA: Stanford University Press.

Murray, N. (1986). Anti-racists and other demons: the press and ideology in Thatcher's Britain. *Race and Class, 27*(3), 1-19.

Mutua, M. W. (2001). Savages, victims, and saviors: The metaphor of human rights. *Harvard International Law Journal, 42*(1), 201-243.

National Task Force on Civic Learning and Democratic Engagement. (2012). *A crucible moment: College learning and democracy's future.* Washington, DC: Association of American Colleges and Universities (AACU).

Noddings, N. (1986). *Caring: A feminine approach to ethics and moral education.* Berkeley, CA: University of California Press.

Nordic Council of Ministers (Norden). (2010). Strategy for children and young adults in the Nordic region. Copenhagen, Denmark: Nordic Council of Minsters Secretariat. Retreived from norden.diva -portal.org/smash/get/diva2:701574/FULLTEXT01.pdf

Norwegian Broadcasting Corporation (NKR). (2011, October 26). *En av fire nordmenn ser pa islam som en trussel* [One in four Norwegians see Islam as a threat]. Retrieved from www.nrk.no/nyheter/norge

/1.7847186

Norwegian Directorate for Education and Training. (2006). *Læreplanverket for kunnskapsløftet i grunnskolen. (Kunnskapsløftet)* (Quality framework) (Oslo: Norwegian Directorate for Education and training). Retrieved from www.udir.no/Upload/larerplaner/Fastsatte_lareplaner_for_Kunnskapsloeftet/5/prinsipper_lk06_Eng.pdf?epslanguage=no

Nussbaum, M. C. (2006). Education and democratic citizenship: Capabilities and quality education. *Journal of Human Development, 7,* 385–395. doi:10.1080/14649880600815974

Obama, B. (2008, October). Walden University Presidential Youth Debate. Author.

O'Cuanachain, C. (2010). Foreword. In A. Osler & H. Starkey (Eds.), *Teachers and human rights education* (pp.xi–xiii). Stoke-on-Trent, United Kingdom: Trentham.

Okafor, C. O., & Agbakwa, S. C. (2001). Re-imagining international human rights education in our time: Beyond three constitutive orthodoxies. *Leiden Journal of International Law, 14,* 563–590.

Orange, R. (2012, April 15). "Answer hatred with love": How Norway tried to cope with the horror of Anders Breivik. *The Observer.* Retrieved from http://www.theguardian.com/world/2012/apr/15/anders-breivik-norway-copes-horror

Osler, A. (1997). *The education and careers of Black teachers: Changing identities, changing lives.* Buckingham, United Kingdom: Open University Press.

Osler, A. (2005). *Teachers, human rights, and diversity: Educating citizens in a multicultural society.* Stoke-on-Trent, United Kingdom: Trentham.

Osler, A. (2006). Excluded girls: Interpersonal, institutional, and structural violence in schooling. *Gender and Education, 18*(6), 571–589. doi: 10.1080/09540250600980089.

Osler, A. (2007). *Faith schools and community cohesion: Observations on community consultations.* London, United Kingdom: Runnymede Trust.

Osler, A. (2008). Citizenship education and the Ajegbo report: Re-imagining a cosmopolitan nation. *London Review of Education, 6*(1), 11–25.

Osler, A. (2009). Patriotism, multiculturalism, and belonging: Political discourse and the teaching of history. *Educational Review, 61*(1), 85–100.

Osler, A. (2010a). Ecole: l'egalite raciale peut-elle etre inspectee? *Migrations Societe, 22*(131), 185–200.

Osler, A. (2010b). *Students' perspectives on schooling.* Maidenhead, United Kingdom: Open University Press/McGraw Hill.

Osler, A. (2011a). Education policy, social cohesion, and citizenship. In I. Newman & P. Ratcliffe (Eds.), *Promoting social cohesion: Implications for policy and frameworks for evaluation* (pp.185–205). Bristol, United Kingdom: Policy Press.

Osler, A. (2011b). Teacher interpretations of citizenship education: National identity, cosmopolitan ideals, and political realities. *Journal of Curriculum Studies, 43*(1), 1–24.

Osler, A. (2012a). Higher education, human rights, and inclusive citizenship. In T. Basit & S. Tomlinson (Eds.), *Higher education and social inclusion*. Bristol, United Kingdom: Policy Press.

Osler, A. (2012b). Universal Declaration of Human Rights and education. In J. A. Banks (Ed.), *Encyclopedia of diversity in education*. Thousand Oaks, CA: Sage.

Osler, A. (2013a). Bringing human rights back home: Learning from "Superman" and addressing political issues at school. *The Social Studies, 104*(2), 67–76. Retrieved from dx.doi.org/10.1080/00377996.2012.687408

Osler, A. (2013b). *Human rights and democracy in action–looking ahead: The impact of the Council of Europe Charter on Education for Democratic Citizenship and Human Rights Education.* EDC/HRE Conference 2012. Retrieved from www.coe.int/t/dg4/education/standingconf/Source/Reference_textes/EDCHRE_Conference2012_report_en.pdf

Osler, A. (2014a). Human rights, scholarship and action for change. In C. Grant & E. Zwier (Eds.), *Intersectionality and urban education: Identities, policies, spaces, and power* (pp.249–265). Charlotte, NC: Information Age.

Osler, A. (2014b). Identitet, demokrati og mangfold i skoler: Nasjonale og internasjonale perspektive [Identity, democracy and diversity in schools: National and international perspectives]. In J. Madsen & H. Biseth (Eds.), *Ma vi snakke om demokrati? Om demokratisk praksis i skolen* (pp.46–62). Oslo, Norway: Universitetsforlaget.

Osler, A. (2015a). The stories we tell: exploring narrative in education for justice and equality in multicultural contexts. *Multicultural Education Review, 7*(1–2), 12–25.

Osler, A. (2015b). Human rights education, postcolonial scholarship, and action for social justice. *Theory & Research in Social Education, 43*(2), 244–274.

Osler, A. (2016). National narratives, conflict and consensus: Challenges for human rights educators in established democracies. In C. Lenz, S. Brattland, & L. Kvande (Eds.), *Crossing borders: Combining human rights education and historical learning.* Berlin, Germany: Lit Verlag.

Osler, A. (in press). Diversity and citizenship education in Europe: Policy and practice in two jurisdictions–England and Norway. In J. A. Banks (Ed.), *Global migration, structural inclusion, and citizenship education across nations.* Washington, DC: American Educational Research Association.

Osler, A. & Lybæk, L. (2014). Educating "the new Norwegian we": An examination of national and cosmopolitan education policy discourses in the context of extremism and Islamophobia. *Oxford Review of Education, 40*(5), 543–566.

Osler, A., & Osler, C. (2002). Inclusion, exclusion and children's rights: A case study of a student with Asperger Syndrome. *Journal of Emotional and Behavioural Difficulties, 7*(1), 35–54.

Osler, A., & Starkey, H. (1996). *Teacher education and human rights.* London, United Kingdom: David Fulton.

Osler, A., & Starkey, H. (1999). Rights, identities, and inclusion: European action programmes as political education. *Oxford Review of*

Education, 25(1/2), 199–216.

Osler, A., & Starkey, H. (2003). Learning for cosmopolitan citizenship: Theoretical debates and young people's experiences. *Educational Review, 55*(3), 243–254.

Osler, A., & Starkey, H. (2005). *Changing citizenship: Democracy and inclusion in education* Maidenhead, United Kingdom: Open University Press/McGraw Hill.

Osler, A., & Starkey, H. (2006). Education for democratic citizenship: A review of research, policy, and practice, 1995–2005. *Research Papers in Education, 21*(4), 433–466.

Osler, A., & Starkey, H. (2009). Citizenship education in France and England: Contrasting approaches to national identities and diversity. In J. A. Banks (Ed.), *The Routledge international companion to multicultural education* (pp.334–347). New York, NY: Routledge.

Osler, A., & Starkey, H. (2010). *Teachers and human rights education.* Stoke-on-Trent, United Kingdom: Trentham.

Osler, A., Street, C., Lall, M., & Vincent, K. (2002). *Not a problem? Girls and school exclusion.* London, United Kingdom: National Children's Bureau.

Osler, A., & Vincent, K. (2002). *Citizenship and the challenge of global education.* Stokeon-Trent, United Kingdom: Trentham.

Osler, A., & Vincent K. (2003). *Girls and exclusion: Rethinking the agenda.* London, United Kingdom: RoutledgeFalmer.

Osler, A., & Yahya, C. (2013). Challenges and complexity in human rights education: Teachers' understandings of democratic participation and

gender equity in post-conflict Kurdistan–Iraq. *Education Inquiry,
4*(1), 189–210. Available at www.education-inquiry.net/index.php
/edui/article/view/22068

Osler, A., & Zhu, J. (2011). Narratives in teaching and research for justice
and human rights. *Education, Citizenship, and Social Justice, 6*(3),
223–235. Retrieved from esj. sagepub.com/content/6/3/223

Parekh, B. (2000). *Rethinking multiculturalism: Cultural diversity and
political theory.* London, United Kingdom: Macmillan.

Parker, W. C. (2003). *Teaching democracy: Unity and diversity in public
life.* New York, NY: Teachers College Press.

Parliamentary Assembly of the Council of Europe (PACE). (2000).
Recommendation 1438. Threat posed to democracy by extremist
parties and movements in Europe. Adopted 25 January. Retrieved
from http://www.assembly.coe.int/ASP/XRef/X2H-DW-XSL.asp?
fileid=16765&lang=EN

Parliamentary Assembly of the Council of Europe (PACE). (2003). Resolution
1344. Threat posed to democracy by extremist parties and movements
in Europe. Adopted 29 September. Retrieved from http://www.
assembly.coe.int/ASP/XRef/X2H-DWXSL.asp?fileid=17142&lang
=EN

Parliamentary Assembly of the Council of Europe (PACE). (2004).
Europe-wide ban on corporal punishment of children (Recommendation
1666). Retrieved from assembly.coe.int/nw/xml/XRef/Xref-XML2HTML
-en.asp?fileid=17235&lang=EN

Pavlenko, A. (2002). Narrative study: Whose story is it, anyway? *TESOL
Quarterly, 36*(2), 213–218.

Perugini, N., & Gordon, N. (2015) *The human right to dominate*. New York, NY: Oxford University Press.

Peshkin, A. (1988). In search of subjectivity—One's own. *Educational Researcher, 17*(7), 17–22.

Popkewitz, T. S. (2007). *Cosmopolitanism and the age of school reform: Science, education and making society by making the child*. New York, NY: Routledge.

Qvortrup, J., Cosaro, W. A., & Honig, M.-S. (Eds.). (2009). *The Palgrave handbook of childhood studies*. Basingstoke, United Kingdom: Palgrave Macmillan.

Rauof, A. (2007). *Manual of instruction for human rights education*. Erbil, Iraqi Kurdistan: Ministry of Human Rights.

Rawls, J. (2005). *A theory of justice*. Cambridge, MA: Harvard University Press. (Original work published 1971)

Reid, A., Gill, J., & Sears, A. (Eds.). (2009). *Globalization, the nation-state and the citizen: Dilemmas and directions for civics and citizenship education*. New York, NY: Routledge.

Reimers, F. M., & Chung, C. K. (2010). Education for human rights in times of peace and conflict. *Development, 53*(4), 504–510.

Riessman, C. (1991). When gender is not enough: Women interviewing women. In J. Lorber & S. Farrell (Eds.), *The social construction of gender* (pp.217–236). Newbury Park, CA: Sage.

Rodham, H. (1973). Children under the law. *Harvard Educational Review, 43*, 487–514.

Roosevelt, E. (1958). Excerpt from a speech made at the presentation of

"In Your hands: a guide for community action for the tenth anniversary of the Universal Declaration of Human Rights." March 27, 1958. United Nations, New York. Retrieved from www.udhr.org /history/biographies/bioer.htm

Ryan, P. (2006). Interculturality, identity, and citizenship education in Mexico. In G. Alred, M. Byram, & M. Fleming (Eds.), *Education for intercultural citizenship: Concepts and comparisons* (pp.11–22). Clevedon, United Kingdom: Multilingual Matters.

Saint, A. (1987). *Towards a social architecture: The role of school building in post-war England.* New Haven, CT: Yale University Press.

Savin-Baden, M., & Van Niekerk, L. (2007). Narrative inquiry: theory and practice. *Journal of Geography in Higher Education, 31*(3), 459–472.

Schaffer, K., & Smith, S. (2004). *Human rights and narrated lives: The ethics of recognition.* New York, NY: Palgrave.

Schwaller, N., & Døving, C.A. (Eds.) (2010). *Minority narratives and national memory.* Oslo, Norway: Unipub.

Sen, A. (1992). *Inequality re-examined.* Oxford, United Kingdom: Oxford University Press.

Sen, A. (2010). *The idea of justice.* London, United Kingdom: Penguin.

Sensoy, O., & DiAngelo, R. (2012). *Is everyone really equal? An introduction to key concepts in social justice education.* New York, NY: Teachers College Press.

Simmons, R. (2002). *Odd girl out: The hidden culture of aggression in girls.* Orlando, FL: Harcourt.

Sleeter, C. (2005). *Un-standardizing curriculum: Multicultural teaching in the standards-based classroom*. New York, NY: Teachers College Press.

Sleeter, C. (2013). Foreword. In J. Hall (Ed.), *Children's human rights and public schooling in the United States* (pp.vii–ix). Rotterdam, Netherlands: Sense Publishers.

Sleeter, C. (2015). Multicultural curriculum and critical family history. *Multicultural Education Review, 7*(1–2), 1–11.

Slettholm, A. (2015, February. 23). *Oslo Kommune: Trusselen fra radikal islam er i stor grad medieskapt*. Aftenposten Osloby. Retreived from http://www.osloby.no/nyheter/Oslo-kommune-Trusselen-fra -radikal-islam-er-i-stor-grad-medieskapt-7912041.html

Smith, C. (1995). The development of Sami rights since 1980. In T. Brantenberg, J. Hansen, & H. Minde (Eds.), *Becoming visible: Indigenous politics and self-government*. Tromsø, Norway: University of Tromsø, Sami dutkamiid guovddáš- Centre for Sami Studies. Retrieved from http://www.sami.uit.no/girji/n02/en/ 105smith.html

Smith, D. J. (2010). *Young Mandela*. London, United Kingdom: Phoenix.

Snowden, D. (2002). Narrative patterns: Uses of story in the third age of knowledge management. *Journal of Information and Knowledge Management, 1*(1), 1–6.

Spivak, G. C. (1999). *A Critique of postcolonial reasons: Towards a history of the vanishing present*. Cambridge, MA: Harvard University Press.

Stanley, S., & Wise, L. (1993). *Breaking out again: Feminist ontology and epistemology* (2nd ed.). London, United Kingdom: Routledge.

Stansfield, G.R.V. (2003). *Iraqi Kurdistan, political development and emergent democracy.* London, United Kingdom: Routledge Curzon.

Starkey, H. (1991). *The challenge of human rights education.* London, United Kingdom: Cassell.

Starkey, H. (2007). Language education, identities, and citizenship: Developing cosmopolitan perspectives. *Language and Intercultural Communication, 7*(1), 56–71.

Starkey, H. (2012). Human rights, cosmopolitanism, and utopias: Implications for citizenship education. *Cambridge Journal of Education, 42*(1), 21–35. doi:10.1080/0305764X.2011.651205

Starkey, H., Akar, B., Jerome, L., & Osler, A. (2014). Power, pedagogy and participation: Ethics and pragmatics in research with young people. *Research in International and Comparative Education, 9*(4), 426–440.

Starratt, R. J. (2003). *Centering educational administration: Cultivating meaning, community, responsibility.* Mahwah, NJ: Erlbaum.

Statistics Norway (Statistick sentralbyra). (2015). Immigrants and Norwegian-born to immigrant parents, 1 January 2015. Published March 4. https://www.ssb.no/en/befolkning/statistikker/innvbef

Stromquist, N. P. (2006). Gender, education, and the possibility of transformative knowledge. *Compare, 36*(2), 145–161.

Subrahmanian, R. (2005). Gender equality in education: Definitions and measurements. *International Journal of Educational Development, 25*(4), 395–407.

Svendsen, S.H.B.(2013). Learning racism in the absence of "race." *European Journal of Women's Studies, 21*(1), 9–24.

Swalwell, K., & Apple, M. (2011). Reviewing policy: Starting the wrong conversations: The public school crisis and "Waiting for Superman." *Educational Policy, 25*(2), 368–382.

Tai, E. (2010). Local and global efforts for human rights education: A case from the Osaka Human Rights Museum. *The International Journal of Human Rights, 14*(5), 771–788.

Tan, T. W. (1994). Moral education in Singapore: A critical appraisal. *Journal of Moral Education, 23*(1), 61–73.

Tarrow, N. (1993). Human rights education: Alternative conceptions. In J. Lynch, C. Modgil, & S. Modgil (Eds.), *Cultural diversity and the schools: Vol 4. Human rights, education and global responsibilities.* LondonUnited Kingdom: Falmer Press.

Tibbitts, F. (2008). Human rights education. In M. Bajaj (Ed.), *Encyclopedia of peace education.* Charlotte, NC: Information.

Todd, S. (2007). Promoting a just education: Dilemmas of rights, freedom and justice. *Educational Philosophy and Theory, 39*(6), 592–603.

Todd, S. (2009). Living in a dissonant world: Towards an agonistic cosmopolitics for education. *Studies in Philosophy and Education, 29*, 213–228.

Tomašvski, K. (2001). *Human rights obligations: Making education available, accessible, acceptable and adaptable.* Right to Education Primers, no. 3. Lund, Sweden: Raoul Wallenberg Institute. Retrieved from www.right-to-education.org/sites/right-to-education.org/files

/resource-attachments/Tomasevski_Primer%203.pdf

Tomašvski, K. (2005). *Girls' education through a human rights lens: What can be done differently, what can be made better.* London, United Kingdom: Overseas Development Institute. Retrieved from www. odi.org.uk/events/docs/529.pdf

Tomlinson, S. (2009). Multicultural education in the United Kingdom. In J. A. Banks (Ed.), *The Routledge international companion to multicultural education* (pp.121–133). New York, NY: Routledge.

Torney-Purta, J., Lehmann, R., Oswald, H., & Schulz, W. (2001). *Citizenship and education in twenty-eight countries: Civic knowledge and engagement at age fourteen.* Amsterdam, Netherlands: International Association for the Evaluation of Educational Achievement.

Torney-Purta, J., Schwille, J., & Amadeo, J. (1999). *Civic education across countries: Twenty-four national case studies from the IEA civic education project.* Amsterdam, Netherlands: International Association for the Evaluation of Educational Achievement.

Turda, M. (2007). Eugenics and the welfare state: Sterilization policy in Norway, Sweden, Denmark, and Finland [book review]. Eds.: G. Broberg & N. Roll-Hansen. *Bulletin of the History of Medicine, 81*(4), 894–895.

UNESCO (1974, November 19). *Recommendation concerning education for international understanding, co-operation and peace and education relating to human tights and fundamental freedoms.* Paris, France: UNESCO.

UNESCO. (1995). *Declaration and integrated framework of action on education for peace, human rights and democracy: Declaration*

of the 44th session of the International Conference on Education
(Geneva, October 1994). Paris, France: UNESCO. Retrieved from
www.unesco.org/education/nfsunesco/pdf/REV_74_E.PDF

UNESCO. (2000). The Dakar framework for action. Education for all:
meeting our collective commitments. Adopted by the World
Education Forum, Dakar, Senegal, April 26–28. Paris, France:
UNESCO. http://www.unesco.at/bildung/basisdokumente/dakar_
aktionsplan.pdf

UNESCO. (2003, April). Situation analysis of education in Iraq 2003.
Paris, France: UNESCO. Retrieved from unesdoc.unesco.org/images
/0013/001308/130838e.pdf

UNESCO. (2011, August). World data on education: Iraq (7th ed.). Geneva,
Switzerland: UNESCO. Retrieved from unesdoc.unesco.org/images
/0021/002114/211439e.pdf

UNESCO. (2014). Global citizenship education: Preparing learners for the
challenges of the 21st century. Paris, France: UNESCO. Retrieved
from unesdoc.unesco.org/images/0022/002277/227729E.pdf

UNESCO. (2015). Education 2030: Towards inclusive and equitable quality
education and lifelong learning for all. (Incheon Declaration). World
Education Forum 2015, May 19–22. Incheon, Republic of Korea.
Paris, France: UNESCO. Retrieved from en.unesco.org/world
-education-forum-2015/incheon-declaration

UN-Habitat. (2001). IDP Site and Family Survey. Retrieved from mirror.
unhabitat.org/list.asp?typeid=3&catid=203

UNICEF. (1990). World Declaration on the Survival, Protection and
Development of Children. Agreed to at the World Sunmmit for

Children September 30, New York. Retrieved from www.unicef. org/wsc/declare.htm

UNICEF. (2010). *Girls' education in Iraq: A situational analysis.* Retrieved from www.ungei.org/resources/files/full_report_iraq_2010.pdf

UNICEF. (2015). *Education under fire. How conflict in the Middle East is depriving children of their schooling.* Retrieved from www.unicef. org/education/files/EDUCATION-under-fire-September-2015.pdf

United Nations. (1945). The Charter of the United Nations. Retrieved from treaties. un.org/doc/publication/ctc/uncharter.pdf

United Nations. (1945). The Charter of the United Nations. Entered into force October 24. Retrieved from www.un.org/en/charter-united -nations/

United Nations. (1948). Universal Declaration of Human Rights. Adopted by General Assembly resolution 217 A of 10 December. Retrieved from www.un.org/en/universal-declaration-human-rights/index.html

United Nations. (1965). International Convention on the Elimination of All Forms of Racial Discrimination: Adopted and opened for signature and ratification by General Assembly resolution 2106 (XX) 21 December. Retrieved from www.ohchr.org/EN/ProfessionalInterest /Pages/CERD.aspx

United Nations. (1966a). International Covenant on Civil and Political Rights. Adopted and opened for signature, ratification and accession by General Assembly resolution 2200A (XXI) of 16 December. Retrieved from www.ohchr.org/en/professionalinterest/pages/ccpr. aspx

United Nations (1966b). International Covenant on Economic, Social and Cultural Rights. Adopted and opened for signature, ratification and accession by General Assembly resolution 2200A (XXI) of 16 December. Retrieved from www.ohchr.org/EN/ProfessionalInterest /Pages/CESCR.aspx

United Nations. (1979). Convention on the Elimination of all forms of Discrimination Against Women. Adopted and opened for signature, ratification and accession by General Assembly resolution 34/180 of 18 December. Retrieved from www.ohchr.org/Documents /ProfessionalInterest/cedaw.pdf

United Nations. (1989). Convention on the Rights of the Child. Adopted and opened for signature, ratification and accession by General Assembly resolution 44/25 20 November. Retrieved from www. ohchr.org/en/professionalinterest/pages/crc.aspx

United Nations. (2007). Declaration on the Rights of Indigenous Peoples. Retrieved from www.ohchr.org/EN/Issues/IPeoples/Pages/Declaration. aspx

United Nations. (2011). United Nations Declaration on Human Rights Education and Training. Adopted by the General Assembly, Resolution 66/137, A/RES/66/137, 19 December 2011. Retrieved from www.ohchr.org/EN/Issues/Education/Training/Compilation /Pages/UnitedNationsDeclarationonHumanRightsEducationandTr aining%282011%29.aspx

United Nations. (2015). *The Millennium Development Goals report.* New York, NY: United Nations. Retreived from www.un.org/ millenniumgoals/2015_MDG_Report/pdf/MDG%202015%20rev

%20(July%201).pdf

United Nations Committee on the Rights of the Child. (2006). General comment No. 8: The right of the child to protection from corporal punishment and other cruel or degrading treatment (Articles 1, 28 para.2, and 37, inter alia).

United Nations Development Group/ World Bank. (UNDG/WB). (2003, October). Republic of Iraq: Housing and urban management sector needs assessment report. Retreived from http://siteresources.worldbank.org/IRFFI/Resources/Joint+Needs+Assessment.pdf

United Nations High Commissioner for Refugees (UNHCR). (2015, July 31). *Syria regional refugee response.* Retrieved from data.unhcr.org/syrianrefugees/country.php?id=103

United Nations Iraq. (2015, June 4). Iraq on the brink of humanitarian disaster due to surging conflict and massive funding shortfall warns UN [Press release]. Retrieved from www.uniraq.org/index.php?option=com_k2&view=item&id=3882:iraq-onthe-brink-of-humanitarian-disaster-due-to-surging-conflict-and-massive-fundingshortfall-warns-un&Itemid=605&lang=en

Vassenden, A. (2010) Untangling the different components of Norwegianness. *Nations and Nationalism, 16*(4), 734–752.

Verhellen, E. (2000). Children's rights and education. In A. Osler (Ed.), *Citizenship and democracy in schools: Diversity, identity, equality* (pp.33–43). Stoke-on-Trent, United Kingdom: Trentham.

Vertovec, S. (2007). Super-diversity and its implications. *Ethnic and Racial Studies, 30*(6), 1024–1054.

Vesterdal, K. (2016). *The roles of human rights education in Norway: A qualitative study of purposes and approaches in policy and in upper secondary schools.* (PhD dissertation.) Norwegian University of Science and Technology, Trondhiem, Norway.

Vieira de Mello, S. (2003, March 17). Statement by Sergio Vieira De Mello, United Nations High Commissioner for Human Rights to the 59th Session of the UN Commission on Human Rights [in Geneva]. In *Universal Rights Nework, Submitted Heroes.* Retrieved from www.universalrights.net/heroes/display.php3?id=67

Wan, M. (2004). Ethnic diversity and citizenship education in the People's Republic of China. In J. A. Banks (Ed.), *Diversity and citizenship education: Global perspectives* (pp.355–374). San Francisco, CA: Jossey-Bass.

Wassermann, D., Cheng, Q., & Jiang, G.-X. (2005). Global suicide rates among young people aged 15–19. *World Psychiatry, 4*(2), 114–120.

Weatherley, R. (2008). Defending the nation: The role of nationalism in Chinese thinking on human rights. *Democratization, 15*(2), 342–362.

Weber, K. (2010). *Waiting for "Superman": How we can save America's public schools.* New York, NY: PublicAffairs.

Weiler, S. C., & Vogel, L. R. (2015). Charter school barriers: do enrollment requirements limit student access to charter schools? *Equity & Excellence in Education, 48*(1), 36–48. doi:10.1080/10665684.2015.992288

Wiggins, G., & McTighe, J. (2005). *Understanding by design.* Danvers, MA: Association for Supervision and Curriculum Development.

Wilby, P. (2012, April 23). Why it's time to put mainstream Islamophobia on trial. *New Statesman.* Retrieved from mend.org.uk/new-statesman-on-puttingmainstream-islamophobia-on-trial/

Williams, P. J. (1997). *Seeing a color-blind future: The paradox of race.* London, United Kingdom: Virago.

Wilson, D. (2003). *Human rights: Promoting gender equality in and through education.* (Background paper for EFA Global Monitoring Report 2003/2004.) Retreived from bit.ly/1UDEzl3

Witherell, C. & Noddings, N. (Eds.). (1991). *Stories lives tell: Narrative and dialogue in education.* New York, NY: Teachers College Press.

Wong, S. (1992). The evolution and organization of the social science curriculum. In J.

W. Meyer, D. H. Kamens, & A. Benavot (Eds.), *School knowledge for the masses* (pp.124–138). Washington, DC: Falmer Press.

World Conference on Education for All. (1990, March). *World declaration on education for all and framework for action to meet basic learning needs.* Adopted by the World Conference on Education for All, Jomtien, Thailand, 5–9 March 1990. Paris, France: UNESCO. Retrieved from unesdoc.unesco.org/images/0012/001275/127583e.pdf

X, M. (1964, August 25). Racism: The cancer that is destroying America. *Egyptian Gazette.* Retrieved from malcolmxfiles.blogspot.com/2015/09/racismcancer-that-is-destroying.html

X, M. (1992). *February 1965: The final speeches* (S. Clark, Ed.). New York, NY: Pathfinder.

Yeban, F. I. (1995). Building a culture of human rights: Challenge to human rights education in the 21st century. In Asian Regional Resource Centre for Human Rights (ARRC) (Ed.), *Human rights education pack* (pp.28–31). Bangkok, Thailand: ARRC.

Yildiz, K. (2004). *The Kurds in Iraq: The past, present, and future.* London, United Kingdom: Pluto Press.

Yosso, T. J. (2005). Whose culture has capital? A critical race theory discussion of community cultural wealth. *Race, Ethnicity, and Education, 8*(1), 69–91. doi: 10.1080/1361332052000341006

Zembylas, M. (2010). Greek-Cypriot teachers' constructions of Turkish -speaking children's identities: Critical race theory and education in a conflict-ridden society. *Ethnic and Racial Studies, 33*(8), 1372–1391.

Zembylas, M. (2011). Toleration and coexistence in conflicting societies: Some tensions and implications for education. *Pedagogy, Culture and Society, 19*(3), 385–402.

Zhou, N. (1994). Educational rights: Perspectives and practices in China. In D. Ray (Ed.), *Education for Human Rights: An international perspective* (pp.83–108). Paris: UNESCO.

Zhu, J., & Misco, T. (2014). Why we don't talk about controversial issues in citizenship classrooms in China. In T. Misco & J. D. Groof (Eds.), *Cross-Cultural case studies of teaching controversial issues: Pathways and challenges to democratic citizenship education* (pp.77–93). Tilburg, Netherlands: Wolf Legal Publishers.

찾아보기

ㄱ

가부장적 문화 69
가족 내러티브 84
가족사 84
감정 179, 202
강제 이주자 79
개방성 109, 113
개인적 내러티브 76, 84, 92
검열 28
경제적·사회적·문화적 권리에 관한 국
　　제 규약 11, 33, 34
계몽주의 57, 186
고정관념 17
공민 96, 101
공민 교육 101
공민 교육과정 96
공통 핵심 기준 16
교사 53
교육 개혁 146
교육과정 25, 37, 66
교육권 7, 22, 26, 30, 31, 36, 37, 62
교육받을 권리 181
교육에 대한 권리 142
교육에서의 권리 24, 37, 142

교육에의 권리 24
교육을 통한 권리 24, 37, 142
교육 평등 146
교차성 50, 51, 55, 66, 69
교차성 이론 50, 55, 56, 62
구조적 불평등 142
국가 교육 시스템 104
국가 권력 98, 103, 104
국가 정체성 46, 54, 65
국가인권위원회 13
국가적 응집력 114
국립가정교육센터 171
국적 56
국제 교육 57
국제 규범 39
국제 앰네스티 9
국제 연대 13
국제 인권 원칙 39, 77
국제 인권 조약 79
국제 인권 체계 11
국제 인권 표준 64
국제 인권기구 82
국제 인권법 21
국제 인권협약 91

국제기구 15
국제이주기구(IOM) 144, 176
권력 180
권리 115
권리를 가질 권리 61
권리를 위한 교육 38, 47, 48
권리를 통한 교육 38
권리에 대한 교육 38
극단주의 106, 107, 110, 199, 200
글로벌 시민 교육 179
급진주의 199, 200, 201
기본권 14
기본적 권리 기반의 접근법 56

ㄴ

난민 79
남반구 저개발 국가 10
내러티브 53, 55, 60, 71, 72, 73, 74,
    75, 77, 78, 81, 82, 83, 84, 85, 90,
    91, 92, 93, 94, 95
내러티브 상상력 75
내레이션 83
노르덴 북유럽 각료회의(Nordic
    Council of Ministers) 113
논쟁 문제 44
능력 접근법 77

ㄷ

다문화 155
다문화 교육 16, 35, 57, 64, 65, 66,

77
다문화 교육과정 63
다문화 사회 101, 104
다문화 시민성 67
다문화주의 28, 67
다양성 102, 109, 113, 117, 143, 147,
    154, 159, 161
다원주의 104
다원주의 사회 135
다중적 정체성 50
다카르 행동 강령 175
대학 19
대학 교육 64
대항 담론 77
대화 192
덴마크 교육법 115
덴마크 인권연구소(DIHR) 121, 115
동성 결혼 43, 44
동질감 179
동질성 114
디아스포라 144

ㅁ

모두를 위한 교육 아젠다(World
    Conference on Education for
    All) 175
무관심 129
문명화 120
문화 58
문화 간 교육 46

문화 감응적 수업 63
문화대혁명 87
문화 자본 17
문화적 관행 58
문화적 유물 58
문화적 정체성 35
문화적 풍요 17
문화적으로 적절한 수업 63
미국기독교연합 171
미국 다문화교육협회 66
미국대학협회(AACU) 196, 202
미국대학협회 태스크 포스 200
미국 헌법 172
미등록 이민자 79
미주 인권위원회 168
민권 운동 64
민족 56, 62
민족 국가 99, 103, 130
민족주의 102
민주적 가치 123
민주적 실천 133
민주적 실행 129
민주적 참여 115
민주적 참여 기능 134
민주적 프로젝트 135
민주주의 113, 115, 131, 133, 138, 146,
    149
민주주의 가치 108
민주주의 교육 147
민주주의 기본 원칙 107

민주주의 원칙 105, 110
민주주의의 취약성 96, 106, 110

ㅂ

박물관 18, 19
반 급진화 프로그램 108
반무슬림 67, 107
반민주 운동 110
반민주적 정치 운동 96
반사회적 행동 169
반유대주의 67
반인종 차별 운동 73
반인종 차별주의 52, 80
반인종주의 51, 52
반테러 199
배제 169
백워드 설계 17
변혁적 지적 지식 17
보편성 57, 130, 131
보편주의 102, 103
보호 및 발달에 관한 세계 선언 174
봉사 학습 196
부모의 자유권 181
부정의 120, 126
부패 문화 152
북유럽협의회 성명서(Nordic Council
    of Ministers) 114
불가분성 130, 131, 132
불관용 106, 107
불평등 120, 126, 142, 146, 160, 168,

180, 193
비대칭적 권력 관계   59, 60
비엔나 선언 및 행동 프로그램   136
비정부기구   3, 6, 81, 104
비차별적인 원칙   131
비판적 애국심   136
빈곤   5, 62
빈민경제 인권캠페인   4

ㅅ

사이버 괴롭힘   170
사회 정의   16, 42, 47, 49, 50, 55, 56,
    70, 72, 76, 79, 83, 94, 95, 100,
    101, 140, 146, 152, 164, 174, 175,
    176, 178, 181, 194, 195, 201
사회 정의 교육   51
상상적 이해력   75
상호문화 교육   66, 67
상호 연결성   198
상호 존중   196
상호주의   130, 131
새천년개발목표 2   141
새천년개발목표 3   141
새천년개발목표(MDG)   140
생애사   90
생애사 내러티브   89
선거권   116
선언주의자 접근법   15
선지식   42
성   138

성 소수자   43, 66
성 소수자의 권리   28
성차별   80
성 평등   123, 138, 140, 141, 144, 147,
    155, 156, 158, 159, 160, 161, 170,
    181
세계 교육 불평등 데이터베이스   62
세계 사회개발 정상회담   136
세계 정의   130
세계교육포럼(World Education
    Forum)   175
세계보건기구   12
세계시민교육   37
세계시민권   75
세계시민주의   102, 130, 134
세계시민주의를 위한 시민 교육   102,
    103
세계시민주의 시민권   202
세계시민주의 시민권을 위한 교육
    130, 136, 161, 179, 194
세계시민주의 시민성   93
세계시민주의 프로젝트   97
세계시민주의적인 프로젝트   101
세계아동정상회의(World Summit
    for Children)   174
세계인권선언   1, 3, 21, 33, 40, 42, 43,
    45, 49, 57, 58, 68, 73, 79, 90, 97,
    98, 128, 130, 137
세계인권회의   136
세계화   38, 103, 135, 178

소속감 135, 179
소수 민족 59, 65
소수자 96, 100, 106, 109, 110, 148, 181, 201
소수 집단 65
수용성 182
슈퍼맨 기다리기 22, 23, 25, 27, 28, 31, 47
시리아 전쟁 12
시민 교육 46, 48, 67, 101, 102, 103, 112, 135, 178, 194, 195, 196, 198, 200, 202
시민권 68, 79, 84, 97, 100, 103, 118, 130, 135, 136, 138, 165, 179, 194, 196, 202
시민권 행동 179
시민권과 정치적 권리에 관한 국제 규약 10
시민 불복종 행동 189
시민 저항 129
시민성 147
시민성 교육 134
시민의 권리 150
시민적 및 정치적 권리에 관한 국제 규약 58
시험 14, 16, 18
실질적 평등 141
실질적인 평등 142
실천 179, 183, 202

ㅇ

아동 권리 159, 160, 163, 165
아동 권리에 관한 협약 3
아동권리위원회 172, 173
아동권리협약 33, 34, 35, 38, 81, 141, 162, 164, 167, 171, 172, 173, 174, 178, 182, 183, 184, 200
아동의 생존 174
아동의 참여권 168
아동 인권 113
아동 인권 아젠다 173, 174
아동 인권 이행 과정 174
아동 인권 침해 168
아동 최선의 이익 164, 167
아시아적 가치 81
아젠다 137, 139
아파르트헤이트 39, 70
아프리카 민족 회의 70, 73
안보 130, 131, 132, 200, 201
안전 106
애국미국여성연합단체 171
애국심 135
억압받는 사람들의 교육학 192
언론의 자유 107, 132
에라스무스 189
에볼라 유행 12
여성 80
여성과 소녀에 대한 폭력 28
여성에 대한 모든 형태의 차별 철폐에 관한 협약(CEDAW) 141

역사 96, 109, 148
연대 52, 64, 75, 93, 101, 102, 110, 121, 128, 130, 131, 133, 161, 180, 188, 189, 190, 191, 192, 197
연대감 129, 179
예비 교사 31
왕따 132
외국인 혐오 106
운명의 중첩 공동체 72
원주민의 권리 향상을 위한 유엔 선언문 36
위치성 85
유네스코 101
유대 135
유럽 의회 의원총회(PACE) 106, 168
유럽 인권재판소 107, 122
유럽 인권협약(ECHR) 122, 136, 197
유럽평의회 8, 36, 37, 51, 105, 197, 201
유색 인종 54
유엔 101, 172
유엔 난민 고등판무관실(UNHCR) 144
유엔 아동권리위원회 168
유엔 아동권리협약 63, 113, 117, 159, 163, 180
유엔 안전보장이사회 12
유엔 인권 교육 10년 36
유엔 인권 교육과 훈련 선언 6, 24, 37, 62
유엔 인권위원회 19, 122

유엔 정상회의(United Nations Summit) 175
유엔 헌장 101
유엔 환경개발회의 136
은행 모델 192
의사 결정 110
의존성 176
이글포럼 171
이민자 65
이민 제한 28
이슬람 혐오 105, 108, 110
이슬람 혐오증 108
이야기를 말할 권리 55
이야기할 권리 72, 75, 76
이주민 권리 143
인간 능력 모델 74
인간 존엄성 71
인권 가치 121
인권 경제 111
인권 교육 6, 9, 13, 15, 21, 36, 51, 52, 57, 60, 62, 75, 77, 85, 148
인권 교육에 대한 권리 7
인권 교육 평가 160
인권 규범 152
인권 기준 160
인권 담론 8, 24, 70, 98, 99, 103, 185, 201
인권 메커니즘 13
인권 문제 99, 129, 133
인권 문화 111, 114, 198

인권법 38, 89

인권 보호 133

인권 비전 187

인권에 대한 교육 7, 33, 63

인권 원칙 24

인권을 위한 교육 7, 21, 63

인권을 통한 교육 7, 37, 63

인권의 수사법 3

인권의 수사학 11

인권 의식 13, 42

인권의 언어 99

인권의 종말 3, 20

인권 존중 148

인권 증진 197

인권 체계 25, 69

인권 침해 10, 20, 38, 64, 90, 129, 153

인권 프로젝트 97, 116, 128, 130, 132, 179, 186

인류애 102, 103, 109

인본주의 121, 122

인식론적 여정 51

인정 59, 60

인정의 개념 55

인종 66

인종적 배제 54

인종적 색맹주의 54

인종주의 107

인종 차별 42, 52, 53, 54, 55, 65, 69, 106, 107, 108, 109, 124, 125, 126,

132, 198, 200

인종 차별적 105

인종 차별 정책 100

인종화 126

인천 선언 175

ᄌ

자유 115, 121, 130, 131, 133

잠재력 137

적개심 169

적응성 45, 182

접근성 182

정당성 98

정당화 197

정부 3, 8, 78

정의 110, 113, 119, 129, 130, 131, 134, 137, 170, 181, 186, 197, 201, 202, 203

정의론 72, 76, 77

정체성 53, 54, 56, 61, 65, 68, 69, 82, 84, 94, 103, 104, 105, 109, 110, 113, 131, 135, 179, 180, 193, 195, 202

정치 공동체 135

제2차 세계대전 55, 68

젠더 56, 62, 66, 105, 154, 159

젠더 기반 폭력 142

젠더 시소 170

젠더 퍼즐 170

존엄 130

존엄성 130, 131, 132
좀티엔 선언 26
종교 56, 57
종교의 자유 201
종교적 자유 28
중첩된 운명 공동체 83
증오 발언 106
지식 19
지역사회 17, 18, 40
지위 179, 202
집단적 내러티브 74, 84, 91

ㅊ

차별 154
차별 금지 201
차별 금지 원칙 132
차별성 55
차터 스쿨 22, 47
참여 106, 109, 115, 130, 133, 134,
    157, 164
참여/시민성 131
참여권 163, 178
책임 131, 133
체벌 167, 168, 169
초다양성 180, 198
취약성 176, 177

ㅋ

켄싱턴 복지권리조합 4, 5

ㅌ

타자 129
타자화 100, 114
탈국가화 96
탈식민지화 96
토론 28
토착민 35
통합성 135
투표권 97, 118

ㅍ

파라다이스 서사 154
평등 104, 113, 115, 121, 130, 131,
    132, 140, 157, 167
평등권 107, 123
평화 129, 130, 131, 133, 136, 137,
    180, 181, 201
평화, 인권, 민주주의를 위한 교육에
    대한 선언 및 통합 행동 체계 36
포스트모던 윤리 60
포용성 103
표현의 자유 106, 132

ㅎ

학교 13, 27, 40, 45, 52, 64
학교 교육 58
학교 선택권 22
학교 수용성 45
학교 시스템 96, 103, 181
학교 폭력 169, 170

한국 13, 16, 17
할렘 어린이 보호구역 29
해비타트 II 회의 136
행동 19
행동을 위한 교육 196
헌법적 권리 123
혐오 198
혐오 아젠다 200
형식적 평등 141
형평성 134, 138, 142, 167, 172
홀로코스트 99
회복 탄력성 177, 178
후기 식민주의 55, 59
흑인 페미니스트 55

Bangstad 124
Banks, J. A. 45, 66
Barack Obama 171
Bhabha 76
Bhabha, H. 72, 75
Castles 195
Dewey 102
DiAngelo 195
Eidsvoll 1814 117
Fineman 177, 178
Freire 193
Gay, G. 63
Gordon 99
Grover 181
Hillary Rodham Clinton 163, 184

Janet & John 방식 166
Kumashiro 193
Kymlicka 103
Ladson-Billings, G. 63
Malcolm X 39, 65
Martha Fineman 176
Martin Luther King Jr. 65
Muižnieks 106, 107
Nussbaum, M. C. 74
On the Bride's Side 187, 192
Paulo Freire 192
Perugini 99
Roosevel, E. 48
Roosevelt, E. 1, 2, 39, 49
Sen, A. 72, 76, 77, 91
Sensoy 195
Sleeter, C. 16, 17, 18, 84
Sojourner Truth 68
Thatcher, M. 51
Thomas Hylland Eriksen 107
Thorbjørn Jagland 104
UNICEF 141, 176
Vesterdal 119

인권과 학교 교육
사회 정의를 위한 인권 교육

초판 1쇄 인쇄 2024년 11월 25일
초판 1쇄 발행 2024년 11월 30일

지은이 Audrey Osler
옮긴이 이지혜, 박선운
펴낸이 조승식
펴낸곳 도서출판 북스힐
등록 1998년 7월 28일 제22-457호
주소 서울시 강북구 한천로 153길 17
전화 02-994-0071
팩스 02-994-0073
인스타그램 @bookshill_official블로그
blog.naver.com/booksgogo이메일
bookshill@bookshill.com

정가 18,000원
ISBN 979-11-5971-629-4